主　　编　李克穆　刘世锦
执行主编　余　斌　魏加宁

2008年
全球金融危机追踪研究实录

RECORD OF THE 2008
GLOBAL FINANCIAL CRISIS
TRACKING STUDY

国务院发展研究中心经济形势分析小组　著

中国发展出版社
CHINA DEVELOPMENT PRESS

图书在版编目（CIP）数据

2008年全球金融危机追踪研究实录 / 国务院发展研究中心经济形势分析小组著 .—北京：中国发展出版社，2019.11（2022.9 重印）

ISBN 978-7-5177-1102-5

Ⅰ.①2… Ⅱ.①国… Ⅲ.①金融危机—研究—世界— 2008 Ⅳ.① F831.59

中国版本图书馆 CIP 数据核字（2019）第 269476 号

书　　名：2008年全球金融危机追踪研究实录
著作责任者：国务院发展研究中心经济形势分析小组
责 任 编 辑：杜　君
出 版 发 行：中国发展出版社
联 系 地 址：北京经济技术开发区荣华中路22号亦城财富中心1号楼8层（100176）
标 准 书 号：ISBN 978-7-5177-1102-5
经　销　者：各地新华书店
印　刷　者：北京市密东印刷有限公司
开　　本：710mm × 1000mm　1/16
印　　张：21.5
字　　数：232 千字
版　　次：2020 年 7 月第 1 版
印　　次：2022 年 9 月第 2 次印刷
定　　价：79.00 元

联 系 电 话：（010）68990630　82097226
购 书 热 线：（010）68990682　68990686
网 络 订 购：http://zgfzcbs. tmall. com
网 购 电 话：（010）88333349　68990639
本 社 网 址：http://www.develpress. com
电 子 邮 件：370118561@qq. com

自　　序

Preface

早在2007年夏天，美国“次贷危机”就已经相当严重了。对此，国务院发展研究中心的研究人员提出了相关预警。不过，由于“次贷危机”还没有蔓延到美国以外的其他国家或地区，大家多采取了观望的态度，而没有对其可能的升级作出预案。等到2008年9月雷曼兄弟宣布申请破产保护时，全世界才意识到美国的“次贷危机”已经演变成一场“百年不遇”的全球性金融危机。

为了应对这种危局，尤其是为了尽快恢复市场的信心，中国政府于2008年11月推出了进一步扩大内需、促进经济平稳较快增长的一系列措施。2008年底的中央经济工作会议决定，要加强和改善宏观调控，实施积极的财政政策和适度宽松的货币政策，尤其要较大幅增加公共支出。这一揽子应对计划很快将下滑的中国经济增速重新拉了起来，中国经济率先走出危机阴影，成为世界经济发展的一抹亮色。

然而，长期以来困扰中国经济的结构性问题并未得到根本性解决，叠加经济增速换挡、经济发展方式转变、世界主要经济体需求疲软，前期一揽子刺激政策的效果并没有长期延续，从2011年二季度开始，中国经济面临很大的下行压力。

如今，回过头来深入反思2008年全球金融危机应对措施，仔细分析影响中国经济走势的长期、中期和短期因素，认真研究中国经济存在的深层次结构性问题和体制机制问题，对于找到未来高质量发展的出路，早日实现国家治理现代化的目标，具有十分重要而深远的意义。

为此，我们继《1998年亚洲金融危机追踪研究实录》出版之后，再将国务院发展研究中心有关2008年国际金融危机的研究报告整理出来，作为珍贵史料予以公开出版，以期为今后的学术研究和政策制定提供借鉴和参考。

魏加宁（代）

2020年1月

目　录

Contents

第一部分　综合研究报告

第二部分　专题研究报告

第一部分

综合研究报告

2008 年物价走势与政策建议

（2008 年一季度报告）

2008年1月和2月居民消费价格指数同比涨幅分别达到7.1%和8.7%，引起了广泛关注。受多种不确定性因素的影响，经济运行中既有防过热、防通胀的压力，也有对经济下滑可能性的隐忧。在这种情况下，制定宏观经济政策时应审时度势、相机抉择，在防控物价大幅度上涨的同时，保持国民经济稳定发展，防止经济大起大落。

一、对2008年物价走势的基本判断

我国居民消费价格指数在经过2006年7月以来的持续上涨之后，2008年1—2月仍保持了较强的上升势头，其中，2月涨幅达到1996年3月以来的最高水平。从推动价格上涨的因素看，上半年涨价压力明显大于下半年，考虑到供给刺激政策、紧缩性政策和全球经济增速减缓的影响，下半年涨价压力会减弱。即使如此，全年居民消费价格指数涨幅仍可能达到5.5%左右的较高水平。

（一）雨雪冰冻灾害对2008年一季度物价上涨产生了明显拉动作用

2008年初发生的特大雨雪冰冻灾害，不仅导致了巨额的直接经济损失，也对第一季度居民消费价格指数上涨产生了重要影响。据估算，本次雨雪冰冻灾害将导致2008年全年食品价格指数涨幅提高0.89个百分点，进而导致全年居民消费价格指数涨幅提高0.28个百分点[①]。这一影响主要集中在一季度。一季度食品价格指数涨幅将因雨雪冰冻灾害提高3.55个百分点，居民消费价格指数涨幅将提高1.13个百分点。即2008年1月和2月的居民消费价格指数涨幅中，有1个多百分点是雨雪冰冻灾害导致的。

（二）生猪供应偏紧的局面还将持续一段时间，猪肉价格仍将保持较高水平，但价格上涨幅度将趋缓

2007年我国猪肉价格上涨48.3%，直接拉动价格水平上升1.5个百分点，对居民消费价格指数上涨的贡献度达到31.3%，是物价大幅上涨的主要因素。2007年以来，在市场价格刺激和国家扶持政策的支持下，生猪生产出现积极变化。2008年1月，农业部[②]监测的20个生猪养殖重点省份统计的生猪存栏量增长10.2%，出栏量增长15.5%。目前生猪价格居于此轮周期的顶部。考虑到我国生猪养殖方式正处于从以散户为主向以规模化、集约化为主加快转型阶段，加上疫情影响、雨雪冰冻灾害冻死较多

① 按食品价格指数占居民消费价格指数权重为31.96%计算。

② 现为农业农村部。

仔猪和饲料价格上涨等因素，预计2008年生猪供应偏紧的局面还将持续一段时间，猪肉价格仍将保持较高水平，但价格总水平将有回落趋势。

（三）食用植物油价格仍将高位运行

我国食用植物油进口量，加上大豆、油菜籽等进口折油的数量，已经占国内消费量的70%左右。食用植物油价格主要受国际市场影响，国内调控困难。2008年我国农民种植大豆的积极性有所提高，但油菜籽减产已成定局，预计油料缺口将进一步扩大。2007年美国大豆产量骤减，造成全球油料供求矛盾加剧，价格暴涨。预计2008年我国食用植物油价格将在高位运行。

（四）粮食价格存在很大的上涨压力

近四年来，我国粮食生产连续丰收，粮食价格相对稳定，对抑制物价过快上涨起到了重要作用。但目前粮食价格上涨的压力很大。一是粮食生产成本上升。受化肥、种子、农膜、农用柴油、机械作业费和雇工费用等价格上升的影响，预计2008年每亩粮食总成本将达到525元，比2007年增加约50元，增幅达10%左右；每50公斤粮食总成本为62元，比上年上涨约6元。二是我国粮食价格明显低于国际市场，国际粮价对我国粮价会有很强的拉升作用。世界主要粮食生产国库存下降和全球粮食供应短缺的现象表明，2008年国际市场粮价将持续上涨。但由于国内市场粮价基本稳定，国内粮食价格与国际市场价格差距会不断拉大。2008年

2月，郑州粮食批发市场优质麦批发价稳定在1660元/吨，比同期美国硬红冬麦平均离岸价（509.4美元/吨，约合人民币3570.9元/吨）低近2000元/吨；2月我国主销区（标一）晚籼米的批发价为2493元/吨，比国际市场泰米到岸完税价格（3900多元/吨）低1400多元/吨；2月东北玉米平均价格为1130元/吨，比同期美国墨西哥湾2号黄玉米到岸税后价格低1000多元/吨。

（五）国际市场原材料、石油价格上涨对国内物价上涨的推动作用依然很大

由于我国原材料和石油需求对国际市场的依存度不断提高，2007年国际市场铁矿石、有色金属、原油等大宗商品价格大幅上涨，对国内原材料、原油及其相关产品的市场价格上涨起到了重要的推动作用。受供求关系、美元贬值等因素影响，2008年国际市场原材料和石油价格仍将保持上涨趋势。据石油输出国组织预计，2008年原油价格将达到每桶80～110美元。受此影响，国内市场原材料、原油价格也将继续上涨。虽然原材料、原油价格上涨在加工生产环节被部分消化，但仍将会引致工业品出厂价格指数小幅上涨，并带动工业消费品及居民消费品价格的上涨。

（六）国内成品油、电力价格上涨压力明显增大

由于原油、煤炭价格大幅上涨，而成品油价格和电价受到管控，价格倒挂严重，生产、销售企业亏损，供给难以保障。虽然通过财政补贴可暂时缓解生产和销售企业的经营困境，但无法完全弥补企业亏损，要求提价的呼声不断增强。成品油、电力是基础产品，其价格的调整既会通过油气、水电等直接影响生活消费支出，也会通过产业关联导致工业制成品成本提高，并拉动居民消费价格指数和工业品出厂价格指数上涨。

（七）翘尾因素对消费价格同比涨幅影响很大

根据我们计算，2008年居民消费价格的翘尾因素平均为3.4个百分点，是2007年翘尾因素的两倍。2008年各月份消费价格的翘尾因素基本呈前高后低的态势，6月以前会超过5个百分点；6月以后，翘尾因素会逐月下降，9月以后会降到2个百分点以下。

除上述涨价因素外，也存在稳定物价的因素。产业技术进步和加强成本管理的努力会支持成本不断降低；社会总供求关系继续改善将减轻物价上涨压力；资源价格改革也有促进节约、降低成本的积极作用；国际经济增速减缓能够抑制原油、原材料价格的上涨等。综合来看，预计2008年居民消费价格仍将保持较强上升势头，全年物价走势将呈前高后低格局。

二、当前在抑制物价上涨的同时需要重视的几个问题

（一）要客观分析短期内农产品价格上涨合理和有利的一面

当前农产品价格上涨是居民消费价格指数上涨的主要原因，但农

产品价格上涨有其合理和有利的一面。一是在工业化、城市化进程中大量农业劳动力转移到非农产业，农业劳动力投入减少，雇工成本提高，必然导致农产品价格攀升。二是猪肉等农产品价格长期过低影响了农民种植与养殖的积极性，导致生猪等农副产品生产入不敷出，供给相对减少，想刺激供给增加只能提高价格。三是生猪养殖从农户散养到规模化养殖的生产方式转换需要一定的时间，集中饲养对成本、价格反应敏感，抗风险能力下降，猪肉价格的稳定提高有助于加快生产方式转变。四是农产品价格提高可直接增加农民收入，部分抵消农业生产资料价格上涨对农民增收的不利影响。五是国际市场农产品价格上涨已成为长期趋势，且远高于国内价格。

逐步释放国内农产品价格上涨压力，不断缩小与国际市场价格的差距，是全球化背景下的理性选择，也可以降低我国粮食等农产品资源外流的风险。因此，在短期内允许农产品价格一定幅度上涨，并接受由此带来的居民消费价格指数上涨，是理顺农产品供求关系、增加农产品供给和保障食品供给安全的必要措施，从长期看对国民经济是有利的。

（二）把握好稳定价格与推进资源性产品价格改革的关系

目前国内原油、煤炭、矿石等资源性产品的价格已基本与国际市场接轨，但成品油和电力等次级资源性产品价格尚未市场化。这种状况不仅导致国内成品油价格和电价与生产成本倒挂，价格机制难以正常发挥作用，也致使国内成品油供应出现问题，时常发生油荒。从理顺价格和提高资源利用效率看，成品油和电力价格改革势在必行。

在2008年物价上涨势头强劲的背景下，成品油和电力价格的市场化改革，在短期内必然进一步推动物价上涨。但目前我国经济仍处于高增长区间，企业对成本提高的消化吸收与承受能力，要强于经济增长陷入低谷时期。同时，成品油在我国主要用于交通运输，理顺价格后，对一部分农用和公共交通部门给予一定补助，不会对经济社会发展产生大的影响。合理的油价也有利于调整大众对车辆消费的合理需求。据国务院发展研究中心有关部门调研了解，多数用车户对理顺油价表示理解或可以接受。因此，应抓住时机，加快资源性产品价格的市场化改革进程，在下半年价格涨幅走低时，把握国际市场价格变化趋势，适时推出成品油和电力价格改革举措。

（三）高度重视美国次贷危机对我国经济增长的不利影响

次贷危机发生后，美国领先指标综合指数已经从2007年10月开始连续下降五个月。据此可以判断，美国经济要么即将陷入衰退，要么已经处于衰退之中。美国经济衰退对我国经济增长的影响是多方面的。一是直接导致我国对美出口增速下降。据美国商务部统计，美国从中国月度进口总值同比增速已连续六个月下降到一位数，连续四个月低于美国进口总值的增速，中美双边贸易逆差总额连续两个月同比下降。二是美国经济衰退必然影响到欧盟、日本等其他主要经济体的经济增速，引发全球经济增速放缓甚至经济衰退，对我国出口会产生全面冲击。我国出口增速已连续五个月低于进口增速，这是多年没有出现过的情况。三是美国金融市场的大幅波动可能会通过传染效应影响我国金融市场的稳定。美国利率保持低位，中美利差不断扩大，人民币升值幅度加大，人民币可能成为一个主要的套利对象。1—2月外汇储备的大量增长，可能有热钱流入的因素，与1—2月外汇贷款大幅增加365亿美元也有一定关系。从美国经济衰退对我国物价的影响看，一方面，美国经济衰退和世界经济减速，在一定程度上抑制了原油、原材料需求的增长和价格上涨；另一方面，石油、原材料、粮食等国际大宗产品主要以美元标价和交易，美元持续贬值导致国际市场大宗产品价格坚挺，对国内物价上涨起到重要推动作用。

（四）要注意防止货币政策紧缩力度过大，加重经济增速下滑风险

2008年，我国经济运行中最突出的矛盾是经济增速下滑和居民消费价格较快上涨并存，稳定物价与保持经济较快增长是政府面临的两难选择。从我国经济运行的周期性波动规律看，2007年我国经济增长已经达到本轮经济扩张的峰值，2008年将进入周期性下降阶段。实际上，从2007年第三季度开始，我国经济增长速度已小幅下降，加上美国次贷危机的影响，2008年我国经济增速呈回落态势的可能性加大。根据模型预测，在考虑美国经济增速放缓的情况下，2008年我国GDP增速将回落到10%左右。如果美国经济陷入严重衰退，我国经济增速有可能回落到10%以下。

但在经济增速回落的同时，居民消费价格指数仍将保持较快上升势头，全年涨幅仍将在5.5%左右。如果再加入资源性产品价格改革因素，全年涨幅将在6%以上。目前价格上涨的推动因素主要是供给不足、成本推高和国际市场价格上涨的传导，货币供给的作用相对较小。工资上涨引致的成本提高有合理的一面，国际市场价格上涨难以控制，因此抑制物价上涨最重要的途径是增加农产品供给。限制消费需求的扩张和严厉的紧缩性货币政策控制物价上涨代价很大。模型测算显示，货币供给增速与居民消费价格上涨关联度很小。M1增速每提高1个百分点，仅会直接引致居民消费价格指数提高0.001个百分点。依靠紧缩性货币政策控制物价涨幅，需要大幅降低货币供给增速。在经济增长进入周期性收缩阶段后，其代价必然是国内投资、消费需求及GDP增速深度回调。过度紧缩的货币政策也将导致中小企业融资困难，国内就业将出现严重问题。1998年以来的经验表明，我国经济增长具有“刹车容易启动难”的特点，一旦经济增速低于8%，恢复持续高速增长的良好势头将需要相当长一段时间。

三、政策建议

综合上述分析，当前宏观经济政策重点宜放在以下两个方面：一是要努力增加供给，特别是要防止重要农产品生产出现较大波动，为稳定物价提供坚实基础；二是要合理调节各类需求，通过内需扩张弥补外需下降的缺口，保持总需求平稳较快增长势头。

（一）保持宏观经济政策基调，增强灵活性和弹性

当前物价上涨的主要原因是国内供给不足和国际市场价格波动。因此，紧缩性财政货币政策在稳定物价方面的作用有限，而在抑制总需求扩张方面的效应则是直接的。在坚持既定的“两防”方针、实施稳健的财政政策和从紧的货币政策的同时，要留有一定的余地，增强政策的灵活性和弹性，尤其是应对外需可能出现的变化，要预做准备。财政政策方面，宜早做减税和增支方面的预案，如进行增值税转型、提高个税起征点、增加城市保障性住房建设、规划灾后大型项目重建与资金安排、准备重大基础设施的上马等，一旦情况有变，即可及时推出相应预案。货币政策方面，应更多依靠存款准备金率、公开市场操作等经济手段实现货币政策目标，并根据外汇收支及相应的人民币投放情况的变化、国内实体经济与虚拟经济发展的需要，适度扩大弹性，支持中小企业发展。汇率政策方面，美元持续贬值和利率下调后，人民币升值压力加大，应根据外贸出口和资本流入情况的变化，择机调整利率政策，适当控制人民币升值步伐。

（二）增加政府投入，稳定粮食生产和粮价

控制价格总水平过快上涨，关键是保持粮食价格基本稳定，而稳定粮价的关键是确保粮食丰收。在粮食连续四年丰收、粮食生产成本大幅上升的情况下，继续夺取粮食丰收的难度相当大。几年来，粮食最低收购价政策对保护农民种粮积极性、促进粮食生产发挥了重要作用。最近

国务院宣布进一步提高稻谷和小麦最低收购价，但提价的幅度仍不足以抵消成本上涨的影响，国内主要粮食品种的价格仍显著低于国际市场水平。为防止国内粮食售价大幅上涨，同时保持农民种粮的积极性、扩大粮食种植面积、提高粮食产量，要切实落实各项支农惠农政策，大幅增加对粮食核心产区的投入，加强核心产区内的水利等基础设施建设；大幅提高农资综合直补标准，减轻农资价格上涨对农民收入的影响；根据国内粮食供求关系的变化，保持少量、适度的出口，把国内粮价稳定在合理水平，防止主产区粮价下跌；在坚持国内粮食基本自给的前提下，有选择地利用世界农业资源，防止我国农业资源的缩减和退化。

（三）加大对低收入群体的补贴力度

本轮价格上涨对低收入群体影响较大，政府先后采取了增加对低收入者的转移性支付等措施，收到良好效果。目前要根据物价上涨的具体情况，加大对低收入群体的补贴力度，并把完善短期政策与建立长效机制结合起来，如加强农民工实用技能培训，努力促进农民工就业；强化企业社会责任，有效和妥善处理劳资关系；合理调整和严格执行最低工资制度，加强企业工资分配调控和指导；运用财税政策等手段，缩小地区、行业和居民家庭间的收入分配差距。

（四）保持固定资产投资的合理增长

保持固定资产投资的合理增长，是应对世界经济波动的重要手段。

在继续加强对新开工项目管理的同时，应按照区别对待、有保有压的原则，着力优化投资结构，保持合理的投资规模。在灾后重建中，应根据恢复重建项目的环保、资源利用、技术水平、安全等方面情况，结合当地经济社会发展的实际需要，严格选择项目，着力推进产业结构优化升级，防止地方政府借灾后重建之名盲目铺摊子、滥上项目。大力支持短缺产品供给能力建设，包括重要农产品生产能力，城市保障性住房、城市基础设施、关系全国中长期发展的重大基础设施的建设等方面。对符合要求的房地产开发建设活动，在信贷资金等方面给予企业必要的支持，保持房地产投资继续较快增长。鉴于外需变化存在一定的不确定性，应增加城市保障性住房、重大基础设施等方面的项目储备，使合理的投资需求具备较大的扩张能力。

（五）积极扩大消费，合理引导住房、汽车需求

继续改善消费环境和消费预期，引导节能省地环保型的住房、汽车消费。当前应注意分析房价变化对预期和需求的影响，密切监测购房需求的变化，采取措施稳定预期，防止正常购房需求的过度收缩，积极形成稳定房价和购房需求的市场环境。

（六）积极推进贸易自由化和多元化，稳定出口规模

在美国经济衰退、全球经济增长放缓的情况下，应积极推动贸易自由化、多元化，防范贸易保护主义抬头，敦促各国早日重启世贸组织多

哈回合谈判，并加快我国双边和区域自由贸易区进程，降低贸易壁垒，扩大我国出口产品的国际市场。积极推进贸易便利化，简化海关程序、加快货物流动、全面推进“大通关”制度建设。鉴于出口形势的变化，出口退税率不宜再下调，必要时可恢复性上调。对仅涉及贸易摩擦的一般贸易产品出口，其出口税收管理可考虑采取“不征也不退”的方法，以有效缓解劳动密集型出口企业面临的压力。

国务院发展研究中心经济形势分析小组

执笔：刘世锦　余　斌　李建伟　陈昌盛　张立群

当前与2009年经济走势判断和政策选择

（2008年三季度报告）

2008年是国内外经济形势异常复杂、多变的一年。党中央、国务院加强宏观调控的预见性、针对性和灵活性，及时采取各种有效措施，使我国经济成功地抵御了雨雪冰冻、汶川大地震、美国次贷危机等严重不利因素的冲击和影响，物价涨幅逐月回落，国民经济保持了平稳较快增长态势。但伴随着经济增长的周期性回落，投资、出口增幅明显下降，房地产、汽车等先导产业出现调整，加上美国次贷危机演变为全球金融危机的影响，2008年、2009年我国经济增长下滑的压力在加大。为此，实施积极的财政政策和稳健的货币政策，加快推进改革和结构调整，通过“保一批、稳一批、改一批”来扩大国内有效需求，控制经济回调幅度和持续时间，防止经济增长严重偏离潜在增长率，应成为2008年后几个月和2009年宏观调控的基本方针。

一、近期物价上涨明显趋弱，中长期通胀压力仍需警惕

2008年4月以来呈现的居民消费价格和工业品出厂价格反向变动的趋

向正发生改变，全年居民消费价格涨幅有望降至6%左右，工业品出厂价格涨幅也将呈现高位回落态势，短期内物价上涨压力将明显减轻。世界经济增长减速、美元走弱，国际市场初级产品价格大幅下降，也会使我国的通胀压力一定程度上减弱。但受全球新一轮工业化浪潮和国内要素成本上升的拉动，中长期物价上涨压力依然不容忽视。

（一）居民消费价格指数涨幅将继续保持回落态势

食品和居住价格大幅上涨，是2007年6月以来居民消费价格指数持续上涨的主要原因，二者对居民消费价格指数涨幅的平均贡献率达到94.5%。其中，食品价格指数上涨的平均贡献率高达82.2%。随着食品价格指数涨幅的持续回落，从2月的23.3%回落到8月的10.3%，食品对居民消费价格指数涨幅的贡献率已从2月的85.6%下降到8月的67.2%。8月，居民消费价格指数同比涨幅从2月的8.7%降至 4.9%，这是近一年来单月同比涨幅的最低水平。

从全年走势看，随着供给刺激性政策效应的逐步显现，肉禽蛋、鲜菜供给偏紧状态逐步改善，粮食连续第五年丰收已成定局，国际粮价从高位回落，食品价格将继续保持回落趋势。同时，由于房地产市场进入调整期，房屋租赁价格下降，国际市场燃料、原材料价格从高位回落，居住类价格上涨空间有限。预计居民消费价格指数将继续保持逐月回落态势，全年涨幅在6%左右。

（二）工业品出厂价格指数涨幅已近峰值

在居民消费价格指数涨幅逐月回落的同时，工业品出厂价格指数涨幅持续攀升。8月同比上涨10.1%，达到1994年以来的最高水平。从工业品出厂价格指数上涨的结构因素看，金属制品、石油加工、化学原料及化学制品、煤炭及炼焦、石油及天然气开采等行业的产品价格上涨幅度较大。其中，钢铁、石油化工、煤炭产品价格指数上涨对工业品出厂价格涨幅的贡献度分别为2.4个、3.4个和1.2个百分点，这三大类产品价格上涨对8月工业品出厂价格指数涨幅的贡献率达70%。这些行业产品价格上涨的原因，除了雪灾、运力瓶颈、产能控制等因素导致的国内煤炭供求短期失衡，国内油、电价格调整等外，主要是国际市场初级产品价格大幅上涨传导到国内导致的。

目前，推动我国工业品出厂价格指数上涨的因素正在发生变化。一是近期国内外钢铁需求明显下降，市场供求格局发生变化，铁矿石和多数钢铁产品库存增加，价格逐步回落。二是我国电力和煤炭需求增速在一段时间内将出现持续回落态势。8月电力消费增速回落到较低水平，煤炭表观消费量下降，多数发电企业煤炭库存达到历史高位，煤炭现货价格明显回落。三是国际原油价格从历史高位持续回落，带动相关能源和原材料价格明显下降。综合来看，目前工业品出厂价格涨幅已基本处于本轮周期的峰值。

（三）对中长期通胀压力仍要保持警惕

虽然世界经济短期内整体下调，总需求的收缩会使国际大宗商品价格回落，物价有持续下降的可能，但从国际上看，大宗商品价格仍存在反弹的可能。一是以金砖四国为代表的新一轮全球工业化浪潮还将持续较长时间，形成了对大宗商品需求的重要支撑力量，由此决定了价格回调的幅度不会过大；二是美国金融危机全面爆发，伴随着美国依赖政府信用采取的大规模救市行为，美元将再度走弱，同时部分国际游资将再次投机商品市场，这些因素都为国际大宗商品价格反弹提供了可能。

再看国内的情况。一是国内、国际粮食市场相对隔离，国内粮价与国际粮价存在较大差距，加上劳动力成本上升，国内粮价预期中长期看涨；二是要素市场价格改革势在必行，要素价格上涨长期趋势不变，成品油、电力及相关资源价格依然存在一定上升空间；三是发展中面临的环境约束加大，在新一轮国际气候谈判中我国将面临较大压力，节能减排带来的成本上升也是推动价格上涨的因素。由此可见，我国中长期通胀压力依然存在，需要保持必要的警惕性。

二、经济增长周期性下调已确定，若短期内下滑过快则风险增大

从经济运行的周期性规律看，我国此轮经济增长在2007年二季度已

达到峰值，从2007年三季度开始步入周期下降阶段。第二产业和第三产业增加值增长率也分别在当年三季度和二季度达到波峰后，进入周期性回调状态。2008年以来，受一系列内外部因素的影响，经济运行的周期性下降特征日趋明显。

受全球经济周期性调整特别是美国次贷危机冲击的影响，美国、欧盟、日本等主要经济体整体低迷。我国主要贸易伙伴进口增速明显下降，外部需求增速持续走低。虽然受近期国际大宗商品价格下降的影响，我国进口增速逐步回落，外贸顺差逐月扩大，但前8个月累计贸易顺差仍比2007年同期下降6.2%。从净出口对经济增长的贡献看，2008年全年贸易顺差将与2007年基本持平或略低，净出口对经济增长的拉动作用归零，甚至为负。

固定资产投资的变化一般是判断经济增长起伏的先导指标。目前，我国城镇固定资产投资名义增速保持在27%左右，但扣除价格因素之后，实际增速已呈较大幅度下降。从中短期波动看，城镇固定资产投资实际增速从2006年一季度开始已进入中短周期波动的下降阶段，目前仍处于回落状态，全年投资对经济增长的贡献可能略低于2007年。从支撑我国经济增长的产业因素看，房地产和汽车两大先导产业的加速增长，带动重化工业的快速发展，是本轮经济扩张的主要拉动力量。这些链条长、关联度高的产业回调，产生的投资收缩效应将沿着产业链条蔓延，进而放大对整体国民经济的负面影响。

消费是经济运行中最为稳定的因素。2008年1—8月全社会消费品零售总额同比增长21.9%，对经济增长的贡献有所增加。但从中短期波动看，2006年第三季度以后消费实际增速的提升幅度已开始缩小，实际增速在2008年第三季度将达到高点，此后增速趋于下降。1—7月商品房销售面积同比下降10.8%，增幅同比下降37.2个百分点，房地产市场持续低迷；1—8月乘用车累计生产和销售虽然分别增长13.67%和13.15%，但进入三季度后销量增幅逐月下滑，8月产销均呈现2004年以来的首次负增长。受房地产和汽车市场回调的影响，再加上股票市场的深度调整，消费需求面临回调压力。从目前来看，除局部结构性矛盾比较突出外，全国就业形势保持相对稳定，这也是短期内支撑消费稳定增长的有利因素。伴随着经济增长的下滑，如果就业形势出现逆转，则消费需求将面临更大考验。

从2008年全年走势看，如果不采取进一步调控措施，净出口对经济增长的贡献度接近于零，投资对经济增长的贡献度略低于2007年，消费对经济增长的贡献度略高于2007年，预计2008年经济增长率将回落至9.8%左右。

三、2009年经济增长形势分析与展望

由于我国本轮经济周期调整与全球经济的周期性调整相重叠，双重压力下内外需求都将萎缩，加上美国金融危机对世界金融体系和实体经济的严重冲击，如果不采取有效应对措施，2009年我国经济增长将面临

加速滑坡的风险。

美国2007年爆发的次贷危机的危害比之前估计的要大，目前已经演化为世界性的金融危机，给全球金融机构造成了超过5000亿美元的损失，美国多家金融机构破产倒闭，世界五大投资银行三家倒闭、两家转型，华尔街格局面临全面调整。

房地产泡沫化和缺乏监管的不当金融创新是造成此次危机的根源。据估计，随着房价继续下跌，美国金融机构面临的潜在损失将超过9000亿美元，次贷相关衍生工具发售者可能还面临超过1万亿美元的违约赔付损失。模型预测结果显示，此次危机对美国经济的负面影响可能会持续到2013年，即便不考虑危机给美国金融业造成的巨大损失及其对美国GDP增速的影响，2009年美国消费、投资和进口增速也均将大幅下降，GDP增速将回落到1.6%左右，2009年以后美国经济将进入低速增长状态，2010—2015年GDP平均增速只有2.4%。如果考虑金融业损失的影响，2009年美国GDP增速有可能回落到1%以下，2010—2015年GDP的平均增速将维持在2%以下。

虽然美国7000亿美元救市方案已经通过，而且美联储进一步降低利率，并绕开商业银行直接向企业提供融资支持，但市场信心尚不稳定，股市和商品市场连续下挫，危机对世界金融体系和实体经济的影响仍在扩展。由于我国经济已在相当大程度上融入全球经济，美国金融危机的进一步发展和政府救市措施的力度及其有效性，在一定程度上将影响我国近两年经济增速的回调幅度。我们利用模型模拟了在两种不同情景下美国金融危机对我国经济增长的影响。

情景一：如果美国政府的救市措施能够保证金融业正常运转，其他政策保持不变，同时我国宏观调控政策也保持不变，且人民币不再升值，则2009年我国GDP增速将再度回调至8.5%以下。其中投资、消费的实际增速和出口增速将分别回调到20%、9.4%和28.7%，居民消费价格指数涨幅在1.9%左右。经济增长的回调趋势将延续到2011年一季度，从2011年二季度才开始恢复上涨。

情景二：如果美国政府在当前救市措施基础上，采取扩张性政策，包括将利率和个人税负降低到1991年以来的最低水平，美元贬值5%等，同时我国宏观调控政策继续保持不变，人民币不再升值，则2009年我国GDP增速将回落到9%，比美国政府保持政策中性情景下的增速高0.5个百分点。2009年以后的GDP增速也会有所提高，但2010年三季度以后仍会出现轻度下调现象。

当然，在高度关注美国金融危机的进一步发展态势，积极应对危机导致的世界需求大幅下滑对我国经济影响的同时，应该看到在相对严格的资本管制下，此次金融危机对我国的直接影响不会太严重。国内金融体系虽然问题不少，有些方面效率不高，但总体依然比较健康。我国经济与包括美国在内的西方发达国家在发展阶段、动力和前景等方面具有实质性差异，推动经济中长期较快增长的基本面因素并没有改变。在外部金融风暴的冲击下虽难独善其身，但也有条件走出相对独立的增长路径。从国际分工格局来看，我国在要素供给、基础设施、产业体系等方面的优势依然明显，“中国制造”短期内尚没有足够的国际替代力量，多元化的外向经济依然是推动我国经济增长的重要动力。国际经验也表明，由内部需求结构升级拉动的重化工业化和经济快速增长，一般能够持续15～20年。我国作为发展中国家，地区发展很不平衡，重化工业化进程持续的时间可能会更长，2020年之前国民经济仍具有持续快速增长的潜力。

综合判断，如果不采取针对性调控政策，国际形势不出现重大意外变化，2009年我国经济增速将出现进一步回调，预计GDP增速将下滑到8%左右。如果善加利用当前国内良好的农业形势、相对稳定的就业所支撑的国内消费、民间资本对服务业和垄断行业的进入积极性，以及2009年将取消对我国的纺织品出口配额等有利因素，抓住时机加快推动结构改革，进一步提高政策调控的预见性和针对性，仍有可能较好地控制本轮周期下调的幅度和持续时间，将2009年全年经济增长率控制在9%左右，将本轮经济周期下调谷底控制在8%以上，确保经济平稳较快增长。

四、政策目标与“保、稳、改”的扩大有效内需举措

针对国内、国际经济周期叠加回调的双重压力，以及美国金融危机的影响，我国宏观调控政策应相机调整。基本政策目标是扩大国内有效需求，防止短期内经济下滑过快，在更长一个时期内保持经济平稳快速增长势头。根据近年来我国经济结构特征发生的变化，本轮扩大有效内

需的政策着力点应与1998年所强调的扩大内需的重点有所不同。在重视发挥财政政策和货币政策对经济增长的促进作用的同时，重点放在深化相关领域改革上面，加快结构调整，打破行业壁垒，放松市场准入，调整收入分配格局，完善社会安全网，以充分释放有效内需潜能。当前，扩大有效内需应着力“保一批、稳一批、改一批”。

（一）保一批：确保农业生产稳定发展，激发中小企业活力，保持就业规模持续扩展

保增长、控通胀的重要基础是确保农业生产稳定发展和农产品供给稳定增加。应针对我国工业化、城市化进程中农业生产和农村经济出现的新情况、新问题，把强农惠农政策作为扩大内需的重点。在财政支出中适度加大农业基础设施、现代农业、农产品综合生产能力和主要农产品供应保障体系建设方面的投入，同时重视提高投入效率；加快重要农产品核心产区、现代化农村居民小区、农村工业及新兴产业集中发展区的建设；加快发展农村现代流通和服务网络等。此外，国际市场农产品价格上涨，提高了农业的比较效益，当前应鼓励民间资本投入农产品生产、加工、贸易等领域，促进农业规模经济效益的提高。

劳动密集型中小企业和外贸出口企业生产经营困难，对经济增长和就业都产生了不利影响。在财政政策中宜考虑进一步减轻企业税收负担，适当降低增值税“一般纳税人”认定标准和提高“小规模纳税人”的起征点；全面推进增值税转型，增加企业技术改造能力；加大对中小

企业职工保险金账户的支持力度，减轻企业负担，提高保障水平，改善职工的消费预期。针对外贸企业的困难，宜考虑进一步提高劳动密集型产品的出口退税率，鼓励商业银行加大对中小企业的贷款力度，放宽出口企业票据融资的条件，建立与完善中小企业贷款担保机制，对符合产业政策的出口企业提供贷款贴息等。密切关注外汇市场的变动，适时、适度予以必要的干预，控制人民币升值的节奏。

（二）稳一批：稳定住、行等居民消费热点，控制房地产、汽车等先导产业的回调幅度

当前房地产行业正在从前期的价滞量减阶段转向价格不同幅度下降阶段，深度调整已显端倪。汽车工业发展也面临市场持续降温，产销量下降的困难局面。由于房地产、汽车产业是新一轮经济增长的先导产业，也是居民消费热点，其深度调整对国民经济稳定发展的影响不容忽视。

近几年房地产价格上升过快，价格回调、释放泡沫性风险有利于其长期健康发展。但也要防止短期内回调过快、过深，制约居民合理住房需求增长，对金融体系乃至经济全局形成显著不利影响。对房地产业应采取有保有压、结构调整、稳定增长的方针，一是提供必要的开发贷款，鼓励和支持保障性住房以及中小户型普通商品房开发建设；二是进一步规范房地产市场秩序，鼓励开发商适时调整营销模式，促进公平、合理竞争，引导房价合理调整；三是简化改善型住房享受首套住房购买

办法的相关规定，减免购买首套小户型住房的税费，鼓励居民根据自己的支付能力适时购买住房，缓解持币待购心态；四是清理和减免住房市场流通环节的税费，增强存量住房资源的流动性，活跃二手房市场。

在节能、环保的原则下鼓励家庭买车，清理和取消如控制车牌发放等限制买车的措施，保持汽车需求的适度增长。适当提高用车用油成本，引导家庭汽车合理消费。加快城市交通系统建设，提高交通管理水平。

（三）改一批：改革能源价格体系和基础产业、服务业投资模式，吸引和鼓励民间投资

深化经济体制改革，转变经济发展方式，充分发挥市场机制的作用，既是贯彻落实科学发展观的重要举措，也是扩大国内需求的有效途径。当前紧迫且可行的是改革能源价格体系和基础产业、服务业投资模式，打破壁垒，放松准入，吸引和鼓励民间投资。

世界经济增长减缓，石油需求和价格下降的可能性加大。国内电力需求下降，煤炭价格开始回落，上网电价进一步上涨的压力减小。这些将减轻居民消费价格指数和工业品出厂价格指数上涨的压力。总体来看，推进能源价格体系改革的时机趋于成熟。宜把握当前时机，在年内推出成品油价格改革方案，在政府指导下实现国内成品油价格与国际市场接轨，燃油税改革也可同步推出。同时可考虑适当调整销售电价，以释放上网电价上调的压力，促进电网建设和节能减排目标的实现。

基础产品供给不足，服务业发展滞后，与基础产业、服务业的若干领域“大一统”的投资运营模式和垄断经营方式有关。推动某些基础产业政企分开，放开市场准入；推动电网输配分开，允许地方政府投资城市配网建设和改造，完善输配电价，促进输电骨干网的建设；适度下放城市轨道交通的项目审批权，允许地方政府尝试多种投融资机制和运营模式，扩大城市轨道交通等基础设施投资，保障相关产品和服务能力的增长；进一步放宽银行、保险、医疗、教育等领域的进入限制，参照入世条款，给予民营资本平等待遇。

国务院发展研究中心经济形势分析小组

执笔：刘世锦　余　斌　李建伟　陈昌盛　张立群

经济政策由危机应对型向常规型回归

——2010年上半年经济形势分析及全年展望

（2010年第二季度报告）

2010年上半年，宏观经济保持了回稳向好的态势。经济增长高位回调，物价涨幅处于合理水平，资产泡沫化风险降低，经济运行整体上朝着宏观调控预期方向发展。但受欧洲主权债务危机拖累，世界经济复苏进程放缓，国内投资也不排除因房地产市场调整出现较大幅度下滑的可能性。因此，下半年宏观经济政策应以稳步微调为基调，在稳定上半年防泡沫、抑通胀成效的基础上，增强政策的针对性和灵活性，化解诸多矛盾和风险，逐步实现经济政策由危机应对型向常规型的平稳过渡，为“十二五”开局奠定良好基础。

一、经济运行朝着宏观调控预期方向发展

2010年初以来，随着一系列宏观调控措施的实施，经济增长动力结构改善，资产泡沫化风险明显降低，经济运行整体上呈现“高增长、低物价”格局。

（一）经济增长动力结构改善

与应对金融危机初期相比，经济增长的动力结构发生了积极变化，市场驱动的投资、消费和出口共同拉动经济增长的格局初步形成。

首先，投资增长主要靠政策推动逐渐向市场驱动转变。2009年我国能迅速扭转经济大幅下滑势头，在世界主要经济体中率先复苏，主要得益于一揽子经济刺激计划，其中政府驱动的投资发挥了关键作用。自2009年四季度以来，政府主导的投资逐步下降，市场驱动的投资成为增长的主要动力。2009年1—5月，固定资产投资中政府预算内资金累计增长86.2%，而2010年同期仅增长10.1%；房地产开发投资2009年1—5月增长仅为5.8%，2010年则高达38.2%。

其次，出口增长由负转正，绝对水平超过2008年同期。2009年上半年，单月出口金额均在900亿美元以下，增速累计降幅超过20%；而2010年3月以来单月出口均超过1100亿美元，1—5月累计达到5677亿美元，同比增长33.2%，绝对水平超过了2008年同期。

最后，消费需求高位稳定增长。在应对危机过程中，我国政府实施的诸多刺激消费的政策取得了较好成效。在汽车、家电、旅游等消费热点的带动下，消费需求呈现稳定增长态势，实际增速处于历史高位。

（二）资产泡沫化风险降低

房价过快上涨得到一定控制。国务院出台的房地产市场调控措施效果初步显现，房价过快上涨的局面得到抑制。目前房地产市场呈现量缩价稳态势，预计第三季度商品房销售面积将出现同比负增长，房价也将逐步回落。

股票市场持续回调。在全球主要经济体股市中，沪深两市调整幅度最深。上证综合指数年初以来累计下跌了27%，沪深300累计下跌了29%，股票市场整体估值水平基本与2008年底至2009年初持平。

此外，货币信贷增速得到一定控制，信贷投放节奏较为均匀。而且随着汇率弹性机制的恢复，外汇占款造成的货币投放压力有所减小，有利于流动性的控制和引导。经济过热和通胀的预期下降，在一定程度上也有利于抑制泡沫形成。

（三）经济运行呈现“高增长、低物价”格局

2010年上半年，经济运行总体上呈现“高增长、低物价”格局。国务院发展研究中心宏观经济景气指数显示，宏观经济主要领先指标在2009年11月达到峰值后持续回调，但仍高于100的正常水平。这种回调除了基数因素外，政策调整效果显现是主要原因，回调幅度基本处于正常范围。受特殊天气和翘尾因素的影响，2010年上半年居民消费价格指数（CPI）呈上升趋势。但从国内看，农产品批发价格指数在2月达到108.1，创2008年以来新高，此后呈持续回落态势，6月已经降为98.6。从国际上看，受世界经济复苏进程放缓和美元升值影响，大宗商品价格大多已经走低，短期内通胀压力将有所减轻。

与此同时，经济运行效益明显提高。2010年1—5月工业增加值增长16.5%，规模以上工业企业实现利润累计达到1.54万亿元，同比增长81.6%；财政收入累计达到3.55万亿元，同比增长30.8%。这既有2009年同期基数低的原因，也是高增长、低物价下经济运行整体效益改善的直接体现。

二、经济增长降中趋稳，但要警惕风险因素叠加引发增长滑坡的可能性

从2010年下半年走势看，受欧洲主权债务危机拖累，世界经济复苏进程放缓，国内投资因房地产市场调整也存在较大幅度下滑的可能。预计全年经济增长降中趋稳，但不排除风险因素叠加引发增长滑坡的可能。

（一）世界经济复苏进程放缓，我国出口增长呈下降趋势

世界经济复苏进程放缓。受希腊主权债务危机拖累，发达国家普遍面临削减财政赤字、化解债务风险的压力，加上刺激性政策的力度和效果明显减弱，世界经济复苏进程放慢。进入6月以来，美国、欧元区、日本、英国、澳大利亚等经济体的制造业采购经理指数都出现下滑。大宗商品综合指数（CRB）和波罗的海干散货指数（BDI）也分别在5月和6月出现明显回落。德国和日本短期经济增长相对强劲，但主要得益于欧元

贬值和美元升值带动的出口增长，国内需求增长动力仍显不足。欧债危机改变了市场的整体预期，加上由此引发的金融市场波动，2010年下半年世界经济复苏步伐将放慢。

二次衰退的可能性不大。主权债务问题由来已久，其成因复杂，解决也将是一个长期过程。主权债务危机与银行危机不同，拥有国际流通货币发行权的主权国家出现资不抵债的可能性很小，最坏时可通过“债务货币化”的方式还债。政府高杠杆率的传染性小于私人部门，在短期内可能会因为某些突发事件或投机性冲击给金融市场带来间歇性动荡，但不至于演变为如同雷曼兄弟公司倒闭所引发的信用危机、金融体系功能停滞和严重经济衰退。虽然各国经济复苏放缓，但总体经济景气状况明显好于2009年。除非欧债危机进一步恶化、蔓延，特别是西班牙、意大利债务危机全面爆发，投机者攻击欧元和欧元区国债，引发金融市场大幅波动，甚至欧元区外围国家和地区的主权债务问题也逐步暴露，否则世界经济出现二次衰退的可能性较小。

2010年下半年我国出口增速将有所回落。由于新兴经济体复苏强劲，降低了我国对发达国家市场的出口依赖。2010年1—5月，我国对东盟、巴西、俄罗斯、印度的出口分别同比增长46.2%、98.4%、53.8%、38.1%，新兴市场和发展中国家已占我国出口市场的半壁江山，达到51.4%。考虑到发达经济体需求放缓及其对新兴经济体的影响，国内劳动力成本上升、出口退税率下调及人民币汇率弹性机制重启，以及2009年前低后高的出口基数效应，预计三季度出口增速维持在20%左右，四季度降至10%左右，全年出口增长20%左右，出口总值将超过2008年的1.4万亿美元。

（二）投资增长将随房地产市场调整出现一定幅度回调

现阶段投资是影响我国经济增长速度重要乃至主要因素。2000—2009年投资对我国GDP增长年均拉动4.85个百分点，而2009年更是拉动了高达8个百分点。2010年初以来，受信贷增速放缓和政府投资逐步退出的影响，固定资产投资出现小幅下滑趋势。政府主导的交通运输、电力燃气和水、公共设施等基础设施投资，占固定资产投资比重为25%左右。2009年上半年这三类投资增速分别为56.5%、28.7%和52.1%，而2010年1—5月则降低到27.5%、11.3%和24%。中西部地区，2009年1—5月投资累计增长41%，2010年同期增速回落至27%，也是政府驱动的投资减缓的反映。占固定资产投资比重30%左右的制造业，2010年1—5月累计增速为24.8%，较2009年同期也下降了5.1个百分点。前5个月固定资产投资能实现25.9%的增长，房地产开发投资高速增长是重要支撑。

值得注意的是，如果房地产投资大幅下降将引发投资整体滑坡。根据住房销量与房地产投资的历史关系，投资一般要滞后销量变化3～6个月。受房地产调控和基数影响，2010年底前后房地产投资将呈下降趋势。2000—2009年房地产开发投资平均名义增速为23.3%，其中2009年最低为16.1%。2010年1—5月房地产开发投资增长为38.2%，如果下半年房地产投资增速回落至平均水平，则全年固定资产投资有望实现20%左右的增长。但房地产开发投资占城镇固定资产投资比重约为1/4，拉动行业多，若下半年销量和房价大幅度调整，加上信贷紧缩，也不排除房地产投资大幅下滑并对增长形成较大冲击的可能。

（三）通胀压力无近忧但有远患

2010年下半年翘尾因素减弱，新涨价因素不多，短期通胀压力将逐步减轻。从基数看，翘尾因素将在6月和7月达到2.1个百分点的年内峰值，8月降低到1.6个百分点，以后各月进一步降低。因此，短期CPI走势主要看新涨价因素。虽然2010年粮食产量受气候影响，可能较2009年略有减产，但粮食储备充裕，国家的调控能力强，部分农产品价格已接近或高于国际市场价格，粮价大幅上涨的可能性不大。2010年以来猪肉价格偏低，加上玉米价格上涨幅度较大，猪粮比持续走低，养猪亏损问题一度突出，1—5月生猪存栏量一直呈小幅下降态势，5月存栏量为4.34亿头，累计跌幅为4.7%。但6月以来猪肉价格在淡季出现止跌回升，养猪达到盈亏平衡点以上，养猪户已经略有微利，预计存栏量降幅将趋小。下半年猪肉价格虽看涨，但涨幅对CPI的拉动应不会超过翘尾因素的减小幅度。

同时，从历史规律看，货币供应量（M1）走势一般领先于物价走势6~8个月。当货币供应量增长较快（超过20%）时，如果此时经济增长也偏热，则一般会出现明显的通胀（5%以上）；反之，则货币高速增长短期内不一定会导致高物价。由于下半年经济增速趋降，故因货币供应量快速扩张对物价产生的上涨压力也会减小。

需要引起重视的是，物价终究是货币现象。由于全球性货币供应的空前宽松，随着对经济预期的改善和货币流通速度的提升，过多的流动性必将被释放出来。如果欧债危机影响逐步减弱，出口和投资进一步活跃，则2011年下半年物价的上涨压力将再度突出。

总体上看，2010年下半年，我国宏观经济形势将继续保持回稳向好态势，经济增速短期回调是复苏过程中的高位调整，也是政策主动调整的预期结果，出现典型意义上二次探底的可能性不大。预计二季度GDP增长 10.5%，三、四季度和2011年一季度经济将延续回调态势，但单季度GDP增长低于8%的可能性不大。CPI也将在7月左右达到年度峰值。预计2010年全年经济增长率为9.5%左右，物价涨幅为3%左右。

需要警惕和防止一种可能性不大又不能完全排除的情形：房地产价格在经过一段时间僵持后出现明显回落，进而带动房地产投资出现大幅度回落；欧债危机恶化和扩散，加上人民币升值及有关政策因素的影响，外贸增速也出现大幅下滑。若出现这种内外风险因素“双碰头”的情况，则经济增速短期内可能出现大幅度滑坡。对这种小概率事件应有必要的政策工具储备，预留一定的政策空间，做到有备无患。

三、需要关注的几个问题与政策建议

当前我国经济增长的内在动力结构已经发生积极变化，市场驱动的投资、消费和出口共同拉动经济增长的格局初步形成，但基础尚不稳固。内需增长尤其是投资增长对政府力量仍有一定依赖，房地产投资存在较大的回调风险，影响外贸出口的不稳定性因素较多，经济运行尚未进入新一轮平稳、可持续增长轨道。2010年下半年宏观经济政策应以稳步微调为基调，在稳定上半年防泡沫、抑通胀成效的基础上，增强政策的针对性和灵活性，化解诸多矛盾和风险，防止出现大的起落，逐步实现经济政策由应对危机型向常规型的平稳过渡。在不断增强内生性增长动力的同时，加快结构调整和发展方式转变，为“十二五”开局奠定良好基础。

（一）保持宏观经济政策基本稳定，增强针对性和灵活性

2010年下半年财政、货币政策应继续以微调为基调，警惕国内外不利因素产生的叠加效应，防止经济运行出现较大波动。财政政策在逐步收缩政府投资规模的同时，预留必要的回旋余地，包括储备一批可供选择的投资项目、保持一定规模的国债和地方政府债券的发行空间等，为应对需求较大幅度下滑做好准备。货币政策方面，2010年以来控制新增贷款的力度较大，数量型货币调控措施比较集中，基于资产泡沫风险缩小、通胀压力减轻以及企业融资难问题有所增加等情况，下半年货币政策不宜继续加大收缩力度。

（二）保持房地产投资稳定增长

抑制房地产泡沫与保持房地产业平稳较快发展并不矛盾。事实上，

抑制泡沫正是为了保障房地产业的健康发展。近期控制投机性需求、稳定房价的措施取得了一定成效，下一步即使出现房地产投资明显回落的情况，对已经出台的抑制投机的政策措施也不能松动。同时要注意做好三个方面的结合。一是抑制投机与鼓励自住和改善性住房需求相结合。应加快房产税实施步伐，从制度上抑制投机性买房需求，同时适度调整按揭贷款控制措施，支持自住性和改善性住房需求。二是市场驱动的商品房增长与政策驱动的保障性住房增长相结合。应加快落实已经出台的保障性住房政策。目前保障性住房投资占房地产投资比重为5%左右，这一比例太小，应有较大幅度的提高，使之在稳定房地产投资增长中发挥重要作用。合理配置政策资源与市场资源。商品房发展需要政策规范引导，保障性住房建设也可以大量引入市场机制。三是需求管理与供给促进相结合。总量和结构供给不足也是引起房价上涨和投机性买房活动增加的重要原因。应统筹城乡土地利用，有效盘活城乡存量建设用地，增加城市建设供地数量和住宅建设用地，加快城镇住房建设。

（三）积极应对劳动力成本上升的挑战

2010年连续出现的“招工难”、富士康“跳楼”、广州本田“罢工”等事件，反映出我国劳动力供求关系正在发生重要变化。虽然目前这种变化主要还是结构性、区域性的，但可能会形成一种趋势，并对我国经济和企业竞争力的“基本面”形成冲击。这种变化的好处是有利于增加劳动者收入，改善收入分配结构，扩大居民消费和提振内需。同时需要密切关注和研究“加薪潮”可能引发的一些新问题。一是在我国如何着力培育形成一种和谐、合作的劳资关系。国际经验表明，长期对抗性的劳资关系，不仅有损经济竞争力，也会严重影响社会稳定。二是平衡工资增长与产业竞争力的关系。最低工资增长过快，企业和产业竞争力可能会下降，导致产业亏损、企业倒闭，反而不利于工人就业和生活改善。三是在企业增加职工工资的同时，需要政府加快健全和完善社会保障体系。四是改善劳动者状况，不仅要增加工资、改善福利，更重要的是要提高劳动者素质和岗位转换能力，努力把改善民生、维护劳动者权益、提高劳动者素质与增强劳动力市场流动性、竞争力有机结合起来。

（四）引导资金支持实体经济发展、创新和产业升级

在应对金融危机的过程中，全球流动性过剩问题进一步突出。从巩固经济内生性增长动力看，需要继续实施适度宽松的货币政策；从控制通胀和资产泡沫看，则需要收紧货币，控制流动性过剩。处理这一矛盾需要综合考虑以下因素：一是当前市场需求仍处于恢复过程中，至少在2011年上半年前不会出现市场需求快速扩张情况；二是我国国际收支正在向均衡方向发展，结汇导致的人民币投放明显减少；三是证券市场规模较快扩大，金融深化继续发展，对流动性的吸收能力提高较快；四是2009年下半年以来基于控制货币数量的调控措施收到明显成效，流动性过剩问题渐趋缓解。处理流动性过剩与支持经济增长之间的关系，当前

的重点是优化信贷结构，引导资金流向有增长潜力的实体经济领域。加强货币政策与财政、产业、贸易等政策的协调配合，积极推进金融体制改革和金融创新，拓宽融资渠道，充分发挥资本市场融资功能，重点支持产业结构升级、企业技术改造、兼并重组、自主创新等领域的投资。深化垄断行业改革，扩大市场准入范围，降低行业准入门槛。加大对中小企业转型升级的支持力度，减轻中小企业税负，加强和改善针对中小企业的金融服务。

（五）健全防止农产品价格大幅波动的长效机制

农产品需求在一定时期内存在刚性，但影响农业生产和农产品供给的因素较多，短期内容易发生较大变化。受成本提高的推动，我国农产品价格将呈现持续上涨态势。要使这一过程相对平稳，最重要的是深入实施强农惠农政策，促进粮食和重要农产品的生产稳定发展，协调好主要农产品的供求关系。稳定最低收购价及各类市场调控措施，加强农产品市场流通和价格管理，防止因政策调整因素导致供求失衡，引发市场波动。鉴于当前农产品供求形势及其发展趋势，要继续加强对国家临时储备的精细化管理，落实取消粮食及制品出口退税政策；发挥中储粮及地方储粮公司的积极作用，针对市场供求关系变化灵活调整各项收储措施。扶持生猪生产发展，落实和加强冷冻猪肉收储工作，引导生猪生产结构调整和发展方式转变。建立健全国内外市场监测体系和农产品供求信息发布制度，有效防范国际农产品市场的负面冲击，努力发挥其积极作用。

（六）巩固节能减排成果和工作基础

节能减排面临“时间紧、任务重”的局面。“十一五”前四年全国单位GDP能耗累计下降14.38%，要在最后一年实现累计降低20%左右的目标，任务非常艰巨，必须在余下的时间里加大节能减排力度。但目前经济增速已有所下降，必须注意处理好节能减排和稳定增长的关系。在继续贯彻2010年5月国务院关于严控高耗能、高排放行业过快增长，加大淘汰落后产能力度等节能减排措施的同时，2010年节能减排工作应着重从增量和结构上下功夫。通过政府鼓励和开放民间资本等措施，促进新能源和服务业领域投资加快增长，让节能减排成为新的经济增长点，改变长期以来节能减排与经济增长相冲突的格局。与此同时，节能减排要改变偏重依靠行政手段的方法，积极创造条件开展排放权交易试点，加快建立起节能减排的长效机制。

国务院发展研究中心经济形势分析小组

执笔：刘世锦　余　斌　陈昌盛　李建伟　张立群　方　晋

本轮市场共振是“余震”还是“预震”[①]

——对美债危机前景的判断和应对策略

一、美债危机是次贷危机的延续，是信心危机的征兆

标准普尔下调美国长期主权信用评级，引发国际金融市场剧烈震荡。这一事件，看似偶然，实则必然。2009年，我们曾提出国际金融危机的演变将呈现三个阶段的基本特征，即私人部门债务危机、主权债务危机和国际货币体系危机。政府大规模救市，由“政府高杠杆”替代“私人高杠杆”，私人部门债务危机转化为主权债务危机。主权债务危机进一步恶化和蔓延，政府不得不将债务货币化，靠增发货币来减轻债务压力。美元是主导性国际货币，美债危机以及美国债务的货币化必将对国际货币体系带来严重冲击，虽在短期内尚不足以从根本上动摇现有的国际货币体系，但这一体系的动荡、混乱和不确定性将大大增加。此次美国信用评级下调或许就是向这个方面演变的重要信号，标志着危机正在从第二阶段向第三阶段过渡。评级下调看似针对美国国家信用，实质是对美元主导的国际货币体系和美国经济复苏信心的动摇，是一场信心危机。

① 本文为2011年10月撰写的专题研究报告。

二、美债危机短期内对实体经济影响有限

美债危机对实体经济的影响，主要通过以下两个渠道传导。一是风险和价值重估。美国长期主权信用评级下调，引发风险重估，推动美国国债收益率提高（尚未发生）。美国国债作为众多金融资产定价的基础，将引发一系列金融资产价值重估。相应地，银行系统风险资本的要求提高，企业融资成本上升，进而影响金融体系对实体经济的资金支持。二是形成信心和财富效应。美国信用等级下降，金融市场出于对其他资产风险的担忧，竞相抛售风险资产，引发市场恐慌性暴跌（已经发生）。资产缩水又会通过财富效应影响企业投资和居民消费，致使实体经济受到冲击。

由于美国经济、美元在全球经济、金融体系中的特殊地位，当国际市场风险加剧时，美债依然是相对安全和流动性较好的资产。在避险情绪推动下，投资者会选择增持美债，减持其他风险资产，再加上政府的市场干预，短期内美债收益率不升反降。目前美国企业和银行手中现金较多，流动性比较充裕，美债信用下调促使金融市场价值重估，进一步加大美元贬值压力，但短期内尚不至于对实体经济造成重大冲击。

欧洲的情况则有所不同。由于欧洲银行系统持有大量政府债券，欧债的避险功能较差，如果欧洲某主要经济体（如目前传闻较多的法国等）信用等级也遭下调，则以上两个传导渠道都会相对顺畅，对实体经济将产生严重冲击，并形成目前难以预料的其他影响。应对美债危机的

重点，应是美元持续贬值和欧债危机的系统性爆发。

三、美欧经济陷入长期低迷的可能性加大

经过这次信心危机的冲击，世界经济复苏前景变得更加暗淡。发达经济体扩张性政策的底线已经出现，可作为空间已极为有限。受债务规模高企、削减财政赤字压力增加和政治因素的影响，财政政策实际上处于紧缩状态。目前市场流动性充裕，即便再度实施宽松的货币政策（如美国延长低利率时间或推出第三轮量化宽松措施），在信心缺失和具有增长潜力投资领域不足的情况下，效果也十分有限。而且，当前发达国家的通货膨胀已经开始抬头，货币政策也面临着物价上涨压力的约束。更为重要的是，发达经济体重启新一轮增长周期，需要重大的结构调整和新增长动力的出现。然而，到目前为止，实质性的结构调整并没有发生，新能源和低碳、信息技术、生物等新兴产业发展缓慢，新增长点至今尚不明朗。美债危机发生后，市场信心动摇，即便短期不出现二次探底或深度衰退，发达经济体复苏期也将会拉长，可能陷入类似日本的“失去的十年”。

四、对我国短期冲击有限，但需警惕中长期影响

美债危机对我国巨额外汇储备资产的保值增值和安全性将产生影

响。短期内，由于美国国债收益率下降、价格上升，我国持有的美债账面上不仅没有损失，反而会产生一定盈利。但是，需要警惕评级机构下调其他美元资产和其他发达国家主权债务的评级。这将会引起金融市场间歇性波动，并导致主权债务危机向纵深发展。

美债危机导致的股市暴跌、信心下滑、经济放缓，对我国的外部需求将产生直接影响。但只要欧美经济不出现深度衰退，我国对其出口可以保持一定增长。如2011年上半年，美国经济仅增长0.8%，但我国对美出口仍增长16.9%。从长期来看，美欧等发达经济体陷入长期低迷，我国“入世红利”正在逐步消退，出口对经济增长的拉动预期应相应下调。

近期金融市场波动导致以石油为代表的大宗商品价格大幅下跌，这有利于减轻我国面临的输入型通胀压力。但未来西方国家通过债务货币化的手段化解债务危机的可能性很大，长期通胀压力仍将是严峻挑战。

总体上看，本次美债危机，短期影响主要表现为金融市场震荡，对实体经济的冲击不大。但对欧债危机的恶化，需要高度警惕。从中长期看，美元走上逐渐衰弱道路，国际货币体系的稳定性下降，已是大势所趋。因此，在做好必要政策预案的同时，应立足长远，积极抢抓外部机遇，加快推进改革，增强抗冲击能力。

五、宏观政策短期宜保持基本稳定

2011年以来，我国调控物价的政策成效逐步显现，7月应为本轮CPI

涨幅的峰值，下半年物价上涨压力趋减。受国际经济放缓和国内需求增速下降的影响，经济增速有所回落，但尚处于正常、合理范围，全年增长将达到9%左右。在这次调控过程中，微观主体正在作出积极调整，资产泡沫化风险也得到一定挤压，结构调整出现一些积极变化。为巩固已经取得的成效，在美债危机向实体经济传导短期尚不明显的情况下，不需要政府进行大规模的干预，宏观政策不宜进行方向性调整。但对美元持续贬值、欧债危机恶化的风险，应做好应对预案。

六、长短有别，多管齐下，化解外汇储备风险

双边贸易和巨额外汇储备，使中美利益紧密联系，且金融市场稳定也符合我国自身利益。基于此，短期内可考虑采取公开适当支持美元、美债策略，少量增持美国国债，并以此为筹码，争取我方经济、政治上的利益。中长期则以应对美元地位下降为重点。一是继续采取外汇储备多元化战略，增持优质外国企业债券和股票，增持部分增长前景较好、投资收益较高的新兴经济体债券；二是“藏汇于民”，加快个人对外投资试点工作，开通“港股直通车”，逐步取消个人对外投资限制；三是采取积极措施支持企业“走出去”，提高对外投资额审批上限，取消不合理、不必要的外汇管理要求；四是加快人民币汇率形成机制改革，积极推进人民币区域化。

七、积极抢抓外部机遇

西方国家金融市场持续动荡，经济长期低迷，国内矛盾日益激化，意味着国际经济政治力量对比进一步朝有利于新兴大国的方向倾斜。应抓住这一战略机遇，积极争取对我国长期发展有利的外部资源，为和平发展打下坚实基础。加强资金、信息、管理、人才、外交等方面的综合服务，鼓励、支持企业特别是按市场规则运作的民营企业“走出去”，主动整合全球资源；加强与新兴大国和周边国家的经贸合作，积极开拓新兴市场；着力打造具有国际竞争力的投资环境，大力吸收国际高端产业与生产要素；加快制度建设，多种方式灵活吸引海外高层次人才；进一步提升参与全球经济治理的层次和水平，在未来国际经济秩序的变革当中抢占有利位置。

八、加快推进重大改革，在防控风险的同时推动增长动力转换

2011年上半年，我国东部发达省市经济增速开始回落，很可能预示着我国潜在经济增长率出现下降。在应对外部风险冲击的同时，对国内潜在增长率下降可能带来的风险应有足够重视。从日本等国的经验看，一旦潜在增长率下台阶，扩张性政策不但不能拉快经济增速，而且会带来新的风险。从中长期看，保持经济平稳持续增长，化解经济和社会

风险，应对外部环境急剧变化的挑战，已经不是短期宏观经济政策和外延式增长所能解决的，必须从体制、机制等方面入手，推进全面深入的改革，包括要素价格、国有企业、金融体制、财税体制、科研和教育体制、户籍制度、土地制度、人口政策等多方面的改革。通过这些改革的实质性进展，在有效防控风险的同时，加快我国增长动力从要素投入为主向创新驱动为主的转换。

国务院发展研究中心经济形势分析小组

执笔：刘世锦　余　斌　陈昌盛　方　晋

第二部分

专题研究报告

美国次级债危机及其对我国经济的影响[①]

近期发生的美国次级债危机，对我国目前经济的影响还很小，但危机仍在发展，有可能从金融领域蔓延到实体经济，导致美国乃至全球经济减速。因此，需要高度关注其对我国香港和内地的股市、汇市、出口和投资可能产生的负面影响。

一、危机的背景和爆发经过

为了应对由互联网泡沫破灭引起的经济衰退，美联储从2001年1月到2003年6月连续13次下调联邦基金利率，使其从6.5%降至1%的历史最低水平。长期的低利率导致房地产市场持续繁荣，美国的次级房贷[②]发放额也随之大幅度增加，占全美未清偿抵押贷款总额的比重由2001年的2.6%猛涨到2006年第四季度的13.7%。

为了转嫁风险，房贷公司将部分已发放的次级房贷证券化，以次

① 原文载于国务院发展研究中心《调查研究报告》总第3009号（2007年10月15日）。

② 所谓次级房贷，是次级住房抵押贷款（Subprime Mortgage Loans）的简称，是相对于优先级（Prime）和次优先级（Alt-A）房贷而言的，特指金融机构向那些信用记录较差或低收入的购房者发放的住宅抵押贷款，由于违约风险明显高于后两种贷款，其利率也要高得多。

级房贷抵押债券（MBS）的形式卖给投资银行，后者又进一步将其包装为新的金融衍生产品——MBS支持的债务抵押凭证（CDO）。由于采取了多元化的信用组合，CDO可以获得比MBS更高的评级，并且，按其中包含的MBS可能出现违约的概率的大小，CDO又被分为高级（AAA评级）、中级（AA评级）和股权级（未评级）三类债券，被转卖给对冲基金、商业银行、保险公司等机构投资者。表面上看，这些与次级房贷相关的金融衍生产品是具有投资价值的债券，而实际上，其中所包含的风险被大大低估了。

2004年6月，美联储进入加息周期，联邦基金利率从1%一路升至2006年7月的5.25%。受其影响，美国房地产市场从2005年夏季开始降温，新房开工数量、新房和二手房销售量均大幅下降。与此同时，约4000亿美元可调整房贷的利率开始被重新设定，还款利率陡增导致次级房贷的违约率大幅上升①。被低估的风险开始逐步暴露出来。

由于房贷公司不可能把自己持有的次级房贷全部证券化，因此，次级房贷违约率上升首先打击了次级房贷公司。2007年4月，美国第二大次级房贷公司新世界金融公司（New Century Financial）申请破产保护。2007年8月，美国房地产投资信托公司（American Home Mortgage）申请破产保护。据不完全统计，从2006年11月至今，全美共有80多家次级抵押贷款公司宣布停业，其中11家已经宣布破产。

① 根据美国按揭银行家协会的最新估计，2006年获得次贷的美国人，有30%可能无法及时偿还贷款。

由于大量次级房贷已被证券化，而且购买美国次级债的也包括许多其他国家的机构投资者，信用危机很快从房贷市场蔓延到美国的整个金融市场，进而蔓延到全球金融市场。

次级房贷违约率上升导致次级债的信用风险增加，信用评级被调低①，市值大幅缩水，导致那些购买了大量股权级CDO的对冲基金出现账面严重亏损，面临的赎回压力增加。此外，由于对冲基金利用持有的CDO作为抵押向商业银行申请了贷款，CDO市值缩水导致商业银行要求增加保证金或提前还贷。在这种情况下，对冲基金被迫通过出售持有的其他优质资产来增加流动资金。这一方面进一步降低了对冲基金的收益率，从而加大了赎回压力和提前还贷压力；另一方面也加大了市场上其他金融资产面临的抛售压力，引起对冲基金账面资产价值的进一步缩水。大量对冲基金因此宣布破产解散、停止赎回或严重亏损。例如，美国投资银行贝尔斯登旗下的两家对冲基金倒闭；高盛旗下的两只对冲基金损失了15亿美元；澳大利亚麦格雷银行旗下两只大型对冲基金暂停赎回；法国巴黎银行旗下3只对冲基金暂停赎回。

虽然商业银行持有的大多是信用评级较高的高级或中级CDO，但市值也出现下降。资产账面损失使得商业银行被迫收缩贷款以提高流动性。同时，对冲基金作为贷款抵押品的CDO价值下降，也迫使商业银行提前收回贷款。结果，市场上的流动性明显减少。

---

① 标准普尔和穆迪两家信用评级机构分别下调了612种和399种抵押贷款债券的信用等级。

随着市场恐慌情绪的日渐加重，全球的机构投资者纷纷对自己投资组合的风险进行重新评估，大量抛售在股市、汇市以及商品期货市场上持有的高风险资产，导致金属、原油期货和现货黄金的价格大跌，欧元、英镑、澳元、加元、新西兰元等高息货币纷纷大幅贬值。全球货币市场迅速由流动性过剩转变为信贷紧缩（Credit Crunch）。

次级债危机在全球引发的震荡突出地表现在股市上。按2007年7月18日至8月15日的累计跌幅计算，道琼斯工业指数下跌近8%，法兰克福DAX指数和香港恒生指数的跌幅都接近7%，英国FTSE100指数下跌8%，日经指数和中国台湾加权指数的跌幅都超过9%，巴西圣保罗指数的跌幅更是高达14%。

在巨大的抛售压力下，全球最大的金属交易所LME的铜、铝、铅、镍、锡、锌的跌幅均为近年来之最；美国农产品方面，大豆、玉米、棉花也几乎触及跌停。

据美国花旗集团的估计，次级债危机造成的各类投资损失累计为550亿~1000亿美元。

为防止次级债危机引发严重的金融市场动荡，从2007年8月9日开始，各国央行纷纷向银行系统注入资金。截至8月23日，美国共注资1102.5亿美元，欧洲注资3434亿美元，日本注资433亿美元，澳大利亚注资70亿美元，加拿大注资37亿美元。为恢复市场上的流动性，美联储还于8月17日将贴现率从原先的6.25%降低至5.75%。

二、危机对我国的影响

次级债危机目前还没有超出金融领域，其对全球的影响主要是通过金融渠道传播的。我国内地的资本项目尚未对外开放，融入全球金融市场的程度还比较低，因此，次级债危机对我国的影响主要是导致香港股市的短期调整，对内地金融市场影响甚微。三家国有商业银行持有的约120亿美元的次级债只是有可能遭受损失①，亚洲美元债券与美国国债的息差也只是小幅上升，对我国企业从国际债市融资的成本影响不大②。

但是，次级债危机是否就此结束，目前还难以判断，因而它对我国经济造成的影响也还存在变数。综合目前市场上的各种分析和预测，次级债危机在2008年的发展趋势及其对我国经济造成的影响可能有三种情形（见表1）。

表1　次级债危机在2008年可能对我国经济造成的影响

情形	可能性	美国所受影响	我国所受影响
1	30%	投资者信心快速恢复，信用紧缩消失，房地产市场停止下滑，消费和投资未受重大影响，美联储保持利率不变	中国香港金融市场保持稳定；内地金融机构的海外投资损失轻微，出口和投资继续高涨，流动性过剩状况继续

① 中国银行、中国工商银行和中国建设银行分别持有次级债96.5亿美元、12.3亿美元和10.6亿美元，合计约120亿美元。其中，中国银行和中国建设银行已分别为可能出现的亏损计提了11.5亿元人民币和1.4亿元人民币的未实现减值准备。

② 据汇丰银行测算，美国经济增长率放慢1个百分点，我国经济增长率就会下降0.2个百分点；据德意志银行测算，美国经济增长率放慢1个百分点，我国经济增长率就会下降0.25～0.7个百分点。

续表

情形	可能性	美国所受影响	我国所受影响
2	50%	信贷紧缩状况持续，房地产市场继续下跌，企业投资和家庭消费受到打击，美联储被迫降息，美国经济减速约1个百分点	中国香港股市出现较大调整，港元兑美元汇率面临下跌压力；内地金融机构的次级债投资遭受较大损失，股市出现调整，出口和投资增速有所下降，GDP增长率下降约0.5个百分点，与美元的息差缩小，进一步增强人民币升值预期
3	20%	危机全面蔓延到实体经济，美联储降息仍不能阻止美国经济陷入衰退	中国香港股市暴跌，港元面临巨大的贬值压力；内地金融机构的次级债投资损失严重，股市大跌，出口、投资大幅减速，GDP增速下降1～2个百分点，流动性由过剩变为紧缩

资料来源：作者根据公共资料估算。

第一种情况是次级债危机很快结束，投资者和消费者的信心恢复，美国经济继续增长，我国只是有部分金融机构的次级债投资遭受轻微损失。

第二种情况是次级债危机造成持续的信贷紧缩，打击了美国的消费和投资，使其经济减速约1个百分点。受其影响，我国香港股市出现较大调整，港元面临一定的贬值压力，内地金融机构的次级债投资遭受较大损失，出口和投资增速有所下降，GDP增长率下降约0.5个百分点[①]。同时，由于美联储降息，缩小了美元和人民币的息差，强化了市场对人民币升值的预期，加大了我国通过加息抑制经济过热和通货膨胀的难度。

第三种情况是次级债危机演变为全球范围的金融危机，美国陷入

① 据汇丰银行数据，亚洲美元债券与美国国债的息差近期扩大了80～90个基点，但仍远低于2000—2001年美国经济衰退时的水平。此外债券在我国企业外债总额中所占比例较小，截至2007年3月只有20.1%。

经济衰退。我国香港股市暴跌，港元面临巨大的贬值压力，内地金融机构的次级债投资遭受重大损失，出口和投资大幅减速，GDP增长率下降1～2个百分点，市场上的流动性由过剩变为紧缩。

从目前的情况看，发生概率最大的是第二种情况。第三种情况的发生概率虽然最小，但也不能完全排除。这方面的证据主要包括以下三个方面。

其一，美国的房价可能继续下跌，从而加重次级债危机。自2006年8月房价出现11年来的首次同比下跌以来（美国全国房地产经纪人协会数据），美国房地产市场进入长期拐点的迹象越来越明显。据标准普尔评级公司在2007年8月28日公布的数据，2007年第二季度美国房地产价格指数同比下降了3.2%，创20年来的最大跌幅。另据美国全国房地产经纪人协会9月6日发布的最新报告，7月美国旧房销量已降至近6年来的最低水平。而从美国历史上的经验看，一轮房价调整至少要经历3年[①]。

其二，由于美国超过80%的次级房贷都是以“2+18”形式贷出的，即前两年为固定利率，后18年为浮动利率，未来还会有更多的借款人被迫违约。据雷曼兄弟公司估计，2007年、2008年两年将有约3000亿美元次级贷款违约。目前的次级贷款违约率已升至12.4%，为10年来最高，而2008年有可能进一步上升到14.6%。据美国抵押银行家协会在9月6日公

① 《警惕美国房价下跌对中国的影响》，中国国际金融有限公司研究报告，2007年9月。

布的最新数字，美国第二季度次级抵押贷款违约率再创新高，为连续第三个季度刷新历史最高纪录。

其三，次级债危机似乎正在整个金融市场内蔓延。2007年上半年美国信用卡的违约率上升了30%[①]，这有可能是部分贷款购房者在用信用卡支付房贷，这一情况会增加信用卡债券的信用风险，导致其市值缩水。此外，美国汽车贷款的坏账率也创下10年来的新高，违约者很可能也是陷入困境的次级贷款购房者。

最近，国际货币基金组织（IMF）、经济合作与发展组织（OECD）都下调了对美国GDP增长率的预期，反映出市场对次级债危机可能继续蔓延的担心。联合国贸发会议（UNCTAD）在其最近发表的年度报告中也认为，楼市衰退和金融市场动荡将严重拖累美国经济增长，并影响全球经济。一旦次级债危机继续扩大，就需要高度关注以下三方面的问题。

一是中国香港经济面临较大风险。由于香港是金融自由港，很容易受到国际金融市场波动的影响。1997年亚洲金融风暴期间，恒生指数就曾在4个交易日（1997年10月20日至23日）内暴跌23%。一旦次级债危机加剧，造成短期资本大量流出，香港股市就可能出现大幅下跌，港元也会承受巨大的抛售压力。同时不能忽略的是，危机可能引来国际游资，

① 据英国《金融时报》报道，2007年上半年美国信用卡公司被迫注销了4.58%的信用卡账单，作为坏账处理，同比增加30%。此外，逾期还款的情况也有所增加，反映持卡人还款意愿和能力的季度还款率也出现了4年来的首次下降。

通过外汇期货、股指期货等做空港币、卖空港股，进一步加大股市和汇市的下跌压力。在投资者信心严重受损的情况下，香港房地产市场也可能陷入低谷，从而打击实体经济。

二是中国内地股市可能出现较大调整。虽然中国内地股市相对封闭，但香港股市下跌仍会通过红筹股的比价联动效应波及内地股市。更重要的是，次级债危机扩大会影响投资者对中国内地经济增长的信心，从而影响上市公司的市场估值。2007年8月15日至17日，上证指数就曾因次级债风波而连续下跌，累计跌幅达到4.4%。如果次级债危机持续恶化，内地股市就可能出现更大幅度的下跌，公司市值缩水会影响融资，负的财富效应也会打击国内消费。

三是中国内地的出口可能大幅减速，从而影响投资和就业。2000—2001年美国因IT泡沫破裂导致经济减速时，中国内地的出口增速就曾锐减21个百分点[①]。如表2所示，2006年在我国销售收入大于5000亿元的工业部门中，出口依存度高于20%的主要有通信设备、计算机及其他电子设备制造业、金属制品业、电气机械及器材制造业、纺织业、通用设备制造业和塑料制品业。其中，通信设备、计算机及其他电子设备制造业的出口额占2006年我国货物贸易出口总额的比重高达32%，就业人数近500万人，而该行业的出口依存度高达75%，因此，需要密切关注可能出现的美国乃至全球经济减速对该行业的影响。

① 从2000年的27.8%降至2001年的6.8%。

表2　　2006年国内主要工业部门的出口依存度

主要工业部门	出口依存度
通信设备、计算机及其他电子设备制造业	75%
金属制品业	37%
电气机械及器材制造业	32%
纺织业	27%
通用设备制造业	24%
塑料制品业	23%
专用设备制造业	17%
化学原料及化学制品制造业	15%
交通运输设备制造业	14%
非金属矿物制品业	12%
有色金属冶炼及压延加工业	11%
黑色金属冶炼及压延加工业	10%
农副食品加工业	7%
石油加工、炼焦及核燃料加工业	6%
煤炭开采和洗选业	4%
石油和天然气开采业	3%

资料来源：国务院发展研究中心外经部数据库。

国务院发展研究中心对外经济研究部：吕　刚

美、韩防范化解资本市场风险的做法与经验①

本文回顾了美国及韩国历史上资本市场的风险以及化解资本市场风险的基本做法，认为在市场恐慌时期，政府应提供一定的流动性帮助，以恢复市场信心；投资者资产的分散程度不同，对股市危机的影响程度不同；资本市场的不发展对经济而言，是巨大的浪费；资本市场的开放是一把双刃剑；证券市场的监管应充分发挥自律组织的作用。

一、美国的做法

（一）美国历史上化解资本市场风险的做法

一战以后，美国经济发展迅速，带动了证券行业的腾飞。在证券市场成为企业募集资金的重要渠道，从而促进了整个国家经济发展的同时，也爆发了诸如经济过热和银行信用滥用等一系列问题。1929年9月5日，美国股市价格出现大幅下跌，这次大规模的股灾持续了3年之久，极大地打击了美国投资人的信心。深刻的教训迫使政府开始加大对美国

① 原文载于国务院发展研究中心《调查研究报告》总第3040号（2007年11月9日）。

证券市场的监管力度。股灾之后，美国联邦和州政府陆续制定了一系列针对证券市场管理的严格法律，并开始对证券市场实施统一的监管。《1933年证券法》《1934年证券交易法》《1939年信托契约法》《1940年投资公司法》《投资顾问法》《1970年证券投资者保护法》等法律相继出台，填补了资本市场法律规范的空白，为美国推进监管奠定了坚实的法律基础。

1973年，布雷顿森林体系彻底崩溃，西方主要国家纷纷实行浮动汇率制，国际资本开始频繁流动，国际金融市场的汇率、利率、通货膨胀率等变化剧烈，金融机构经营风险加大。为提高效率和规避监管，利率浮动的票据、货币远期和货币期货等创新的金融衍生商品应运而生。20世纪70年代中后期，金融体制经历了一个由制度创新和技术创新所带来的结构性的变化和发展，其直接结果就是美国证券市场变得更加国际化和自由化。

1987年10月19日，纽约股市再次崩溃，道指的跌幅高达22.62%，股票市值在一天之内就损失了5000亿美元以上。股票市场的风暴直接导致美国政府再度加强了资本市场管制。

20世纪90年代以后，互联网等高新技术的不断兴起带动了美国经济的高速发展。在吸引全球巨额资金的同时，资本市场的泡沫化程度不断加大。2000年开始，美国股市再次出现了巨大波动，纳斯达克指数从2000年3月的5000多点一路下跌到2002年的1200余点，跌幅高达约78%。2001年“9·11”恐怖袭击事件再次导致美国股市大幅度下跌。2002年秋，美国又出现了安然财务丑闻等事件，致使公众对股票市场的信任降到低点。为应对这次危机，美联储主动降息，将联邦基金利率降到历史低点以增加流动性，同时美国国会批准了对上市公司财会制度作出了更为严格规定的《萨班尼斯和奥克利法案》，又一次通过立法的形式加强对上市公司财务制度的监管。

2007年美国资本市场爆发次级债风波，由于金融全球化和金融技术的发展，该事件波及欧洲和日本等多个国家和地区。为应对次级债风波对金融市场的影响，防止其对实体经济造成进一步破坏，美国、欧洲及日本各经济体央行纷纷向市场注入流动性，降低市场基准利率，目前已初步遏制了市场恐慌情绪蔓延。

（二）美国当前的证券监管体制

目前，美国对证券市场的监管，分为政府监管、自律监管及受害者司法救济三个层次。

第一层次的政府监管以联邦证券交易委员会（SEC）为主。联邦证券交易委员会是一个独立的，具有准司法权，集立法、执法和监察于一体的证券管理机构。法律赋予其对违反法律的公司和个人在证券投资中的过度冒险、投机、欺诈等立案稽查、进行制裁和提出诉讼的权力，在行使这些权力的时候被赋予强大的调查权和控诉权，可以独立对证券市场实行强有力的管理而无须依赖其他行政或司法机构。SEC的监管大多通过对证券市场上运营的中介机构的严格监督管理来实施，它拥有对中介的管理权力，包括发放和吊销执照，迫使中介监督市场参与者。执法过程中SEC采取透明原则，对执法信息及时发布。

第二层次的美国的自律监管机构包括证券交易所、行业协会和其他团体。证券交易所如纽约证券交易所（NYSE）、纳斯达克（NASDAQ）等；行业协会如全美证券交易商协会（NASD）、全美期货业协会（National Futures Association）等；其他团体如注册会计师协会等。这些自律组织通过对其会员进行监督、指导，实施自我教育、自我管理，目的是保护市场的完整性，维持公平、高效和透明的市场秩序。自律组织的自律活动须在证券法律框架内开展，并接受SEC的监管。SEC既可以对自律组织颁布的规则条例进行修订、补充和废止，也可以要求自律组织制定新的规章。以证券交易所为例，它有权制定自己的管理制度，对违反制度的会员，证券交易所可给予暂停交易、取消交易资格甚至成员资格的处罚。证券交易所有完备的电子监控系统，一旦发现交易出现异常波动，电子监控系统就会自动报警，使证券交易所能及时发现违规行为并采取行动。

监管部门查出违法违规行为后，可以对相关个人和公司进行处罚。刑事处罚权掌握在司法部门手中，司法部门的审判结果通过美国证券管理委员会来执行。

证券监管体系的第三个层次是受害者司法救济。即利益受害者可以通过司法途径，就市场参与者违反证券法规的行为提起赔偿诉讼请求。为防止滥用职权，SEC的监管权力行使也接受司法审查。利益受害者也可以通过司法途径，对证券监管机构和就市场参与者违反证券法律法规的行为提起诉讼请求。不过司法中强调SEC的行政监管优于司法活动，采取“内部救济用尽原则”，原告就交易所的监管活动向法院寻求救济，必须用尽证券交易法规定的可资利用的救济机制，否则不予受理。实际上，中小投资者苦于诉讼成本很高常不愿起诉，而一般采取集团诉讼的方式，一些律师事务所专门从事证券集体诉讼，随时跟踪上市公司的财务报表和新闻发布，搜集虚假陈述的证据。这种集团诉讼制度对保护中小投资者的利益、促进证券市场的规范运作起到了很大的作用。

二、韩国的做法、经验与案例

（一）韩国历史上化解资本市场风险的做法

韩国的资本市场是在政府的主导下创立的。为了鼓励储蓄并使之转化为投资，政府于1955年设立了韩国证券金融会社和大韩证券交易所。1962年，政府强调证券交易所作为公司融资中心的地位和作用，引入授权资本制，韩国证券市场开始繁荣。但与此同时，市场中出现了大量的投机和欺诈活动，股价大起大落，致使股市在1963年1—3月被迫关闭，20世纪60年代以后的若干年里无人问津。虽然政府采取了一系列措施，以加强证券市场作为公司融资重要源泉的地位和作用，但直到1968年，韩国的证券市场还处于只有流通市场而没有发行市场的状况，不能有效地起到为企业筹集投资基金的作用。

为了改变证券市场的这种状况，韩国政府从1968年开始，实施拓展证券市场的长期金融战略，采取了一系列发展证券市场的政策措施。主要包括以下四点。①制定了《资本市场促进法》《证券投资信托法》《公司债登录法》《企业公开促进法》《短期融资法》。②完善证券交易制度，根据各证券会社的资本规模重新确定了自营、代理等具体业务范围，并在提高证券会社自有资本的同时，按交易额的一定比例将交易准备金的缴纳义务化。并在1969年废止投机性强的清算交易制度、实行普通交易制度的基础上，于1971年彻底取消了交割延移制和差额决算制，且引入了为证券投资者融资融券信用制度。③建立证券投资者保护机制，免征股息所得税，保证民间股股息率达到银行利率水平，实行上市证券保证金“公托制”。④连续多次下调存款利率。

1973年受世界性石油危机的冲击，韩国证券市场出现萎缩。为此，韩国采取了三大措施。一是韩国总统发布了《关于企业公开和创造良好企业风气的总统特别指示》，加强对企业财务和信用的管理，纠正企业对金融的过度依赖，加强对企业及大股东的纳税管理，促使企业分阶段公开；二是颁布实施了“企业公开补充完善措施”；三是全面修订了《证券交易法》，改革股市管理体制，设立了证券管理委员会及其执行机构——证券监督院。

20世纪70年代末80年代初，由于世界第二次石油危机爆发，受国内经济放缓、总统遇刺以及国民对巨额外债的担忧等因素影响，韩国证券市场受到了严重冲击。为此，①韩国证券交易所加入了证券交易所国际联盟；②颁布《株式会社外部监察法》，正式对股份公司实行外部监察制度；③对《证券交易法》再次进行修订，构筑股市的稳定基础，扩充筹集内资的职能，提高证券市场的可信度；④提出《扩大资本市场职能方案》，扩大企业参与资本市场的机会，允许证券公司经营在海外买卖有价证券的国际业务；⑤在美国设立了专门的证券投资公司——对韩投资信托基金；⑥政府制定《资本市场发育方案》和《企业海外证券发行方案》，鼓励保险公司扩大对证券业的投资以及鼓励成立旨在投资于证券业的养老基金，同时允许企业到海外发行各种证券。

韩国从1981年开放资本市场开始，持续加大开放力度，1988年又宣布了修正计划，进一步加大开放力度。1997年金融危机后，更加全面地开放资本市场。20世纪90年代，韩国证券市场在1990年和1997年经历了两次大跌。这主要是因为韩国证券市场加大对外开放，市场受外部冲击影响的可能性加大。为了应对这些股市的调整，韩国进一步开放国内的证券市场。一是取消了对外国人投资政府特别债券和公司债券的限制，允许外国银行和证券公司设立分行和子公司，大幅开放债券市场和短期资金市场；二是提高外国投资者持有韩国上市公司股票的限额。

（二）当前韩国证券市场的监管体制

韩国证券市场的监督管理框架分为以下三层：第一层次是政府监管机构的监管；第二层次是自律组织的辅助监管；第三层次是其他证券相

关机构的管理。

政府监管机构主要为财经部（MOFE）和金融监督委员会（FSC）。1998年4月之前，韩国财经部负责监管整个金融市场，证券交易委员会（SEC）负责证券市场的监管。亚洲金融危机之后，韩国进行了金融改革，形成了由证券、银行、保险和非银行金融机构等合并的、统一的监管体系。1998年4月，金融监督委员会成立，它隶属于总统办公室，是独立的监管部门。该委员会下设证券期货委员会（SFC）。1999年1月，银行监督委员会、证券监督委员会、保险监督委员会和信贷管理基金合并为金融监督院（FSS），它是金融监督委员会和证券期货委员会的执行机构。金融监督院负责韩国金融机构的监督、管理和检查，其目标是确保金融市场的安全和稳定，保护投资者及存款人利益。

自律监督机构主要为韩国证券商协会（KSDA）和韩国证券期货交易所（KRX）。自律管理组织辅助政府监管机构对金融市场进行监督管理。

除证券监管机构外，韩国证券市场还有韩国证券托管院（KSD）等其他证券相关机构。其中，韩国证券托管院（KSD）是其全国唯一集中托管证券的机构；韩国证券信息公司（KOSCOM）肩负稳定股票市场的责任，同时也要完成最基本工作，如执行交易、下达交易指令、投资报告、网络服务等；韩国证券金融公司（KSFC）是韩国证券交易法规定的国内唯一可以提供证券贷款的机构；此外，还有韩国上市公司协会（KLCA）、科斯达克上市公司协会（KOSDAQCA）等。

三、对我国资本市场风险防范的启示

（一）市场恐慌时期政府应提供一定流动性帮助，以恢复市场信心

当股市（资本市场）发生恐慌时，如果任由事态发展，寄希望于市场的自发调整，那么这种恐慌情绪可能会引起市场的信任危机，致使社会流动性创造失去基础，引发大面积的深度信用紧缩，会将实体经济导向衰退。而这时信心的恢复成为较困难的事情，需要花费较长的时间和成本，才能使经济走出低迷。美国的经济大萧条以及其后世界大战之前的金融危机，都导致了美国经济的低迷，而日本20世纪80年代末经济泡沫破灭，也使日本“失去了十年”。但政府的积极干预，尤其是提供大量的流动性，则有助于缓解金融危机引起的流动性紧缺，恢复大众的信心，有可能避免金融危机向经济危机的转变。

（二）投资者资产的分散程度不同，对股市危机的影响程度不同

若市场上的投资者将所有的资产投向股市，那么金融危机将会导致消费者财富的剧烈波动，从而影响其消费水平。美国在1929年的时候，市场中个人投资者的绝大部分资产都投资于证券市场，一旦市场崩盘，那些原先因为虚拟资产的膨胀而感觉自己很富有，一向花钱大手大脚的

人们，突然发现自己其实不名一文，他们的消费会迅速缩减——而这会将整个经济直接拖入泥潭。但在1987年，投资者的投资已经相当分散，他们除了将大部分资产投资证券以外，还投资于其他的方面，特别是房地产，因此尽管市场崩盘给投资者带来巨大的损失，但还不至于让他们彻底破产。日本在20世纪80年代末股市、楼市同时产生泡沫，而后泡沫破灭，沉重打击了消费者的消费能力，经济很长时间都很难从危机中扭转过来。

（三）资本市场的不发展对经济而言，是巨大的浪费

大量储蓄缺乏有效的手段积聚并转化为投资。韩国在推动本国资本市场发展的过程中，一直面临着资本市场发展不足以支持经济发展的困境，为此，韩国政府采取各种措施，以鼓励本国市场的发展。这些措施大大促进了其资本市场的发展，使资本市场在服务于韩国经济发展方面发挥了重要的历史作用。

（四）资本市场的开放是一把双刃剑

一方面，资本市场的开放能促进本国资本市场的发展，推动国内改革，尤其是在国内利益集团较为强大时更是如此。但另一方面，资本市场的开放也致使本国的资本市场充分暴露于国际市场的波动之中，较易受到外部冲击，在本国市场的深度、广度不足，监管制度不健全的时候，这种外部冲击对资本市场的危害更大。韩国20世纪90年代发生的两

次股市大跌与此有相当大的关系。

（五）证券市场的监管应充分发挥自律组织的作用

美国在每次资本市场危机之后，往往会对金融立法和监管进行强化。但不论是采用集中监管模式的美国、韩国，还是追求自律监管的英国，或者是采用混合型监管的德国，都充分强调了自律组织在证券监管中的作用。

国务院发展研究中心金融研究所：陈道富

次贷危机对美国保险业的影响及启示①

次贷危机的影响波及了美国保险业。就投资的风险暴露以及职业责任险的赔付率上升来看，次贷危机的影响有限，属于局部冲击，但在债券保险市场方面则形成了全面冲击。由于债券保险市场成为影响次贷危机蔓延的关键环节之一，政府和监管机构不得已采取了很多手段加以救助。分析这些现象，能对我国产生许多有益的启示，如必须坚持保险投资的稳健性，强化保险公司的风险管理能力，建立反应灵活、覆盖全面的监管体系等。

2007年以来，以次级房贷违约率上升为导火索，美国爆发了所谓的“次贷危机”，许多对冲基金、投资银行、商业银行、政府住宅代理机构等都受到强烈冲击，并引发了全球金融市场动荡。次贷危机至今尚未结束，并且影响日益扩大。作为金融服务业的重要组成部门之一，保险业势必也不能独善其身。

---

① 原文载于国务院发展研究中心《调查研究报告》总第3164号（2008年4月9日）。

一、次贷危机对美国保险业的主要影响

（一）多数保险公司由于严格控制次贷相关债券的投资而受到较小的直接冲击，少数大保险公司则蒙受巨额亏损

近年来，投资收益在保险公司的利润结构中占有越来越大的比重，投资活动对保险行业而言变得越发重要。随着资本市场的发展和金融创新活动的频繁，保险公司对于各种层出不穷的衍生工具投资也多有涉猎。但是，受到本身业务性质和监管法规的限制，大多数美国保险公司仍然遵循了非常谨慎和保守的投资策略，将投资资产主要分布于高等级债券上，严格控制对高风险证券的投资比例。2006年，美国寿险公司平均53%的资产投资于最高等级的债券，19%投资于次高等级的债券，股票投资只占到认可资产的4.6%；非寿险公司投资于最高、次高等级债券以及股票的比例分别为67%、4%和16%。尽管许多保险公司持有次贷相关资产，但由于比例很小，投资风险暴露处在可控范围内，因此受到此次次贷危机的直接冲击远远小于商业银行。正如美国保险信息协会（ISO）副主席所评论的那样："大多数美国保险公司受到此次危机的影响很小，要感谢保险公司保守的投资组合管理策略以及州保险条例的严格监管。"

此外，少数大的保险公司由于采取了相对激进的投资策略，在次贷支持类债券上进行了大量投资，从而蒙受了巨额亏损。例如，全球

最大的保险公司美国国际集团（AIG）在住宅抵押市场的投资额占公司全部投资资产的11%，远远高于行业平均水平，在次级房贷违约率上升的情况下，造成了巨额的投资亏损。2008年初，AIG宣布对次级抵押贷款支持债券相关衍生品冲减111亿美元，从而致使2007年四季度亏损高达52.9亿美元，创造了自1919年成立以来的季度亏损纪录。

（二）职业责任保险的赔付率预计将有显著上升，但迄今为止对市场的供给冲击有限

次贷危机使得许多牵涉其中的利益相关者遭受损失，从而引发了很多诉讼案件。例如，银行核销和冲减次贷损失致使盈利大幅减少，甚至一些按揭贷款机构为此破产，引起许多投资者集体上诉，控告企业管理层误导、错误披露或者其他失当行为。类似的诉讼案件还包括借款人起诉房贷经纪公司、借款人起诉投资银行、监管机构起诉商业银行等。据不完全统计，仅在2007年就发生了278起与次贷危机有关的诉讼案件。这些案件许多属于职业责任保险的承保范围，主要包括高管/董事责任险（D&O）和错误/遗漏责任险（E&O），在公司董事或者高管人员受到行为失当的起诉时负责诉讼案件的法律费用以及部分法律赔偿金的支付。诉讼案件的增多意味着职业责任保险保单下的索赔数量将显著增加，从而影响责任险业务的盈利水平。有人预计相关的索赔费用将高达90亿美元。

尽管职业责任保险的赔付率肯定将随次贷诉讼案件的增加而有显著上升（许多财险公司的报表已有反映），但迄今为止，却并没有对责任险的市场供给产生大的冲击。根据最新发布的一份调查报告，截至2008年2月，在美国投保高管/董事责任险和错误/遗漏责任险虽然审查更加严格，但仍然可以购买到，并且这两个险种的费率和保单条款也都没有发生明显的变化。这种看似较为反常的现象背后其实有着一定的合理性。在经历了石棉索赔、“9·11”事件、飓风等重大事件及巨灾后，美国保险公司的风险防范意识和风险管理机制普遍大为增强。例如，丘博保险集团（Chubb）在风险评估的基础上，提高了对高管/董事责任险的承保条件，甚至对一些风险较高的投资银行和次级贷款经纪公司停止销售此类保险，并相应调整再保险结构，从而将责任险的风险暴露限定在可以控制的范围内。由此，次贷危机虽然致使责任险的赔付率有所升高，但由于风险管理措施的有效实施提高了保险公司应对突发事件的能力，故对市场供给的冲击自然最大限度地得到了缓解。

（三）债券保险市场受到全面冲击，并成为影响次贷危机蔓延的关键环节之一

次贷危机中受到最直接全面冲击的保险领域为债券保险市场。所谓债券保险（Bond Insurance）是指保险公司承诺在发行人违约时向债券持有人支付利息和本金。现代意义的债券保险1971年首先出现在美国的市政债券市场上，主要为各地方政府发行的市政债券提供担保。其后，债

券保险公司出于扩展业务的需要，将营业范围从市政债券扩展到了各类高风险的资产担保证券。目前，美国50%左右的市政债券在发行时都有保险担保，相当数量的资产支持证券也购买了债券保险。据估计，受债券保险机构担保的债券规模高达2.4万亿美元。次贷危机爆发以来，次贷违约率的上升加重了债券保险公司的亏损，并致使信用评级机构下调了对这些保险公司的评级。如全球最大债券保险商MBIA公司2007年四季度出现公司历史上最严重的单季亏损，AMBAC、FGIC等债券保险公司也未能保住原有的信用评级，由"AAA"降至"AA"，并存在被进一步调低评级的可能。

债券保险是债券发行的最后一个环节，其主要作用有两点：一是增加债券的信用，有助于提高债券本身的信用等级；二是降低融资成本。特别是对于次贷支持债券这样高风险的债券而言，保险公司的介入大大增加了其安全性，因此，债券保险的存在对债券市场发展至关重要。此外，由于债券保险实际上是以保险公司的信用为依托，保险公司的信用评级决定着其所担保债券的评级，因此高评级构成债券保险公司经营的基础。一旦债券保险公司的财务评级普遍下调，必然导致其承保的债券评级普遍下调，不仅将会致使持有这些债券的金融机构和个人投资者出现更大的资产损失，也会拖累那些本来风险较低的市政债券估值减少，给处于次贷危机中的债券市场带来更大压力。目前市政债券的2/3是由美国个人投资者直接或者通过共同基金的方式持有，总量高达1.6万亿美元，多数有保险担保。如果债券保险公司失去了AAA评级，投资者持有的市政债券价格就会下跌，原以为低风险的投资出现问题，会直接影响到普通美国人的生活。此外，危机减少了债券保险的供给，会增加市政债券的发行成本，从而进一步影响政府对学校、交通等公共设施的投资[①]。正因为债券保险的极端重要性，那些资本充足率下降并不断受到降级威胁的债券保险公司成为影响次贷危机蔓延的关键环节之一，引起了美国各界广泛的关注。

二、政府和监管机构采取的救助方案

随着次贷危机不断加重，美联储先后采取了降息、向金融机构注资等多种救助措施。在保险领域，由于无论是次贷相关投资的风险暴露还是职业责任险的赔付率上升都属于对市场的局部冲击，唯有债券保险不仅自身受到了全面冲击，还直接影响到了债券市场的安危。因此，救助方案主要针对债券保险市场进行。这些救助方案有的来自政府[②]，有的来自保险监管机构，有的已经实施，有的仍处在评估中。

（一）帮助困难的公司补充资本，加快新公司的审批

补充资本有助于遭遇困难的债券保险公司稳定或者提高信用级别，而新设立的实力雄厚的债券保险公司有助于提高市场供给，确保

① 事实上，许多新发行的市政债券因为缺乏保险担保，利率提高了几倍，影响了融资的使用效率。
② 主要是债券保险公司最集中的纽约州政府。

债券发行的顺利。本着这一思想，一方面政府和监管机构积极与银行、私人股权基金以及一些亿万富翁接触，希望能对债券保险公司提供资金支持，并快速批准MBIA公司的融资计划；另一方面，加快新公司的审批，以起到稳定市场的作用。例如快速批准巴菲特在纽约新成立一家债券保险公司，巴菲特已向最大3家债券保险商AMBAC、MBIA、FGIC提出愿为它们承保的市政债券提供再保险，但不包括其他复杂的高风险金融工具。

（二）拆分债券保险公司，将市政债券与高风险的资产支持证券隔离

政府救助债券保险市场的首要原则是要确保市政债券市场的安全。因为市政债券本身的偿债能力并没有发生明显变化，只是受到次贷支持债券的拖累而造成了估值下降和新融资的困难。换句话说，债券保险公司评级的下降主要是因为其承保的高风险次贷支持债券，而不是因为其承保的市政债券。有鉴于此，无论政府、监管机构还是遭遇困境的保险公司本身，都在考虑将债券保险公司拆分成两部分，一个接管所有的市政债券保险业务，另一个负责高风险的资产支持证券保险业务。将低风险与高风险业务有效隔离，有助于防止损失的进一步蔓延。

（三）修改债券保险的监管规则

以往，债券保险公司与其他普通的保险公司一样，由美国各州保险

监管部门监管，监管手段也与普通保险公司类似。然而事实上，债券保险公司并不是普通的保险公司，它主要承担着信用风险的保险，需要特殊的、更加严格的监管。许多人将债券保险市场的风波归咎于现有保险监管的不够充分和不够严格是有一定道理的。为此，以纽约州为首，各州的保险监督官协会正在积极酝酿修改债券保险的监管规则，以提高监管效率，并防止债券保险公司不恰当地承担风险。拟修改的监管规则主要包括：①重新定义债券保险公司的业务范围；②提高债券保险公司的资本充足性要求；③加强对债券保险公司信用评级的监管。此外，还有人建议将债券保险公司交由联邦监管，并且建立类似存款保险制度那样的债券保险担保制度。

三、对我国的启示

由于海外投资开放较晚等原因，此次冲击全球金融市场的次贷危机对我国保险市场的影响极其有限。但通过仔细分析这场危机对美国保险业的影响和美国政府、监管机构的应对措施，仍然能对我国产生十分有益的启示。

一是必须始终坚持保险投资的稳健性原则。从保险的业务特点来说，投资的安全比投资的收益更为重要。大多数国家对保险公司的投资活动实施较为严格的监管，例如对某一类资产设定具体的投资比例、对高风险投资施加很高的风险资本要求等。美国多数保险公司之所以免于受到次贷危机的严重冲击，与坚持投资的安全原则密不可分。在我国保险资金的运用渠道日益拓宽的背景下，无论是保险公司制定自身投资策略还是监管机构制定相应投资法规，都应该以稳健投资为首要坚持原则，将投资风险限定在可控范围内。只有这样，才能保证保险投资活动的可持续顺畅发展。

二是必须强化保险公司的风险管理能力。随着保险承保能力的扩大和经营环境日趋复杂，风险管理对保险公司的意义变得越来越重大。只有具备完善的风险管理和控制体系，才能顺利应对意外事件的冲击，减少行业发展不必要的波动。次贷危机之所以对美国职业责任险市场的冲击较小，充分说明了风险管理的重要性。相反，我国保险公司目前对风险管理重视不够，应该向美国学习，提高对风险管理的认识水平，采取各种措施努力强化承保业务和投资业务的风险管理能力。与此同时，监管机构在制定各类监管法规和实施现场、非现场检查时，也应该将保险公司的风险管理和控制能力列为重点要素。

三是必须建立反应灵活、覆盖全面的监管体系。美国债券保险市场受到次贷危机全面冲击这一事实，既反映出在资本市场链条上的各金融机构之间密切相关的联系，“一荣俱荣、一损俱损”，同时也反映出在金融创新活动频繁态势下要实现无缝隙的监管是一件异常困难的事情，即使美国这样的国家也很难做到。为此，监管机构不仅仅要尽可能地完善当前已有的监管体系，还应该使得这一体系反应更加灵活、覆盖更为全面。我国目前还没有债券保险，但有很多业务如责任保险、农业保险、银行保险都属于新业务范畴。监管机构必须针对这些新业务的特殊性制定特殊的监管规则，并实时跟踪和分析新业务市场出现的问题，及时采取相应的调整措施加以解决。只有这样，细小的问题才不会累积形成系统风险，保险市场才能得以健康发展。

国务院发展研究中心金融研究所：田　辉

美国经济衰退的前景和影响[①]

从领先指标等历史数据来看，美国经济于2008年陷入衰退基本已成定局。由于此次衰退伴随着金融危机，美国经济未来走势会出现反复。在美国经济放缓和国内政策环境变化的共同作用下，我国对美国出口增速已明显回落。为了在防范通货膨胀上升的同时维持我国经济的稳定增长，有必要加快体制改革，提高经济效率，扩大总供给。

自从2007年爆发次贷危机以来，美国经济出现明显的放缓迹象。目前除美国政府之外，多数研究机构认为美国肯定会陷入经济衰退，唯一的问题是衰退的深度和长度。有人认为美国经济衰退的同时将伴随着通货膨胀，因此，20世纪70年代的“滞胀”现象很可能重临；也有人认为，美国可能会出现“日本式衰退”，经济将长期处于低迷状态。美国是否会陷入衰退，衰退的程度和性质如何，对世界经济的影响及各国可能采取的政策措施是非常不同的。因此，本文打算就美国经济衰退的可能性、主要特点及其影响展开分析。

---

① 原文载于国务院发展研究中心《调查研究报告》总第3009号（2008年4月13日）。

一、领先指标显示美国衰退基本已成定局

领先指标（Leading Indicators）指的是那些总是领先于经济周期转折点（波峰和低谷）变化的衡量经济活动的统计指标。通过观察领先指标的变动情况，可以预测经济是否将进入衰退。据美国大企业联合会发布的最新数据显示（见表1），领先指标综合指数从2007年10月开始已经连续下降5个月。从1959年到2006年，美国共出现过7次综合指数连续5个月下降的情况。除了1966年那次之外，领先指标综合指数连续5个月下降之后，美国要么是即将陷入衰退，要么是已经处于衰退之中。

表1　　美国最新经济领先指标统计

指标	2007年						2008年	
	7月	8月	9月	10月	11月	12月	1月	2月
领先指标综合指数（1996=100）	138.3	137.9	138.2	137.3	136.8	136.5	135.4	135.0
领先指标扩散指数	60	40	60	15	30	40	45	45
同步指标综合指数（1996=100）	124.7	124.9	125.0	125.1	124.9	124.9	124.9	124.9

资料来源：美国大企业联合会。

领先指标包括10个单项指标。其中，制造业平均每周工作小时数在2007年8月见顶，之后逐步下降。首次申领失业救济人数在7月见底，之后不断攀升。说明劳动力市场在逐渐恶化。反映制造业情况的原材料和消费品订单、资本品订单、供货商推迟交货比例等早在2005年下半年就已经达到峰值。反映建筑业状况的私人住宅动工许可也是在2005年9月达到顶点，目前的数量不及那时的一半，说明美国房地产投资严重萎缩。反映投资者和消费者预期的标准普尔500股票指数和消费者预期指数分别

于2007年10月和7月见顶。此外，10年期国债与联邦基金利率之间的利差在2008年1月前已经连续19个月为负。在过去48年中，长短期利差为负连续超过8个月的有6次，其中5次出现之后发生了经济衰退。不过，由于美联储最近一段时间大幅减息和向金融市场注入流动性，实际货币供应量仍然处于高位。此外，扩散指数（Diffusion Index）也连续5个月低于50，说明多数单项指标处于下降态势（10个单项指标中如果有3个上升、7个下降，则扩散指数为30，依此类推），可以进一步佐证经济已陷入衰退。综合上述分析来看，美国经济陷入衰退基本已成定局。

根据历史经验，领先指标综合指数的峰值比衰退开始时间平均早9个月。这次综合指数的峰值出现在2007年7月，以此推算美国经济将于2008年4月前后进入衰退。也有人认为美国经济已进入衰退，但从同步指标（Coincidental Indicators）的走势还看不出来。同步指标指的是那些高峰和低谷与总体经济活动的高峰和低谷时间大致相同的经济指标。截至2008年2月底，美国的同步指标综合指数一直保持平稳。四个同步单项指标中，非农就业人数和工业生产指数处于下降趋势，而个人收入（减去转移支付）、制造业和商业销售额仍然在上升。因此，美国经济二季度出现衰退的可能性更大。

二、美国经济衰退的性质：资产负债表式衰退

美国经济此次衰退的原因是房地产泡沫破灭导致金融机构相关资产

以及居民财富的大量减值，也就是说，金融机构和居民的资产负债表严重恶化——资产大幅缩水，而负债没有变化，甚至可能因利率上升而增加。在这种情况下，金融机构会实行全面的信贷紧缩，而居民户由于负的财富效应会降低消费，再加上房地产业和金融业本身的收缩，最终导致经济衰退。

这就是所谓的资产负债表式的衰退（Balance Sheet Recession）。日本在20世纪90年代资产泡沫破灭后经历的就是资产负债表式衰退。日本的房价从泡沫顶峰下跌了80%，致使金融机构出现巨额坏账，企业拥有大量负债。即使日本央行后来把利率降到零，企业也不愿意通过借贷的方式扩大生产和投资，而是把利润都用来还债。整个经济陷入了“流动性陷阱”，货币政策失去作用。

美国此次房地产泡沫及之后的衰退和日本当年相比有一些不同。首先，美国的泡沫没有当年日本大。2001—2006年，美国住宅均价上升了60%左右，个别城市最高上升了160%①。而1985—1990年，日本六大城市平均地价上升了3倍左右②。因此，美国房地产价格如果下跌，估计幅度也不会比日本大。

其次，美国房地产泡沫主要集中在住宅市场，因此受影响的主要是居民户。而日本商业房产泡沫更大，因此受影响更多的是企业。房地产是美国居民的主要资产形式。前几年房地产价格快速上涨带来的财

---

① 引自2008 Economic Report of the President。
② 日本国土交通省公布的数据。

富效应使美国居民消费能力不断提高，并成为美国乃至世界经济增长的主要推动力量之一。如果房地产价格显著下跌，消费者支出将会受到影响并拖累经济增长。据估计，美国房地产总价值大约在21万亿美元（Feldstein，2007），如果下跌50%，将有10.5万亿美元的财富缩水。假设长期财富效应系数是9%左右（Carroll，2006），消费将因此减少1万亿美元。如果上述效应分5年实现，每年将减少2000亿美元，相当于减少了美国GDP的1.5%。

最后，日本房地产贷款的风险和坏账集中在商业银行，而美国通过房地产证券化，将贷款风险转嫁到其他金融机构、一般投资者和世界其他国家，商业银行受影响较小。如美国高盛公司预计，次贷危机造成的最终信贷损失在1.2万亿美元左右，其中美国金融机构占40%，大部分由其他国家承担了。从有利的一面看，美国金融业近年来的年均利润都在5000亿美元左右，因此如果高盛公司的预计准确，那么美国金融业损失的也就是1年利润而已。

三、美国经济未来走势判断

自1945年以来，美国经济经历了11个周期，衰退期平均为10个月（见表2）。如果美国经济于2008年第二季度陷入衰退，根据历史经验，美国经济将于2009年第一季度复苏。多数研究机构认为，尽管美国经济2008年将陷入衰退，但全年1%的增长还是可能的。

表2　　1945年后美国经济周期转折点和时间长度

周期转折点（年月）		时间长度（月数）			
顶点	低点	衰退期	扩张期	周期长度	
		顶点到低点	低点到下一顶点	低点到低点	顶点到顶点
1945.2	1945.10	8	80	88	93
1948.11	1949.10	11	37	48	45
1953.7	1954.5	10	45	55	56
1957.8	1958.4	8	39	47	49
1960.4	1961.2	10	24	34	32
1969.12	1970.11	11	106	117	116
1973.11	1975.3	16	36	52	47
1980.1	1980.7	6	58	64	74
1981.7	1982.11	16	12	28	18
1990.7	1991.3	8	92	100	108
2001.3	2001.11	8	120	128	128
平均值（11个周期）		10	59	69	70

资料来源：美国国民经济研究局。

反周期的首要工具是货币政策。2001年美国经济衰退之后，美联储曾经将利率降低到1%的历史最低水平并维持1年之久，终于使美国经济恢复了增长。但美国目前面临的一个很大问题是通货膨胀率正在逐步攀升。2007年10—12月的消费者物价指数同比分别上升了3.5个百分点、4.3个百分点和4.1个百分点，远远高于1—9月2.5%的平均值。经济减速的同时通货膨胀率却居高不下，美国经济面临滞胀风险。

但是，美联储依然采取了迅速和大幅的减息措施，其力度甚至超过了2001年。其原因就在于，美国经济此次衰退的同时伴随着金融危机，美联储的首要任务已经变成防止金融系统崩溃。这就是为什么在减息的同时，美联储还向金融体系注入大量的流动性，并且出面参与美国第五大投资银行贝尔斯登的挽救工作。从理论上说，利率最多只能降到零，但中央银行创造流动性的能力是无限的。让金融市场重新稳定，恢复正常的融资和交易功能，这一目的应该是可以达到的。

从中长期来看，在资产负债表式衰退中，货币政策作用十分有限，而财政政策有一定发挥空间。虽然美国联邦预算状况并不太好，但美国国债余额占GDP的比重远远低于日本和欧盟国家。为了刺激经济增长，出台一些总价值为数千亿美元的扩张性措施是完全可能的，并可以在一定程度上抵消私人消费下降带来的不利影响。

美国商务部公布的最新统计数据显示，美国私人消费在2007年四季度仍然是增长的。由于房价下降是一个长期的过程，负的财富效应在未来逐步体现。如果房价最终下跌50%，有很多居民的净资产将成为负数。美国居民将因此减少消费，增加储蓄以偿还贷款。在未来相当长的时期内，私人消费将成为美国经济的拖累。

相比之下，除房地产和金融业之外，美国企业受此次金融危机影响较小。尽管总体盈利水平在2007年四季度有所下降，但这只是经济放缓的正常反应。美国企业总体负债比例并不高，如果信贷紧缩有所缓解，企业投资有可能成为经济复苏的推动力量。

目前美国经济唯一的亮点是出口。前一段时间，由于世界经济增长强劲和美元持续贬值，美国的出口增长很快，贸易逆差开始下降。从2005年第四季度到2007年第四季度，净出口占美国GDP的比重从6.2%下降到5.0%。2007年净出口对GDP增长的贡献率达到27%。但是，通过美元贬值刺激出口的局限性很大。美元的持续贬值会提高进口商品的价格，带来通货膨胀压力。2007年1月到12月，美国进口产品价格指数上涨了12.2%。随着世界其他主要国家的经济放缓，靠出口拉动经济的潜力也十分有限。

因此，本文对美国经济未来走势的判断是：美国经济应于2008年衰退，2009年复苏。国际初级产品价格可能会在高水平上大幅震荡，通货膨胀压力不会减轻。美元将保持弱势，但大幅下跌的空间有限。随着2009年美国经济复苏，美联储将重新把降低通货膨胀作为首要政策目标而开始加息，美元也将因此反弹。鉴于房价持续下跌，利率上升后可能会使美国经济在2010年或2011年再次陷入衰退，初级产品价格上涨的趋势将因此逆转。

四、美国经济衰退对我国的影响和我国应采取的对策

（一）影　响

美国是中国第一大出口市场，美国经济衰退对中国最直接的影响就是导致我国出口放缓甚至下降。据美国商务部统计，截至2008年4月，美国从中国月度进口总值同比增速连续6个月下降到1位数，连续4个月低于美国进口总值的增速，中美双边贸易逆差总额连续两个月同比下降。美国经济放缓也影响到了其他国家，我国出口增速已连续5个月低于进口增

速。这些都是多年没有出现过的情况。

美国2007年全年自中国的进口总额比上年增长11.7%，低于2006年的18.2%和2005年的23.7%。说明美国经济放缓之前，中国对美出口已开始减速。反映出中国国内政策和经营环境的变化，如人民币升值、出口退税调整、要素价格上涨对出口的负面影响已开始发生作用。再考虑到美国经济衰退和世界经济放缓等因素，预计2008年中国出口增速可能会回落到1位数，而进口将保持两位数增长，增速甚至会高于往年。全年贸易顺差将低于上一年，净出口对GDP增长的贡献为负。

除了对实体经济的影响之外，还需要特别关注美国金融市场的大幅波动可能会通过传染效应（Contagion Effect）影响我国。这种影响可能是双向的。一方面，由于风险厌恶程度提高，可能会有部分热钱从我国流出；另一方面，如果美国利率保持低位，美元可能成为继日元之后的又一种套利货币。随着中美利率差不断扩大，人民币可能成为一个主要的套利对象。2008年1—2月，中国外汇储备又上升了1200亿美元，控制流动性的压力有增无减。但如果美国能于2009年开始进入加息周期，这种压力可能会有所缓解。

（二）政策建议

经济周期是市场经济不可回避的现象，有衰退就会有复苏。从长期趋势来看，全球化、信息化依然向前发展，推动世界经济持续增长的基本要素没有发生变化。尽管短期内世界经济放缓将给我们带来一些困难，但作为一个处于转轨中的新兴市场国家，我们在体制改革、提高效率、降低成本等方面还有巨大的提升空间。我们应该将压力转化为动力，大力推进市场化改革，为经济的下一轮腾飞打下坚实的基础。

为防止通货膨胀率明显上升，我们应双管齐下，在加强总需求管理的同时扩大总供给。西方国家20世纪70年代和80年代初反通胀的经验和教训表明，如果过于依赖紧缩性的需求管理政策，虽然通货膨胀可以压下来，但经济增长势必要付出很大代价。因此，我们应着力推进经济体制改革，消除各种阻碍市场机制发挥作用的因素，特别是要协调好价格在短期内控制通货膨胀和在长期有效配置资源的关系。这不仅有利于扩大总供给，也是经济可持续发展的要求。

同时，我们也要充分认识到美国衰退可能给中国发展带来的机遇。中国很有可能在2008年成为对世界经济增长贡献最大的国家。世界经济增长将越来越依赖于中国，这有利于我国国际地位和在国际事务中影响力的提升。美国等西方国家由于经济放缓，需要吸引更多的外部投资。我们可以利用这一机会，要求对方加大市场开放力度，为我国产品和企业“走出去”创造良好的长期环境。

具体政策建议有如下四点。

一是进一步推进多边和区域贸易自由化。全球化是本轮经济增长的主要动力之一。在全球经济增长放缓的情况下，推动贸易自由化、防范贸易保护主义滋生尤为重要。我们应敦促各国早日重启世贸组织多哈回合谈判，并加快我国双边和区域自由贸易区进程。减少贸易壁垒，既可以扩大外部需求，又可以降低进口产品价格、增加供给。

二是采取积极措施，推进贸易便利化。简化海关程序、加快货物流动、提高贸易效率所带来的好处可能不亚于关税减让。我们应全面推进“大通关”制度的建设，这不仅可以有效降低企业成本，也符合机构改革、建立服务型政府的大方向。

三是鉴于出口形势的变化，出口退税率不宜再作下调，但恢复到过去的水平也不适宜，这样容易使其他国家认为我们在搞出口补贴，而且朝令夕改也不可取。可以考虑扩大“不征不退”产品的覆盖面，以缓解出口企业面临的压力。建议有关部门对此方法的可行性作进一步论证。

四是加大企业“走出去”的政策支持力度。企业“走出去”在短期内可以缓解外汇储备增长的压力，长期目的则是要培养具有国际竞争力的中国跨国企业。在当前世界经济放缓的形势下，“走出去”面临的壁垒和成本都要小一些。政府在降低审批门槛、简化审批程序、下放审批权限、放松用汇管制等方面还有很大改进余地。对于民营企业，工作重点是加强信息提供、融资和担保以及海外维权。对于国有企业，应减少对具体项目可行性的审批，把重点放在事前激励和事后问责的制度建设上，为企业“走出去”创造更加宽松的环境。

国务院发展研究中心对外经济研究部：方　晋

美国金融危机对我国的影响及应对策略[①]

自2008年9月以来，美国的次贷危机进一步恶化，波及的领域已远远超过次贷的范围。雷曼兄弟公司破产、“两房”（房利美和房地美）与AIG的财务危机，引起美国与世界各地金融市场大幅波动。加上美国房价继续下跌，抵押贷款利率上升，银行严格信贷条件，大量收入较高的人士也无法获得贷款，市场出现了信贷萎缩。金融危机已开始实质影响实体经济，国际主要机构纷纷大幅调低对美国和世界经济增长的预期。

一、美国金融危机对我国经济的影响

美国金融危机远未结束，还在扩散。危机产生的影响，既取决于危机本身的性质，也取决于危机的处理方法，包括世界其他国家的应对策略。受益于我国仍是较为封闭的金融体系，美国的金融危机还没有直接严重威胁我国的金融安全，但是，其影响正在从四个渠道传递。

一是直接造成持有美国相关金融资产的我国金融机构的损失。①中国与“两房”相关的债权约为4733亿美元（包括国家外汇管理局与商业银

① 原文载于国务院发展研究中心《调查研究报告择要》总第1340号（2008年10月8日）。

行持有的），尽管美政府对“两房”已采取救助措施，但目前救助效果不清，最终难免会有损失。②中国对美国其他有可能破产的金融机构的债权损失。从现有数据看，这部分损失对我国整体金融机构影响不大，不会影响其正常经营活动，但部分机构可能压力较大，如招商银行等。

二是受金融危机影响的外国金融机构，变现已持有的我国的各类资产。近年来，这些机构通过QFII、外商直接投资、私募股权投资等渠道，广泛渗透我国经济、金融领域，特别是房地产、金融股权和A股、H股市场。这些机构若亟须撤回资金，将对我国的房地产、A股、H股市场产生必然的影响，进而对我国宏观经济的稳定增添新的变数。

三是美国金融危机已波及实体经济，并在影响欧洲、日本经济。目前我国对美国出口明显下降，对欧洲出口减少的压力在增加，增大了我国经济下滑的新压力。

四是外汇储备缩水风险。美元持续下跌，我国以美元计价的资产缩水。除个别已实际损失外，目前大部分仍属账面损失。特别是美国国会若通过7000亿美元的救市计划，美财政赤字大增，美元有进一步贬值的风险。

二、我国的应对策略

虽然从总体上看，美国金融危机对我国的影响还相当有限，还不至于引发我国的金融危机，但由于此金融危机正与我国目前物价上涨、经济下行、资产泡沫调整相重合，因此不能低估其对我国的影响。我国各项政策也不能简单建立在对美国金融危机本身影响的评估上，而应综合考虑海内外的经济金融形势。

一是应要求有关部门，尽快、彻底摸清我国金融机构持有海外金融债权、股权的数量与分布，摸清外国金融机构（包括各种私募股权基金）在我国的资产、股权的数量及分布，为进一步决策提供坚实的基础。

二是加强与美国政府主动、密切的沟通，跟踪美国金融市场和金融机构的变动，尽可能减少现有损失，尽可能做到“堤内损失堤外补”。对于持有的雷曼公司等破产金融机构的债权，在依据中美两国法律的基础上，积极主张自己的权利，争取以此换取其在中国的优良资产和业务。对于中资机构“抄底”美国金融机构，在危机过程中，更需充分地研究和论证，同时要求美国政府给予充分的信息支持。趁美国政府正急切求助于我国政府合作之时，在讲究对话策略、对其施加市场压力的同时，要求美国政府基于中国大量外汇储备的缩水损失以及对美的真诚合作意愿，在政治、外交、外贸、收购美国实业及金融机构、在美设立分支机构诸方面，也给予支持。

三是选择适当时机，抛出“两房”机构债券。美国政府救助“两房”，是出于稳定市场的目的，但并没有对“两房”债券本息作出任何明确的偿还承诺，“两房”机构的命运将在下届政府上台时解决，前途并不清楚。因此，我方若需抛售有风险的“两房”机构债券，应选择美国政府介入市场到一定程度、价格回稳趋升时，再择机行动。

四是抓紧重要战略资源和关键企业的购买、控股。如果7000亿美元的救市计划得到批准，则美元进一步下跌难以避免。因此，我们一方面要尽快重新研究国际主要国家的经济、金融发展趋势，合理确定我国外汇储备的币种构成，同时抓紧研究亚洲金融合作事宜；另一方面，时不我待，应统一、精心组织海内外力量，运用官方的、民间的和其他隐蔽的渠道、手段，加快部分外汇储备运用向战略资源、关键企业和技术的倾斜。

五是密切关注资金的跨境流动，加强资本管制。在当前国际金融动荡的背景下，国际资金既可能撤出我国用于自救，也可能出于寻求避风港的目的，加速投入我国。我国应严格资本账户管制，密切关注各类资本的跨境流动。

六是近一两年中国经济下滑的风险已凸显，目前应抓紧时机，毫不犹豫地推出扩大内需特别是扩大消费的“重拳”政策，这是保证微观主体活力，维持经济稳定增长，确保我国经济、金融安全的根本。

国务院发展研究中心金融研究所：夏　斌　陈道富

对美国金融危机的有关判断和建议[①]

一、有关分析和判断

（一）美国金融危机已经演变成为全球金融危机

尽管美国国会通过了7000亿美元的金融救助计划，美联储又出台了新的救助措施，美联储甚至将首次绕过陷入困境的银行直接向美国企业放贷，但这些措施都未收到明显效果。2008年10月6日全球股市遭遇“黑色星期一”，周二、周三再遇巨幅下跌，表明上述救市计划未能提振投资者信心。

随着美国金融危机向欧洲蔓延，荷兰、比利时、卢森堡、英国、德国的多家大型金融机构接连告急，迫使政府不得不出手救助。有人认为，欧洲正面临“第一次真正意义上的金融危机”。近日欧洲各国政府纷纷出台银行个人存款保护措施，10月8日西方主要经济体中央银行采取联合行动，同时降低利率0.5个百分点，此后各国又争相出台旨在挽救金

① 原文载于国务院发展研究中心《调查研究报告择要》总第1341号（2008年10月17日）。

融体系的救助计划。美欧股市因此出现回升，但仍未回到危机前水平且远谈不上稳定。

发展中国家的情况同样不佳。俄罗斯出现1998年以来最快的外资流出，导致一周之内外汇储备减少了164亿美元；印度资本市场外逃资本60亿美元，卢比汇率跌至近5年最低，部分银行出现挤提。毫无疑问，目前全球正面临着巨大的金融危机。

（二）金融危机将在更深程度上影响实体经济

目前美国金融危机的核心问题已由购房者拖欠贷款转变为金融机构相继面临破产压力、金融机构之间互不信任。由于担心有更多的金融机构出事，金融机构之间、金融机构与企业之间的信用度大为降低，已经出现的信贷紧缩问题①进一步恶化。自9月中旬起，随着雷曼兄弟、美林、美国国际集团等多家金融机构先后陷入财政困境，美国银行同业拆借利率大幅上升。同时市场流动性指标也创下1987年股灾以来的新高，较危机前高出数倍，充分反映出目前信贷严重紧缩的状况。进入10月以后，美国的短期信贷市场事实上已经冻结。由于银行信贷无法持续增长，美国个人和企业难以获得正常融资——这将致使美国实体经济真正陷入危机。

对于欧洲来说，一方面是相对脆弱的银行和金融体系，另一方面

---

① 据美联储7月的调查，绝大多数金融机构均已收紧对优质按揭、非传统和次按的借贷条件，其中即使是优质按揭的贷款，亦有75%的金融机构表示已收紧信贷。

是比美国更加严重的房地产泡沫[①]。一旦隐患引爆，危机的程度可想而知。2008年欧洲本来就面临油价高涨、汇率走强、全球经济增长疲软以及信贷紧缩等种种难题，经济前景不被看好。在美国金融危机的冲击下，欧洲金融体系首先拉响警报，对实体经济的打压已成定局。2008年和2009年，美国、欧洲以及日本的经济有可能出现全面衰退，新兴经济体的发展也会出现较大幅度减速。

由于目前美国和欧洲都已经采取大规模干预措施，短期内金融机构大面积倒闭破产的情况不太可能出现，此次金融危机可能会更多地表现为市场信用丧失和投资者信心不足而导致金融市场大幅萎缩[②]，并因信贷紧缩和资本市场暴跌而对实体经济带来伤害。

（三）对中国金融和实体经济的不利影响不可小视

第一，导致国内金融业资产缩水。包括：与倒闭银行相关的资产、国外证券化产品、海外股权投资以及通过QDII等形式进行的其他金融资产投资受损。

第二，影响中国出口并对部分行业形成巨大冲击。由于欧洲和北美洲占我国外贸出口份额高达43%，至少2008年和2009年外需将明显放缓，拉动经济增长力量减弱。如果考虑到金融危机对其他出口对象国的

① 欧洲银行的公信力本来就低于美国，分散而零碎的监管更使得欧洲银行体系缺乏一致和严明的行为准则。1997—2007年，美国住房价格上涨了104%，法国为151%，西班牙为195%，英国为202%，爱尔兰为220%。

② 由于美联储的援助本质上是保护债权人利益而不是股东利益，此后投资者一旦预料到有援助行动，就会抛售问题银行的股票，结果必然打压股价，加剧股市的困境。

影响，冲击将更大。目前中国纺织行业在出口受阻中所受影响最大，家具、卫浴、五金等产品的出口企业也举步维艰。钢材的出口减速远超预期[①]，造船业和汽车工业也不容乐观。

第三，冲击中国金融市场。资本市场是一个以信心为基础的市场，国际金融经济形势的恶化，势必影响中国投资者的信心和上市公司的业绩。特别是2007年对上市公司会计制度调整、将资产计量方法由账面价值改为公允价值以后，一旦股票市场暴跌，势必将致使上市公司的海内外投资出现损失，从而对中国股市构成新的下行压力。

近期美国AIG集团出现问题后，其中国香港子公司已经遭遇退保压力。由于外资保险公司子公司的偿付能力受制于母公司，一旦母公司出问题，其在华子公司的偿付能力和经营稳健性必然受到牵连，进而对整个保险市场产生不利影响。

第四，为救援陷入危机的母公司，在华外资机构有可能紧急出售资产抽回资金，从而加大对股市和房市的压力。

第五，加大中长期通胀压力。为救助经济，主要国家已采取降息等放松货币的措施。放松银根加上救援计划注入的巨额资金，未来很可能会转变为过剩流动性。而且从中长期看，美元贬值的趋势难以避免，届时大宗商品的价格将再次推高，从而加大国际社会的通胀压力，甚至导致滞胀局面出现。

---

① 有关部门预测，2008年中国钢材出口量将同比下降20%，钢坯出口则下降50%以上。

综合来看，由于中国金融机构尚处于“走出去”的起步阶段，参与国际金融市场的程度不高，因此直接损失不会很大。同时由于中国经济相对稳定，发展前景良好，外资大规模撤退的威胁也不大。但是，美国金融危机对于中国实体经济和金融市场的影响却不可小视。

（四）金融危机也给中国带来了机遇

第一，短期通胀压力降低。此轮通胀在很大程度上是国际商品市场价格暴涨引起的。随着美国金融危机的蔓延和深化，发达国家的资金供给由流动性过剩转变为流动性不足，加上经济放缓导致的需求减少，使得国际商品市场通胀压力大为降低。过去几个月多种大宗商品价格开始下跌，10月6日纽约市场原油期货价格8个月来首度跌破每桶90美元。这种状况显然有利于我国抑制通货膨胀，也加大了宏观调控政策的空间。

第二，美国金融危机加大了中国的谈判筹码，有利于提升中国的国际地位。据估计，7000亿美元的救助计划中至少一半要通过海外市场筹集资金，中国作为最大的外汇储备国，美国势必向中国求助。

另外，此次美国金融危机也冲击了以美国为中心的国际经济格局和以美元为中心的世界货币体系，揭示了世界经济、金融格局必须进行调整。在调整过程中，有可能建立起包括中国等新兴经济体在内的“新主导集团”。尽管目前这种调整对欧洲机会更大一些，但是中国在未来世界经济格局中的话语权无疑会得到提升。如果能够在全球经济从失衡向平衡的调整过程中抓住机会，加快调整自身经济发展的结构和模式，中国未来的国际地位无疑将更加强化。

第三，带来了新的投资机会。美国金融危机之后，房地产等海外资产价格大跌，一些国际著名大银行、大投行相继陷入危机，资金短缺，股价暴跌。从一般意义上来说，这是有利于兼并收购的。同时美国历来对中国资本顾虑重重，国会对此设置了很多人为障碍。金融危机发生后，为援助金融体系和避免出现经济萧条，这种阻力可能会有所减少。

二、有关建议

（一）采取措施防止经济快速下滑

鉴于美国金融危机的影响仍在继续扩大，对实体经济的损害也日趋明显，如何确保中国经济在危机压力下稳健增长、避免经济出现大的起落应当成为当前工作的重点。

首先，要发挥财政政策的针对性和灵活性，加大财政对一些重点领域的支持力度：一是继续支持农业，特别是在农业保险、农业基础设施建设等方面的投入；二是刺激消费，如提高个人所得税起征点、完善医疗福利、教育和退休养老等公共事业，鼓励个人和企事业单位购买商业养老保险和医疗保险等；三是鼓励民间投资和扶持中小企业；四是支持节能减排和技术升级。

鉴于未来政府财力可能会吃紧，建议通过加快能源价格体系改革、减少能源补贴的方式来增加可支配财力。同时，应果断增发国债。

其次，应适时调整货币政策和信贷政策。目前企业特别是中小企业普遍资金短缺，而金融市场资金面却并不紧张，反映出商业银行为控制风险而主动收缩了信贷。从国际情况来看，美国金融危机尚未见底，流动性紧缺问题还将持续一个时期，未来对国内资金的需求还会增大。鉴于通胀压力的减轻已经为调整货币政策腾出了空间，建议：一是继续降低仍然偏高的存款准备金率以提高商业银行的收益能力；二是调整利率结构，特别要缩小过大的存贷利差，促使商业银行加大放贷力度；三是借此机会取消对商业银行信贷规模的行政性控制。

最后，适时调整出口退税等有关政策，避免出口出现过快下滑。

（二）谨慎“抄底”海外金融市场

能否“抄底”的关键在于中资机构是否有能力把握机遇、创造价值。如果没有清晰的战略理念，没有更好的客户服务策略，没有足够的控制和承担风险能力，即便是股票已经变得很便宜，收购之后也会出问题。

“抄底”在操作层面也存在障碍：国有投资机构有时会引发一些政治反应，且在判断风险方面仍有不足；商业机构则普遍缺乏国际市场经验，即便是中资保险行业的佼佼者平安集团，也因在海外市场“呛水”而放慢了开拓脚步。

尽管如此，在当前的有利形势下也不能毫无作为，重点应放在战略性投资上。投资对象可以是资源能源类产品（如利用国际油价下跌之机增加我国的石油储备，增持黄金储备等），也可以是拥有高科技、专利技术和知识产权的外企。此类操作，宜采用间接方式（如委托某些商业机构代购，组织企业联合运作），但政府应组织力量加紧进行信息的收集、分析以及开展幕后的组织工作。

此外，中资金融机构也可进行一些财务投资，特别是以传统金融为主的欧洲储蓄型银行可能更有投资价值。对于一些有意进军海外市场的金融机构来说，还可以选择国外陷入困境金融机构的简单、清晰的业务进行投资，而不要谋求将其整个企业集团都揽入囊中。同时，在收购时应注意制定对中国有利的协议条款。

（三）借机调整海外资产结构

中国可充分利用有利的谈判地位，借协助美国救助金融市场之机，置换我国外汇储备中的劣质或风险较大的资产，改善我国海外资产的结构。

（四）为在国际金融危机中稳定中国股市推出更有力的改革措施

目前，中国股市还存在一些制度缺陷，投资者信心不足在很大程度上是上市公司以及大投资机构被过度保护造成的。为此，建议：一是加快新股发行制度的改革，切断发行人、保荐人、承销商、大投资机构之间的利益链条，抑制新股的过高发行溢价；二是推行上市公司强制分红制度；三是暂停征收红利税，借此改变长期以来投资者只能靠股价的涨跌来赚取差价的状况，使投资者能够从长期持有股票中获得收益。2008年10月9日中国证券监督管理委员会出台了《关于修改上市公司现金分红若干规定的决定》，尽管该决定强化了对上市公司现金分红信息披露的要求，提高了增发的分红标准，但对不准备再融资的上市公司却并未作出有约束力的规定，因而政策的力度仍显不足。

国务院发展研究中心金融研究所：张承惠

美国次贷危机的生成机制与扩张效应①

房地产泡沫破裂是美国发生次贷危机的根源。美国次贷危机之所以快速向系统性金融危机演变，关键原因是次级抵押贷款债券及其衍生品具有内在的风险扩张机制。次贷市场不透明和缺少流动性保障的交易机制、评估机构普遍存在“助涨杀跌”的顺周期效应、金融机构风险管控不力、营销模式隐含了很高的道德风险等制度性因素，也对次贷市场的风险集聚和危机爆发起到了推波助澜的作用。美国次贷危机最终有可能导致全球经济危机和经济衰退。

房地产泡沫的破裂是1975年以来美国历次金融危机的根源。2007年11月美国房地产泡沫再度破裂，引发次级抵押贷款债券市场危机，并迅速向关联金融领域扩散，致使次贷危机演变为全面的系统性金融危机。本次由次贷危机引发的金融危机，影响面和危害程度远超过20世纪80年代的两次金融危机，重要原因是次级抵押贷款债券及其衍生品具有内在的风险扩张机制，将原本就很高的次级抵押贷款风险再度多倍放大，并通过关联交易将所有金融机构纳入风险链条之中。同时，次贷市场不透

① 原文载于国务院发展研究中心《调查研究报告》总第3258号（2008年10月22日）。

明和缺少流动性保障的交易机制、评估机构普遍存在“助涨杀跌”的顺周期效应、金融机构风险管控不力、营销模式隐含了很高的道德风险等制度性因素，也对次贷市场的风险集聚和危机爆发起到了推波助澜的作用。目前，次贷危机正在向系统性金融危机演变，如果没有有效的防范与化解措施，这一危机会再度向引发美国经济危机演变，最终有可能导致全球经济危机和经济衰退。

一、美国次贷危机的根源：房地产市场泡沫化

房地产市场泡沫化是美国次贷危机的根源。1975年以来，美国房地产市场发生了3次严重的泡沫化，每次泡沫破裂均引发了严重的金融危机。由于每次房地产泡沫化的程度高于前期，泡沫破裂引发的金融危机带来的危害也越来越大。

自1975年第一季度以来，美国住房价格持续上涨，以1980年一季度为100的定基价格指数，从1975年第一季度的61.06%递增到2007年二季度的387.45%，增长了5.87倍。其中，新建单户住宅平均销售价格从1975年1月的3.95万美元提高到2007年3月的32.94万美元，增长了7.34倍，同期居民人均可支配收入仅增长6.44倍，房价上涨的幅度远大于居民收入的增幅。房屋价格持续上涨，且房价涨幅远大于收入涨幅，致使美国房地产市场泡沫化现象日益严重。

从1975年1月至2008年7月美国新建单户住宅平均售价与居民人均可

支配收入的比率看，美国居民对住宅价格的平均承受能力，是新建单户住宅平均售价为人均可支配收入的8.4倍，即用一个人8.4年的全部可支配收入购买单户新建住宅。如果房价上涨过快，使平均售价与收入比率超过9，房地产泡沫就会破裂，引发房地产市场危机，并导致金融机构大量破产，最终引发金融危机。1975年以来，由房价过快上涨引发的金融危机共有3次，分别起始于1979年、1989年和2007年。由于每次房地产泡沫化的程度高于前期，泡沫破裂引发的金融危机带来的危害也越来越大。

（一）1979年的房地产泡沫破裂与金融危机

从1976年一季度开始，美国住宅价格快速上涨（见图1），增速也不断提高，从1976年一季度的4.9%递增到1979年一季度的15.1%（见图2），新建单户住宅平均售价与人均可支配收入的比率从1976年1月的7.9迅速攀升到1979年9月末的9.4（见图3）。此后房地产泡沫破裂，房价涨幅快速回落，新建单户住宅平均售价与人均收入的比率也大幅度回调，到1982年三季度房价涨幅已下降到1.6%。1982年9月新建单户住宅平均售价与人均收入的比率回调到7.6。

在房价涨幅回落的同时，1979—1982年美国利率大幅度攀升，存款利率从1979年底的13%飙升到1980年的20%。超过10%的利率大幅提高，使美国储贷机构支付给新储户的利息大幅度增加，但储贷机构从原有的30年按揭贷款中只能收取8%甚至更少的利息，导致储贷机构资产负债状况迅速恶化。1981年85%的储贷机构资产大幅缩水，众多储贷机构经营陷入困境。为摆脱困境，众多储贷机构以高利率吸存，并在缺乏内部风险控制能力的情况下大量拓展新业务，风险急剧集聚，大量储贷机构陷入破产境地，问题储贷机构和银行从1980年的217家上升到1985年的1140家。但1985年之前，金融机构尚未出现大量破产现象。

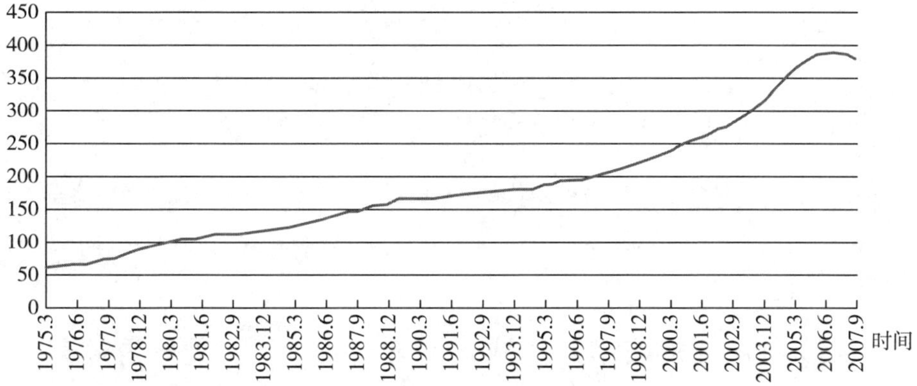

图1　1975年一季度至2007年二季度美国住宅价格指数（1980年一季度=100）

资料来源：美国联邦住房企业观察办公室（Office of Federal Housing Enterprise Oversight），http://www.ofheo.gov/hpi。

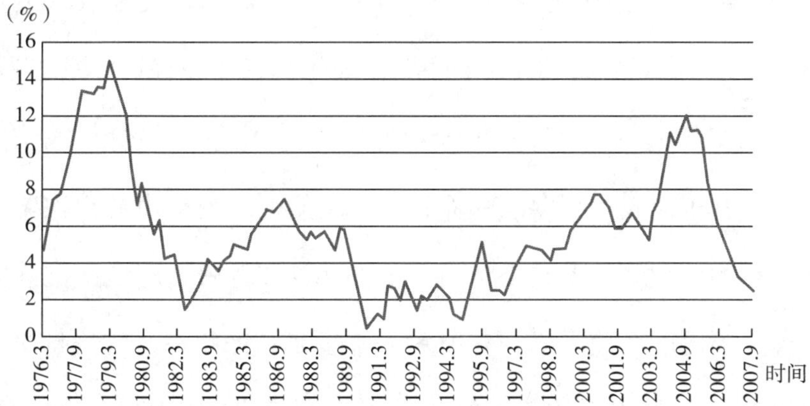

图2　1976年一季度至2007年二季度美国住宅价格增速

资料来源：美国联邦住房企业观察办公室（Office of Federal Housing Enterprise Oversight），http://www.ofheo.gov/hpi。

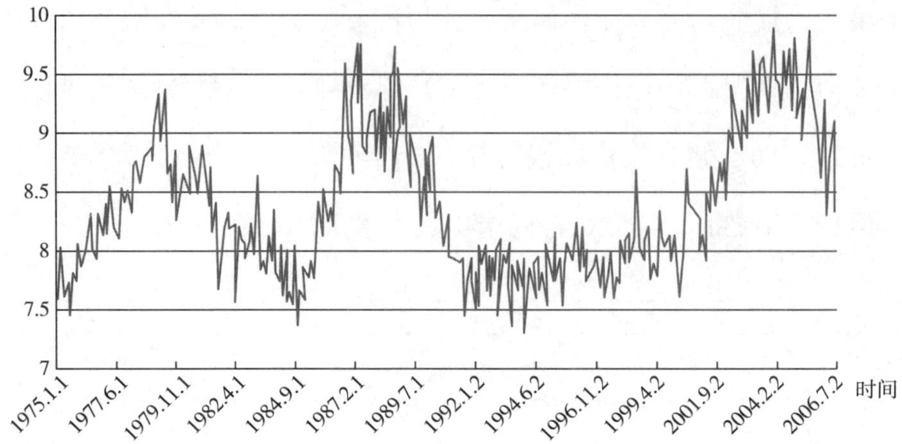

图3 1975年1月至2006年7月美国新建单户住宅平均售价与人均可支配收入比率

资料来源：美国联邦住房企业观察办公室（Office of Federal Housing Enterprise Oversight），http：//www.ofheo.gov/hpi。

（二）1989年的房地产泡沫破裂与金融危机及其严重危害

1985年以后，美国房价再次快速上涨，涨幅从1985年一季度的5%提高到1987年的7.6%；新建单户住宅平均售价与人均可支配收入的比率从1985年5月的7.4提高到1987年6月的9.6，高于1979年9月的比率，且高比率持续的时间很长。1987年6月到1990年1月，住宅平均售价与人均可支配收入的比率基本维持在9以上的高水平，即美国房地产市场再次陷入泡沫化状态，且泡沫化程度高于1979年。1990年1月以后，房地产泡沫开始破裂，房价涨幅再度快速下降。1991年一季度到1995年一季度房价平均上涨幅度只有2.1%，住宅平均售价与人均可支配收入的比率也大幅度回调，1991年12月回调到8，1995年1月回调到7.3的低水平（见图2、图3）。

房价涨幅的回调使尚未摆脱困境的储贷机构和银行再次陷入严重的

经营困境，最终引发了1975年以来最大规模的金融机构破产倒闭危机：1988年有185家储贷机构被关停。1989—1990年美国储贷危机达到顶点，根据1989年国会颁布的《金融机构改革、复兴与强化法》成立的美国清算信托公司（Resolution Trust Corporation，RTC），1989年耗资1350亿美元关停318家储蓄和借贷机构，1990年又出资1300亿美元关停了213家，此后关停金融机构数量逐年减少，直到1995年金融危机才告结束。据统计，1979年和1989年的房地产泡沫破裂及由此引发的两次金融危机，共导致2912家银行和储贷机构被迫关闭或接受联邦存款保险公司的援助，约占同期银行和储贷机构总数的14%；倒闭机构资产总额达9236亿美元，占银行和储贷机构资产的20.5%；为挽救储贷行业，美国金融业和纳税人共花费了1530亿美元，其中纳税人付出1240亿美元，储贷行业本身承担了余下的290亿美元。

（三）2007年的房地产泡沫破裂与金融危机

关停大量问题银行和储贷机构之后，美国房地产业和金融业进入相对稳定的发展状态，1995—1999年房价涨幅基本保持在5%以内，新建单户住宅平均售价与人均可支配收入的比率稳定在7.9左右的合理水平。从2000年开始，美国房价涨幅再次快速提升，涨幅从2000年的6.5%提高到2005年的11.6%（见图2），新建单户住宅平均售价与人均可支配收入的比率从2000年1月的8.03提高到2003年8月的8.45，此后进入9以上的高风险状态，2004年7月至2007年4月平均保持在9.45的高水平，2005年8月和2007年3月曾达到9.9的历史最高水平，美国房地产市场再次严重泡沫化（见图3）。同时，借助次级抵押贷款及其证券化等金融创新工具，许多支付能力不足的低收入家庭依靠次级抵押贷款购买自有住宅，美国住宅自有率也从1995年初的64.2%大幅度提高到2004年末的69.2%（见图4）。但严重的房地产泡沫最终必然破裂，2006年一季度房价涨幅开始回落，次贷延期还款率和止赎率大幅度提高，次级抵押贷款证券市场首先爆发危机，并迅速向投资银行、银行、保险等金融领域蔓延，引发了美国1930年以来的最大金融危机。

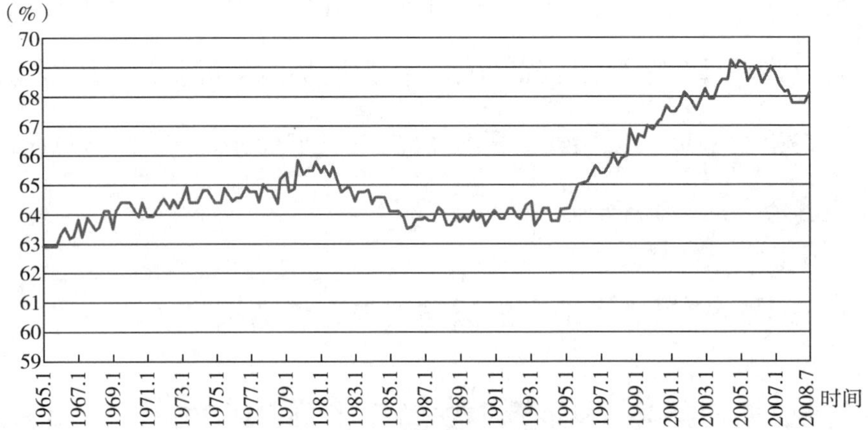

图4　1965年1月至2008年7月美国的住宅自有率

资料来源：美国联邦住房企业观察办公室（Office of Federal Housing Enterprise Oversight），http：//www.ofheo.gov/hpi。

二、美国次级抵押贷款债券及其衍生产品的内在风险扩张机制

2006年9月以来美国房地产泡沫的破裂所引发的本次金融危机，影响

面和危害程度远大于20世纪80年代的两次房地产泡沫破裂引发的金融危机，原因之一是本次美国房地产市场的泡沫化程度远大于前两次。美国房价经过多年的持续上涨已经很高，本次房价偏离居民收入承受能力的幅度远高于前两次，且持续时间更长。但更重要的原因是美国次级抵押贷款本身具有高违约率的高风险特征，其可持续性建立在低利率和房价持续上涨的基础上，一旦利率走高或房价下跌，违约率就大幅提高；同时，次级抵押贷款的证券化及其衍生产品具有很强的风险扩张效应，加之次级抵押贷款债券交易机制存在缺陷，美国不完善的监管机制和风险评估机制掩盖了次级抵押债券的风险，次级抵押贷款违约率提高产生的连锁反应很容易演变为次级抵押贷款债券市场的危机和系统性金融危机。

（一）美国次级抵押贷款本身具有三大风险

次级抵押贷款本身就是信用风险较高的贷款产品。按信用等级划分，美国抵押贷款包括三类产品：优质抵押贷款（Prime）、次优抵押贷款（Alt-A）和次级抵押贷款（Subprime）。其中，优质抵押贷款发放对象是信用评分（FICO）660分以上、首付比例为20%、月供占收入比例低于40%的个人。次优抵押贷款发放对象是信用评分为620~660分，但信用记录较差的个人。次级抵押贷款发放对象是信用评分低于620分、月供占收入比例较高、信用记录欠佳的个人。按贷款利率方式划分，美国抵押贷款分为固定利率和浮动利率两类，但次级抵押贷款的市场主销类型大多是可调整利率贷款（Adjustable Rate Mortgage，ARM），2006年ARM产品占美国全部次级抵押贷款的比率高达78.7%（见图5）。ARM的特点是贷款期限内的前2～3年，利率水平很低且是固定的，之后利率将是浮动的，浮动利率期间的还款利率会较前2～3年的低利率水平提升20%～40%。可调整利率贷款具有三大风险：一是贷款对象本身信用等级较低，支付能力偏弱，具有较高的违约还款风险，包括延期还款和止赎（借贷人无力付款时，贷款人收回抵押品）。二是浮动利率期间月供大幅度提高，特别是在市场利率持续走高的情况下，浮动利率期间月供会成倍提高，贷款违约率也会大幅提高。三是部分次级抵押贷款借贷人的借贷额度超出个人偿付能力，依靠房价不断上涨和再融资维持还贷能力，房价上涨幅度缩小会导致借贷人还贷能力下降，特别是在房价涨幅低于利率水平甚至房价下跌的情况下，借贷人无法通过再融资还贷，个人资产状况会迅速恶化并止赎。

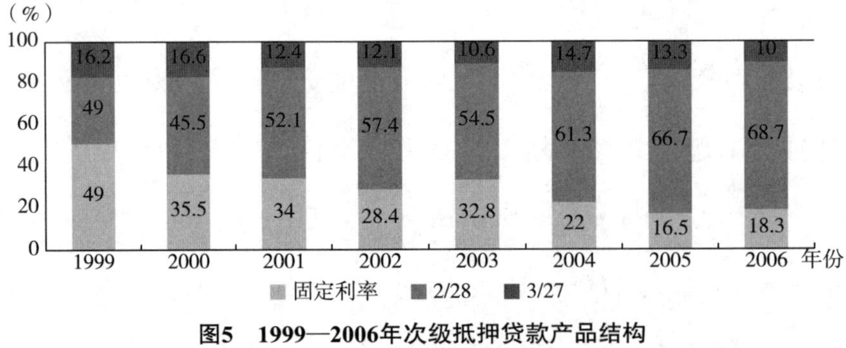

图5 1999—2006年次级抵押贷款产品结构

资料来源：Loan Performance。

在1998年第一季度以来的美国次贷市场运营中，次级抵押贷款的三大风险具体表现为以下四个阶段：①1998年一季度至2000年一季度，美国抵押贷款利率（30年房贷合约固定利率）从7%提高到8.3%，房价涨幅从5.2%提高到6%，由于利率提高且利率水平高于房价涨幅，次贷延期还款率和止赎率分别从10.78%和3.18%提高到11.8%和6.5%。②2000年二季度至2002年二季度，美国抵押贷款利率下降，从8.3%下降到6.7%，但房价涨幅有限，仅从6%提高到6.1%，由于利率水平高于房价涨幅，次贷延期还款率和止赎率继续提高，分别从10.3%和5.46%提高到14.96%和8.49%。③2002年三季度至2005年二季度，美国抵押贷款利率继续下降，从6.7%下降到5.7%，同时房价涨幅提高，从6.1%提高到12.2%，在利率走低和房价涨幅提高的共同影响下，次贷延期还款率和止赎率大幅度下降，分别从14.96%和8.49%下降到10.33%和3.29%。④2005年二季度至2008年二季度，美国抵押贷款利率相对稳定，基本维持在6.2%，但房价涨幅大幅回落，从12.2%下降到1.71%，次贷延期还款率和止赎率快速提高，分别从10.33%和3.29%提高到18.67%和11.71%，如图6所示。

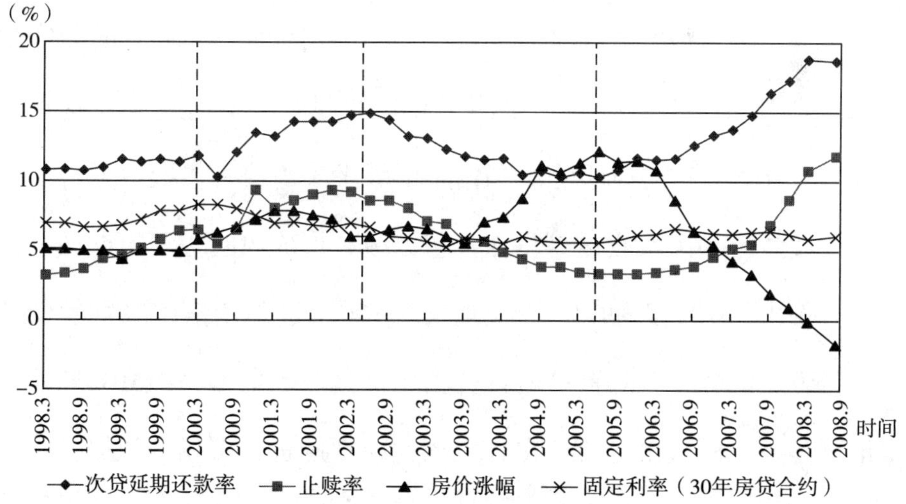

图6　1998年一季度至2008年二季度美国次贷违约率、房价涨幅和固定利率

（二）次级抵押贷款债券的风险扩张机制

如果次级抵押贷款没有进行证券化，不存在次贷衍生产品，即使次贷出现较高的违约，其波及面和影响力也仅限于违约贷款范围之内。如20世纪80年代的储贷机构危机，不会迅速发展为系统性金融危机。但次级抵押贷款证券化之后，在信用风险较高的次级抵押贷款基础上创设出来的次级抵押贷款债券（Mortgage Backed Sercurities，MBS）和抵押债务债券（Collateralized Debt Obligation，CDO），将次级抵押贷款的风险逐级放大，形成了证券化过程中特殊的风险扩张机制。

创设MBS和CDO产品的目的，是让银行等房贷发放机构能够及时收回现金，将次级抵押贷款的信用风险全部转移给风险承受能力更强、分布地域更广泛的投资银行和对冲基金等投资者，但在MBS和CDO创设过程中特殊的信用增值，却加大了整个次贷市场的风险。

一方面，基于次级抵押贷款的证券化产品MBS，将次级抵押贷款产品的风险提升了一个层级。这是因为MBS的创设，是通过设立特殊目的公司SPV，借助一定的风险隔离和信用增级手段，将大量次级抵押贷款按照期限、现金流和风险收益等特点打包分级，形成风险等级不同的AAA、AA、A、BBB、BB、B和C级资产池。这一操作过程使信用级别较低的次级抵押贷款中80%左右的资产转化为信用级别较高的AAA级MBS产品，使原来信用等级较低且市场价值也较低的次级抵押贷款市场价值提升，即通过证券化操作，原本信用和价值较低的次级抵押贷款获得了更高的信用等级和更高的市场价格，放大了次贷市场风险。

另一方面，抵押债务债券CDO又将MBS产品的风险再度放大。这是因为CDO[①]的创设，是将MBS产品中占比不超过5%的BBB级或低于BBB级的资产池，借助信用增级等技术手段，再次按照期限、现金流和风险收益等特征分类打包，形成风险等级不同的AAA、AA、BB级和权益级资产池。这一操作过程使原来BBB级及其以下的MBS产品中，82%左右的资产转化为信用级别较高的AAA级CDO产品，即原本价值很低、风险很高的次级抵押贷款，经过MBS和CDO两次包装之后，成为信用等级很高的CDO资产，市场价值再次得到提升，次贷的市场风险也进一步放大了（见表1和表2）。从理论上讲，还可以按照上述方式在CDO的基础上继续创设CDO2，在CDO2基础上再创设CDO3，使次贷市场风险持续放大下去（见表3）。但在实际操作中，大部分金融机构最多只创设到CDO2。

（三）次级抵押贷款债券衍生工具的风险再放大效应

CDO产品特别是低信用级别的CDO产品的主要购买者，是以追求高风险投资收益为目标的对冲基金和投资银行等金融机构（见图7）。对冲基金和投资银行是杠杆效应很大的金融机构，在预期美国房地产市场将长期稳步上升的基础上，这些机构多次以所购买的CDO为抵押，获得数倍于抵押资产的授信额度，用于再行购入CDO或其他风险投资。有关数

① 德意志银行的研究报告表明，2000年以来发行的CDO中，54%是基于次贷的CDO。The Subprime Mortgage Crisis：A Synopsis，Deutsche Bank，26 October，2007。

表1　　基于次贷的MBS结构

资产池分级	资产池占比	损失支持
AAA	80%	20%
AA	5%	15%
A	6%	9%
BBB+	2%	7%
BBB	1%	6%
BBB-	1%	5%
VV	1%	4%
O/C（权益级）	4%	0

表2　　多个基于次贷的MBS中占比2%左右的BBB和BBB-级资产被重新构造成CDO后的结构

资产池分级	资产池占比	损失支持
AAA	80%	20%
AA	10%	15%
BB	5%	5%
O/C（权益级）	5%	0

表3　　多个基于次贷的CDO中占比10%左右的BB级及以下的CDO资产被重新构造成CDO后的结构

资产池分级	资产池占比	损失支持
AAA	75%	20%
AA	15%	15%
BB	5%	5%
O/C（权益级）	5%	0

注：评级是多家评级机构做出的，为简化说明，只列出一家评级机构的评级结果。

CDO

据表明，对冲基金在购买低投资级别CDO时的杠杆比率为500%，也就是说通过1亿美元的资本，可以借贷到5亿美元的资金，共投资6亿美元到低信用级别或高信用级别CDO上。对冲基金等高风险投资收益追逐者的过度杠杆融资，使银行和对冲基金的联系非常紧密，一旦对冲基金投资的低信用级别CDO出现风险，会直接波及银行等借贷机构。

同时，由于CDO信用风险较高，市场上就创新出了基于CDO的信用违约掉期（Credit Default Swap，CDS）衍生工具，保险公司和对冲基金等金融机构通过发售CDS，为CDO持有者提供违约担保，CDO持有者只需要花费CDO合约价值5%～10%的保证金，就能获得CDO违约后100%的赔偿。CDS在为CDO产品持有者提供避险对冲工具的同时，也将保险公司等非银行金融机构纳入次级抵押贷款的风险链之中，同时，由于CDS产品具有10～20倍的风险扩大效应，次级抵押贷款的市场风险被再度放大。至此，通过创设MBS、CDO和CDS产品，次级抵押贷款债券市场不仅将次级抵押贷款的风险多倍放大，也将银行、保险公司、对冲基金、投资银行等几乎所有金融机构延揽到次级抵押贷款债券市场的风险链条之中，一旦作为风险源头的次级抵押贷款出现问题，整个金融市场都会随之动荡。

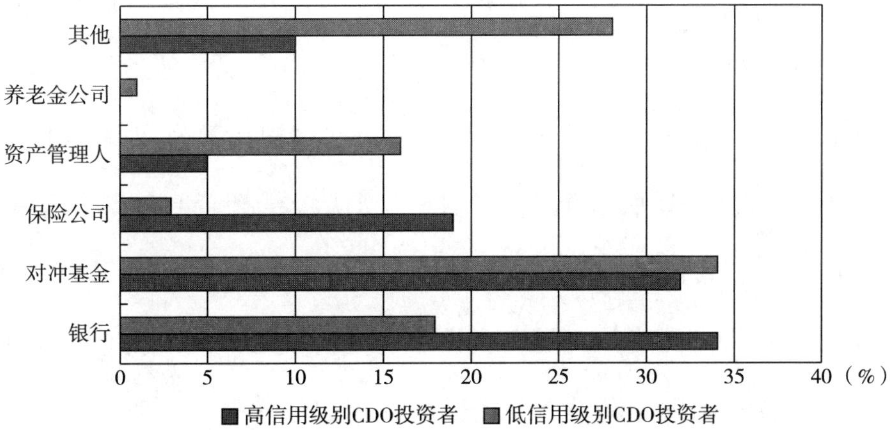

图7　美国高信用级别CDO投资者和低信用级别CDO投资者分布

资料来源：SIFMA。

三、美国发生次贷危机的制度因素

美国次贷危机的爆发，基于房地产泡沫的破裂和次贷市场内在的风险扩张机制，但次贷市场制度不完善，也是引发次贷危机的重要因素。美国次贷市场的制度缺陷主要包括以下四个方面：交易机制不透明、缺少流动性保障；评估普遍存在“助涨杀跌”的顺周期效应；金融机构风险管控不力、次级抵押贷款房贷环境过于宽松；过度依赖经纪人的营销模式隐含了很高的道德风险。

（一）交易机制不透明和缺少流动性保障的缺陷，很容易引发流动性危机

在交易机制方面，与在交易所交易的证券和期货合约不同，MBS和CDO等次级抵押贷款衍生产品在场外交易（OTC），交易直接在客户和交易者之间进行，价格和成交量均不公开，价格发现过程是不透明的，也没有设立做市商制度确保市场流动性。这种缺少流动性保障和交易透明度的机制很容易引发流动性危机：当次级抵押贷款违约风险提高时，CDO产品内含的风险放大机制会导致CDO产品价格大幅下滑，CDO市场会因没有买盘而终止交易，丧失市场定价功能，CDO发行者无法发售CDO，很容易出现流动性不足的问题。当CDO交易停止时，基于次贷的MBS发行者同样无法发售MBS，致使MBS发售者也陷入流动性不足的困境。同时，CDO产品价格的大幅度下降，会立即导致CDS发售者承担

数倍于CDO价格跌幅的损失，对冲基金和保险公司等CDS发售者也因此而陷入流动性困境。为了避免发生流动性危机，对冲基金等高风险投资者无法卖出MBS和CDO等亏损头寸时，只好卖出诸如新兴市场证券等资产，以补充严重不足的短期流动性，从而导致其他市场乃至全球股票市场大幅下挫，引发全球性金融市场动荡。

（二）评级机构的顺周期效应，加大了次贷市场的波动

由于MBS和CDO交易不公开、不透明、高度复杂，信息不对称程度很高，投资者主要根据评级机构的评级进行投资决策。但评级机构的评估普遍存在“助涨杀跌”的顺周期效应，在房地产价格按照预期持续上涨过程中，评级机构会给予MBS和CDO产品更高的评级，MBS和CDO产品的市场价值会不断提升，次贷市场的潜在风险也不断放大。反之，在房地产价格出现逆预期的下跌过程中，评级机构又会大幅下调MBS和CDO的评级，评级一旦跌破投资级，按照监管规定不能持有投资级以下证券的保险公司、养老基金等机构投资者，必然会大量卖出MBS和CDO产品，使次级抵押贷款及其衍生的MBS与CDO大幅贬值，给次贷市场造成重大冲击。例如，2006年发售的次级房贷支持证券、评级在BBB和BBB-的证券化产品，在2007年至少有20%信用评级被下调。2007年以前，标准普尔（S&P）将4083个美国MBS和CDO产品评为AAA级，但2007年房价逆转后，标准普尔又将其中的902个评级降级，466个被降为投机级。

（三）金融风险管控不力，导致次级抵押贷款市场过度扩张

银行和房贷机构通过创设MBS和CDO，将次级抵押贷款的风险全部转嫁给MBS和CDO投资者，使银行房贷机构从发放次级抵押贷款中获取无风险收益，在利益驱动下，房贷机构对发放次级抵押贷款的风险管控日益放松，信贷标准日益宽松。一是次级抵押贷款的信用利差不断缩小。为扩大房贷规模、增加收益，房贷机构不断调低次级抵押贷款的利率，美国优质抵押贷款和次级抵押贷款的利差从2001年的280BP降至2007年的130BP。二是降低贷款信用门槛。为吸引客户，美国房贷机构推出了无本金贷款（Interest Only Loan，允许房贷者在借款的前几年中只付利息不付本金）、可调整利率贷款（Adjustable Rate Mortgage，ARM，起始两年利率很低）和选择性可调整利率贷款（Payment Option Loan，POL，允许房贷者支付可变利息，未支付的利息被计入本金）等多种房贷产品，住房贷款首付也从过去一贯的20%首付率一度降至零首付。三是放宽房贷审核标准。为降低经营成本，美国金融机构将房贷审核由专业人员评估转变为电脑自动化评估，2007年40%的次级抵押贷款是由电脑自动核准的。同时，房贷机构对借贷人偿付能力的审核也大幅放松，2001年美国次级抵押贷款借贷人中，只有25%未提供有效收入证明，2006年已升至44%。

过度宽松的借贷环境，刺激了美国房贷特别是次级住房抵押贷款的

快速扩张：美国住房抵押贷款的规模从2001年第一季度的16906亿美元扩张到2008年第二季度的36449亿美元，增长1.16倍（见图8）。次级抵押贷款余额从2001年的4400亿美元增加到2006年的11700亿美元，增长1.66倍。美国次级抵押贷款余额占住房抵押贷款余额的比例，从2001年的7.7%提高到2006年的11.3%。美国次级抵押贷款当年发售额占住房抵押贷款当年发售额的比例，从2001年的7.8%大幅度提高到2006年的20.1%。当年次级抵押贷款的证券化率，也从2000年的40.5%大幅度提高到2006年的80.5%。次级抵押贷款的快速膨胀，导致美国房屋次级抵押贷款价值比率（房屋贷款总额/房屋市场价值）快速攀升，从2001年的79.8%上升至2006年的89.1%（见图9）。信用利差缩小、贷款规模的快速扩张以及房屋价值比率的快速提升，使美国次级抵押贷款的资产质量下降，违约风险不断提高。

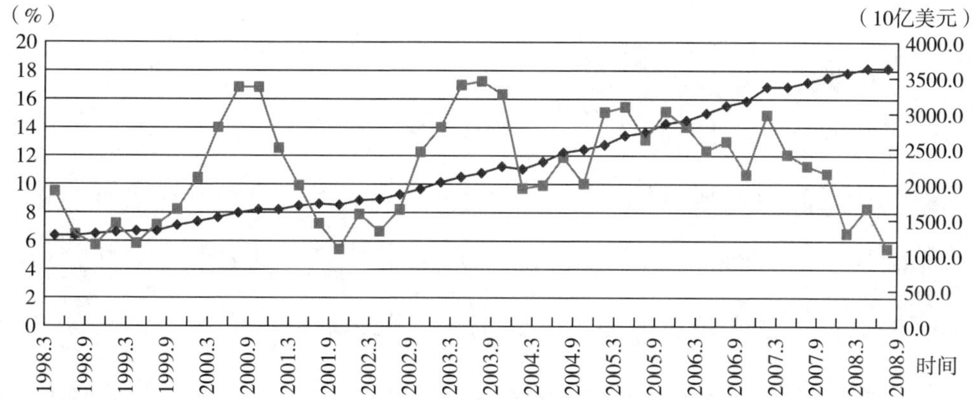

图8　1998年一季度至2008年二季度美国住房抵押贷款规模（右）和增速（左）

资料来源：CEIC。

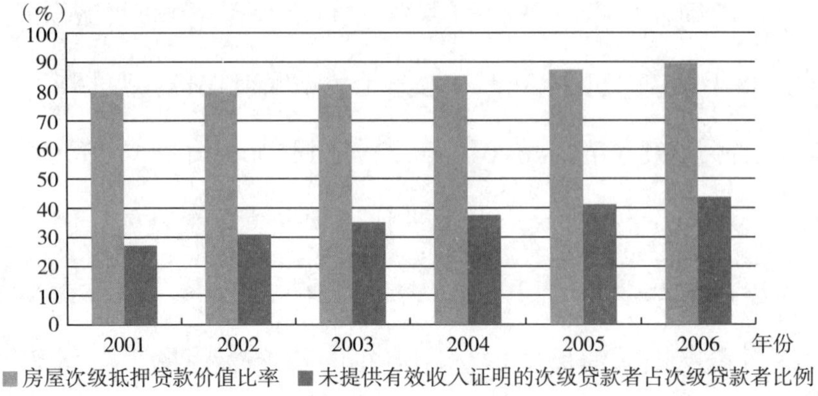

图9　2001—2006年美国房屋次级抵押贷款价值比率及未提供有效收入证明的次级贷款者占比变动

资料来源：Loan Performance。

（四）过度依赖经纪人的营销模式，隐含了很高的道德风险

20世纪80年代的两次金融危机之后，美国房地产抵押贷款的销售模式发生了结构性转变，房地产经纪人在房屋抵押贷款销售中的地位与日俱增，房地产经纪人的数量从1987年的7000人发展到2006年的53000人，增长了6.57倍；房地产抵押贷款经纪人发放的住房抵押贷款占全部住房抵押贷款的比重，也从1987年的20%持续上升到2003年的最高点68%，2001—2005年这一比重始终保持在60%以上，2006年该比例下降为58%（见图10）。目前，房地产经纪人发放的房屋抵押贷款中绝大部分是次级抵押贷款。由于住房抵押贷款经纪人是以赚取佣金为目的，其关注的是如何最大限度将房屋抵押贷款推销出去，借款人是否具有良好的信用和较强的还款能力，与其能否获取佣金和利差收益无关。这种销售模式使美国次级抵押贷款隐含了大量的道德风险。美国弗吉尼亚州的住房抵

押贷款资产研究所（Mortgage Asset Research Institute）2006年4月对100笔“零首付”贷款进行跟踪调查，结果表明，90%的借贷人高报个人收入5%或以上，其中60%的借款人虚报收入超过实际收入一半以上，2006年发放的全部次级房贷中，此类“不实贷款”占到40%。

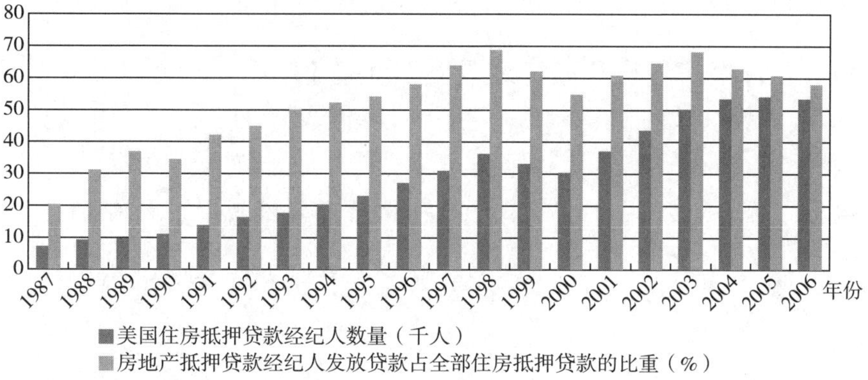

图10　1987—2006年美国抵押贷款经纪人数量及其发放的住房抵押贷款占全部住房抵押贷款比重变化

资料来源：Wholesale Access。

四、美国次贷危机的演变趋势

美国次贷市场与整个美国金融市场高度关联，各类金融机构都或多或少地参与了次级抵押贷款及其衍生品的交易。同时，由于金融业的高度全球化，欧盟、日本、亚洲新兴国家和地区的金融机构也均参与了美国次贷市场的交易，美国的金融机构也参与了美国之外的其他国家或地区的金融业务。因此，美国的次贷危机有演变为全球经济危机的可能，即美国次贷危机发生后，必然引发美国系统性金融危机，而金融危机又会引发美国经济危机，进而引发全球性金融危机和经济危机。从目前态势看，美国次贷危机已经演变为美国系统性金融危机，并导致全球金融市场动荡。次贷危机的未来演变趋势，将取决于美国政府的救市举措和欧盟、日本、中国等世界主要经济体的应对措施。如果没有有效的防范与化解措施，这一危机会再度引发美国经济危机。一旦美国爆发全面经济危机，全球经济危机和经济衰退将不可避免。

国务院发展研究中心宏观经济研究部：李建伟

中国人寿资产管理有限公司：杨　琳

调整宏观调控方向，抵御金融风暴冲击[①]

一、金融危机导致通货紧缩，西方国家经济面临严重衰退

2008年10月6—10日，美国股市道琼斯指数累计下跌18%，创出112年来最大单周跌幅，欧洲和亚洲股市也连续暴跌，市场陷入极度恐慌，次贷危机开始演变为全球金融风暴。本次以美国为中心的金融风暴，其程度之严重，超过了历史上任何一次危机，对经济造成沉重打击在所难免。

这次金融危机危及信用体系，从房地产贷款银行到投资银行、储蓄银行，从保险公司到投资基金、证券公司，从美国到欧洲，几乎整个西方金融体系中的每一个链条都陷入其中。银行因为难以评估交易对手的信用风险，故控制放贷数量，缩短放贷期限，短期资金拆放利率暴增。无论是企业还是个人均难以获得贷款，甚至用于日常消费的信用卡贷款和用于缴纳学费的学生贷款也不能幸免，整个社会的支付能力严重受损。用国际货币基金组织总裁的话来说，“全球金融体系已濒临全面崩溃”。

---

① 原文载于国务院发展研究中心《调查研究报告择要》总第1344号（2008年10月23日）。

西方政府和中央银行已采取资金注入、收购、国有化、降息等一系列措施，救市行动已经和计划动用的资金合计近3万亿美元。但即便如此，恢复市场信心和处理错综复杂的不良资产都需要一个较长的过程。20世纪80年代末美国处理储贷机构危机的坏账耗时4年，90年代日本处理银行坏账耗时7年。

西方经济本来已进入周期性下行通道（见图1），非金融企业销售不畅，收益下滑，几乎所有先行指标，包括企业订单、就业、消费者信心、房地产、耐用消费品销量等，都预示经济疲软。现在又受到金融危机的重创，市场恐慌和悲观预期互相推动，经济将快速下行。本轮经济衰退的深度和持续的时间会超过一般的经济周期。

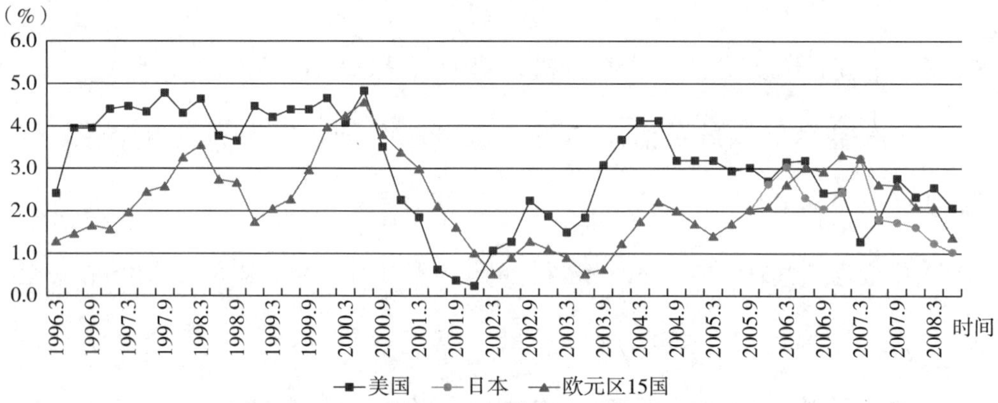

图1　美国、欧元区和日本的实际GDP季度同比增长率

资料来源：美国商务部、欧盟统计局、日本统计局。

二、我国出口形势可能急剧恶化

到目前为止的统计数据显示，我国只是对美出口减速，整体出口

2008年1—9月同比增幅仍在20%以上。西方金融危机在9月突然全面爆发，将对全球经济的未来走势产生重大影响，因此，需要重新判断外部需求形势。美国、欧元区和日本占我国出口①比重合计超过60%，它们集体陷入深度衰退势必造成进口需求大幅减少，我国出口可能急剧减速，2009年甚至可能出现负增长。

与以往经济衰退不同，这次由于信用体系受到重挫，发达国家进口需求下滑可能大大超过以往。

第一，电脑和通信设备占我国出口的比重高达30%，作为办公电子设备的最主要用户，西方金融业的崩溃将直接打击我国电子产品出口。据最新预测，2009年美国企业用于采购电脑、软件和通信设备的开支将减少1700亿美元。

第二，由于金融危机严重削弱了消费者的支付能力，我国纺织服装鞋帽、玩具等传统劳动密集型产品的出口面临沉重打击。据美国最大的零售商沃尔玛在2008年9月的抽样调查，有1/3的消费者计划在2008年圣诞节期间缩减开支。美国零售业协会预计2008年美国零售业将面临2002年以来最萧条的假日销售。

第三，新兴和发展中经济体的进口需求不但不会增加，还可能减少。许多发展中国家也受到金融危机的冲击，金融资产风险急剧上升，出现经济滑坡的风险正在增加。

第四，国外进口商因缺乏流动资金而拖延支付。从2007年下半年开

① 包括经过中国香港特别行政区的转口。

始，越来越多的美国进口商提出对中国的出口商延长付款期限，从原来国际通行的60～90天延长到120天甚至180天。直接拖欠货款的情况也越来越多。在信用危机不断加剧的情况下，进口商违约现象可能蔓延。

第五，出口减速对经济的负面影响将大大超过以往。我国出口依存度已从1997年的20.2%提高到2007年的35.7%，一些产业有很大一部分生产能力是面向国际市场。以电脑和通信设备、纺织服装这两大工业部门为例，其就业人数分别为566万人和1028万人，而出口占销售收入的比重分别高达75%和50%，一旦出口受阻，难免出现大量失业。另外，占我国出口50%的加工贸易的增值率[①]已从1997年的41.9%大幅上升到2007年的67.7%，显示加工贸易生产企业的本地采购率明显提升。出口减速不仅将打击出口企业本身，还将间接打击其上游企业。

三、政策建议

当前不仅是外部需求可能急剧下降，由于房地产市场进入调整期，国内投资也在减速。货币供应量和信贷增速明显放慢，生产资料价格掉头下行，通货紧缩的迹象已经出现。

全球经济已处于非常时期，不可掉以轻心，低估金融危机对我国经济的冲击和市场恢复所需时间。须出台强力措施刺激需求，防止经济形势逆转。

① 计算公式为：加工贸易增值率=（加工贸易出口额-加工贸易进口额）/加工贸易进口额。

（1）全面恢复出口退税。除“两高一资”产品外，全面恢复出口退税并大幅提高出口退税率，缓解出口下滑压力。

（2）进一步降息，取消信贷额度限制。在最终市场需求看跌的情况下，小幅度的降息已经不足以刺激企业投资和个人消费，必须加大力度才可能见效。降息有助于降低企业资金成本，也有助于缩小人民币的利差，减轻人民币升值压力。

（3）出台财政政策刺激房地产需求。房价高是不争事实，也有降价空间，但目前交易量萎缩和购房者持币观望的恶性循环持续下去，最终将导致大量房地产企业拖欠供应商货款，甚至无法归还银行贷款，增加银行体系风险。目前一些地方政府已出台刺激房地产市场的政策，但效果尚不明显。中央政府的态度对于提振市场信心的作用将远大于地方性政策，因此，须果断出台减税、补贴等一切可能的措施刺激普通住宅购房需求，打破房市交易低迷状况。

（4）允许企业在海外回购自身股票以及购买其他中资股票。在全球面临金融危机的情况下，我国金融机构和海外上市企业的外币资产面临巨大风险。目前海外市场上一些中资企业的股价已跌破发行价，企业购买自身股票具有信息上的优势，允许企业回购，有利于降低企业外汇资产敞口风险。回购H股还有利于稳定香港股市。建议放宽企业用自有资金进行海外股权投资的限制。

国务院发展研究中心对外经济研究部：吕　刚

次贷危机对美国经济增长的影响评估[①]

美国次贷危机已造成全球金融机构损失5041亿美元，十多个美国金融机构破产倒闭。美国金融机构还面临9121亿美元的次贷市场价值损失和超过1万亿美元的CDS赔付损失。次贷危机还导致美国消费和投资增速大幅下降。次贷危机对美国经济增长的负面冲击，已大于美国政府多方面刺激措施对经济增长的正面扩张效应，2008年二季度美国GDP增速因次贷危机下降了0.79个百分点。

2007年3月次贷危机爆发后，美国次贷市场已损失惨重。次贷危机还通过消费和投资渠道对美国经济发展产生重大负面冲击。利用次贷危机模型进行的脉冲分析表明，次贷危机导致2007年和2008年上半年美国消费和投资增速出现了较大幅度下降。从2008年一季度开始，次贷危机对美国经济增长的负面冲击，已大于美国政府多方面刺激措施对经济增长的正面扩张效应，与不发生危机相比，2008年一季度和二季度GDP实际增速分别下降了0.18个和0.79个百分点。

① 原文载于国务院发展研究中心《调查研究报告》总第3259号（2008年10月23日）。

一、次贷危机已造成美国金融业巨额损失和大量金融机构破产

2007年3月次贷危机爆发后，已导致大量金融机构出现巨额损失，美国大量金融机构因此破产倒闭。从已披露的数据看，美国次贷危机已造成全球金融机构损失5041亿美元，其中美洲金融机构损失最大，达2534亿美元；金融机构中美国的花旗、美林和UBS的次贷损失最大，分别达551亿美元、518亿美元和442亿美元。

（一）次贷危机引致的金融机构破产倒闭情况

2007年3月，美国第二大次级抵押贷款发放机构新世纪金融公司（New Century Financial）因面临流动性危机被纽约证券交易所紧急终止交易。

2007年7月中旬至2008年9月中旬，随着美国房地产市场的持续下跌，次贷危机继续蔓延，已有12家银行倒闭，部分德国和英国银行因次贷危机濒临破产，美国政府资助的两大房地产抵押公司房地美（Fannie Mae）和房利美（Freddie Mac）因流动性严重缺失被美国政府接管。

2008年9月中旬以来，经营历史长达158年、总资产规模超过6000亿美元的美国第四大投资银行雷曼兄弟，因所投资的500亿美元抵押债务债券（CDO）和高达7290亿美元信用违约掉期（CDS）合约出现巨额亏损申请破产保护。经营历史长达94年、总资产规模超过7000亿美元的美国

第二大投行美林证券也因与雷曼兄弟公司类似的原因被美国银行以500亿美元收购。经营历史长达89年、总资产规模超过1万亿美元的全球顶级金融保险集团美国国际集团（AIG），因持有4400余亿美元与次贷有关的CDS合约，出现较大损失而濒临破产，美国联邦储备局拨付850亿美元紧急贷款，获得其79.9%的股权。

（二）已披露的全球金融机构次贷危机损失

根据BLOOMBERG提供的数据，截至2008年7月末，全球金融机构因次贷危机造成的损失为5041亿美元，其中美洲和欧洲金融机构损失最高，分别为2534亿美元和2278亿美元，亚洲金融机构次贷损失较低，只有209亿美元。全球次贷损失最高的前12家金融机构次贷损失总和为3009亿美元，占全球金融机构次贷总损失的59.69%。其中花旗、美林和UBS的次贷损失最大，分别达551亿美元、518亿美元和442亿美元，具体见表1。

表1　截至2008年7月全球主要地区次贷危机损失及次贷损失最大的前12家金融机构损失（亿美元）

金融机构	损失	金融机构	损失	地区	损失
花旗集团	551	华盛顿相互公司	148	美洲	2534
美林	518	苏格兰皇家银行	146	欧洲	2278
UBS	442	摩根士丹利	144	亚洲	209
汇丰	274	JP摩根	143	全球合计	5041
Wacjpvoa	225	德意志银行	106	前12家金融机构损失合计	3009
美国银行	212	瑞士信贷	100		

资料来源：BLOOMBERG。

二、美国金融机构因次贷危机产生的潜在损失评估

除已披露的损失外，次贷危机还使美国金融机构面临巨大的潜在损失。美国次贷市场的次级抵押贷款（Subprime Mortgage Loan，SML）、次级抵押贷款债券（Mortgage Backed Sercurities，MBS）和抵押债务债券（Collateralized Debt Obligation，CDO）的市场价值，取决于美国房价的涨幅。房价涨幅低于房贷利率水平，即意味着市场价值缩减；如果房价下跌，会直接导致市场价值损失。在没有次贷违约的情况下，这一市场价值损失属于次级抵押贷款及其债券投资者的账面浮亏，一旦次级抵押贷款借贷人违约，损失就会成为SML、MBS和CDO发行者的实际损失，信用违约掉期（Credit Default Swap，CDS）发售者也会因此蒙受巨额损失。测算结果表明，因次贷违约造成的美国次贷市场价值损失将超过9000亿美元，具体损失将取决于次贷违约率的提升幅度和房价下跌幅度。2006年6月末11%的次贷止赎率和15.92%的大城市房价跌幅，已使美国CDS发售者的赔付损失达到1万亿美元，如果违约率继续提高、房价继续下跌，CDS发售者的最终赔付损失有可能达到4万亿美元。

（一）美国次贷市场价值损失估计

2008年6月末，美国次贷市场的SML、MBS和CDO的余额分别为16650亿美元、24550亿美元和16100亿美元。这些抵押贷款和债券的

市场价值是在房地产价格基础上确立的，房价的下跌必然导致其市场价值的损失。2008年6月美国房价下跌4.98%，其中次贷发行集中的21个大城市房价下跌15.92%。按美国全国房价下跌幅度计算，2008年6月美国SML、MBS和CDO的内在价值分别损失约为829亿美元、1223亿美元和802亿美元，合计共损失约2854亿美元。按主要发行次级抵押贷款的21个大城市房贷跌幅计算，2008年6月SML、MBS和CDO的内在价值分别损失约2651亿美元、3908亿美元和2563亿美元，合计损失约9122亿美元。这一损失估计没有考虑MBS和CDO发行过程中的溢价因素，也没有考虑MBS和CDO不透明的交易过程中投机性炒作导致的价格高估因素，如果考虑这两方面因素，房价下跌导致的MBS和CDO市场价值的损失会更高，2008年6月末次贷市场内在价值的损失要远超过9122亿美元。具体见表2。

表2　2008年6月末美国房价下跌导致的次贷市场价值损失估计（亿美元）

分类	余额	房价平均跌幅	21个大城市跌幅	按房价平均跌幅计算损失	按21个大城市跌幅计算损失
次级抵押贷款	16650	4.98%	15.92%	829	2651
MBS	24550	4.98%	15.92%	1223	3908
CDO	16100	4.98%	15.92%	802	2563
合计	57300	4.98%	15.92%	2854	9122

（二）次贷违约造成的市场价值损失估计

2008年6月末，美国次级抵押贷款延期还款率和止赎率分别提高到

18.67%和11.81%。假定2008年6月末次级抵押贷款房屋价值比率（房屋贷款总额/房屋市场价值）维持在90%（2006年已到89.1%），按2008年6月美国房价下跌4.98%分别估算，2008年6月因止赎造成的美国次级抵押贷款、MBS和CDO市场价值损失，分别约为88亿美元、130亿美元和85亿美元，合计共损失约303亿美元；按21个大城市房价下跌15.92%计算，损失分别约为282亿美元、415亿美元和272亿美元，合计共损失969亿美元。具体见表3。

表3　2008年6月末按房价下跌4.98%估算因止赎造成的美国次贷市场价值损失（亿美元）

分类	余额	止赎金额	回收本金	未回收贷款	按房价平均跌幅计算损失	按21个大城市跌幅计算损失
次级抵押贷款	16650	1966.4	196.6	1769.7	88	282
MBS	24550	2899.4	289.9	2609.4	130	415
CDO	16100	1901.4	190.1	1711.3	85	272
合计	57300	6767.1	676.7	6090.4	303	969

假定延期还款对金融机构造成的损失与止赎等同，即延期还款最终会全部转化为止赎，在房屋价值比率维持在90%的情况下，按2008年6月美国房价下跌4.98%分别估算，2008年6月因延期还款造成的美国次级抵押贷款、MBS和CDO市场价值损失，分别约为139亿美元、205亿美元和135亿美元，合计共损失约479亿美元；按21个大城市房价下跌15.92%计算，损失分别约为445亿美元、657亿美元和431亿美元，合计共损失约1533亿美元。具体见表4。

表4　2008年6月末按房价下跌4.98%估算因延期还款造成的美国次贷市场价值损失（亿美元）

分类	余额	延期还款金额	回收本金	未回收贷款	按房价平均跌幅计算损失	按21个大城市跌幅计算损失
次级抵押贷款	16650	3108.6	310.9	2797.7	139	445
MBS	24550	4583.5	458.3	4125.1	205	657
CDO	16100	3005.9	300.6	2705.3	135	431
合计	57300	10697.9	1069.8	9628.1	479	1533

将延期还款和止赎造成的损失合并，按21个大城市房价跌幅估算，2008年6月末因次贷违约造成的损失在2502亿美元左右。这一损失估计同样没有考虑MBS和CDO发行过程中的溢价因素和交易过程中投机性炒作导致的价格高估因素。如果美国房价继续下跌，即使违约率不再提高，1个百分点的房价跌幅还会导致损失增加157亿美元。假定美国新建单户住宅售价与人均可支配收入比率回调到1992年7月至2000年8月房地产平稳发展时期的水平（7.88），按2008年6月新建单户住宅平均售价和人均可支配收入计算，美国房价还需回调5.4个百分点，美国次贷市场的价值损失还会增加852亿美元。即因次贷违约造成的次贷市场价值直接损失，至少要达到3300亿美元。

（三）次贷违约造成CDS发售者的赔付损失估计

对次级抵押贷款、MBS和CDO产品投资者而言，信用违约掉期合约类似于期货市场中的套期保值，即CDS购买者定期向CDS发售者支付一定费用，一旦次级抵押贷款债券出现违约损失，CDS发售者将对次贷投资者进行赔付。赔付方式有两种：一是“实物交割”，CDS购买者按债券票面价值出售给CDS发售者；二是“现金交割”，CDS发售者赔付CDS购买者所持债券的价值损失。无论哪种赔付方式，除CDS购买者支付的费用外，次贷市场违约造成的损失都由CDS发售者承担。从整个市场看，CDS合约的存在并不会带来次贷市场的价值损失，次贷市场违约造成的损失仅在CDS合约发售者与购买者之间转移，属于零和博弈。但由于CDS合约的巨大杠杆效应，次贷违约率的提高会导致CDS发售者出现巨额损失，雷曼兄弟的破产和AIG被接管均是因为发售了大量的CDS合约。目前，全球CDS合约存量大约为62万亿美元，多数由美国金融机构发售，1个百分点的违约率和1个百分点的房价下跌幅度，就会造成CDS发售者至少62亿美元的损失。2008年6月美国次贷市场的延期还款率和止赎率分别为18.67%和11.81%，21个大城市房价下跌15.92%，仅按11.81%的止赎率计算，美国CDS发售者就需要赔付11657亿美元的市场价值损失；如果延期还款全部转化为止赎，美国CDS发售者就需要赔付3万亿美元的市场价值损失。同时，即使违约率不再提高，如果美国房价再下跌5.4个百分点，即房价回落到新建单户住宅售价与人均可支配收入比率为7.88的水平，美国CDS发售者需要赔付市场价值损失还要再增加1万亿美元，达到4万亿美元的规模。

三、次贷危机对当前美国经济增长的影响评估

除造成金融业巨大损失之外，美国次贷危机还通过消费和投资渠道

对美国经济发展产生重大负面冲击。利用次贷危机模型进行的脉冲分析表明，次贷危机导致2007年和2008年上半年美国消费和投资增速出现了较大幅度下降，从2008年第一季度开始，次贷危机对美国经济增长的负面冲击，已大于美国政府多方面刺激措施对经济增长的正面扩张效应，与不发生危机相比，2008年一季度和二季度GDP实际增速分别下降了0.18个和0.79个百分点。

（一）反映次贷危机与美国经济增长关联关系的增长模型

除造成金融业巨大损失之外，美国次贷危机还将通过多种方式和途径影响到美国经济发展。从需求角度看，受次贷危机影响最先且最大的是美国的消费需求。房价下跌带来的家庭财富缩水和再融资能力下降，会导致美国消费需求增速下降。其次是投资。次贷危机导致美国金融机构出现巨额亏损，金融市场流动性严重不足，国外投资者对美国的投资信心也受到冲击，美国房地产投资及其他行业投资均会受到影响。最后影响进出口贸易。次贷危机导致美国国内消费需求收缩，进口会相应下降，同时美元贬值短期内能够提升美国出口产品竞争力，出口增速提高，美国贸易逆差可能会得到一定程度的改善。但次贷危机对全球经济都有冲击，其他国家和地区经济减速会抑制美国出口扩张势头。从长期看，美元也不可能持续大幅度贬值，否则会形成美元贬值与国外投资者信心恶化的恶性循环，作为全球最大的债务国，美国整个经济发展会陷入资金不断枯竭的困境。

鉴于次贷危机对美国经济增长有多方面影响，这些影响通过产业关联或需求之间的相互作用，最终还会扩大。我们以需求决定为基础，建立反映次贷危机与美国经济增长内在关联关系的增长模型（以下简称“次贷危机模型”），其框架如下。

1. 次贷危机对美国消费需求的影响

次贷危机从以下三个方面影响到美国消费需求。一是财富效应。房价下跌导致家庭房屋资产缩水，次贷危机导致美国股市持续大幅下跌，股民财富也大幅度缩水。居民财富缩水会影响到居民消费支出，特别是次贷违约家庭因止赎成为负资产家庭，消费支出会受到重大影响。二是家庭再融资能力下降。美国是典型的超前消费国家，居民贷款消费很普遍。美国房地产价格持续上涨，包括次贷房贷者在内的大部分房屋购买者都通过房屋抵押再融资的方式扩大消费。随着美国房价的下降，通过房屋抵押再融资已难以获取消费贷款。三是次贷危机导致银行等放贷机构紧缩银根、提高贷款利率，消费者通过房屋抵押贷款之外的其他方式贷款消费也变得十分困难。据此，我们以个人可支配收入、消费信贷、住房贷款、美国家庭负债率、房价、房价收入比率、抵押贷款利率、美联储基准利率等8个变量作为解释变量，确立4个方程，对次贷危机与消费需求的关联关系进行回归分析。

（1）美国私人消费需求的影响因素方程。我们将居民可支配收入（*SRNG*）、消费信贷（*LXFNG*）、住房信贷（*LHNG*）和家庭负债率（*FOR*）作为解释变量，对1990年以来美国私人消费（*XFNG*）进行回归分析。结果显示：总体看，住房信贷和消费信贷均与居民消费正相关，即住房信贷和消费信贷增加，会促进居民消费增速提高。当期收入和滞后4期与5期的收入均与居民消费正相关，即当期收入的长期收入增速提高，均会刺激消费增速提高。总体上，家庭负债率与居民消费负相关，即家庭负债率的提高会抑制消费增长。

美国私人消费需求的影响因素回归分析方程为：

$$XFNG = 0.19 \times XFNG(-1) + 0.3 \times XFNG(-2) + 0.34 \times XFNG(-3) - 0.44 \times XFNG(-4) - 0.23 \times XFNG(-5) - 0.45 \times XFNG(-6) + 0.46 \times SRNG - 0.18 \times SRNG(-2) + 0.17 \times SRNG(-4) + 0.29 \times SRNG(-5) + 0.15 \times SRNG(-6) + 0.02 \times LHNG - 0.05 \times LHNG(-2) + 0.04 \times LHNG(-4) + 0.16 \times LXFNG - 0.17 \times LXFNG(-3) - 0.28 \times LXFNG(-5) + 0.30 \times LXFNG(-6) + 5.07 + 1.69 \times FOR - 1.86 \times FOR(-4)$$

R^2=0.899664，调整后的R^2=0.852996，DW=1.97，通过Q检验，各解释变量T统计值为显著。

（2）美国住房信贷的影响因素方程。我们将住房信贷（*LHNG*）滞后变量、居民可支配收入（*SRNG*）、抵押贷款利率（*LLM*）、房价（*HPI*）和房价收入比（*HPSRB*）作为解释变量，对1990年以来美国住房信贷（*LHNG*）进行回归分析。结果显示：各解释变量与住房信贷高度显著相关，其中房价和房价收入比与住房信贷正相关，即房价和房价收入比提高，会促进住房信贷增速提高。当期收入与住房信贷正相关，但滞后4期收入与房贷负相关，综合看收入与房贷负相关，即当期收入增速提高会促进房贷增速提高，但长期收入的增加会减少房贷需求。滞后2期抵押贷款利率与房贷负相关，但滞后4期利率与房贷正相关，综合看抵押贷款利率与房贷负相关，即利率提高会减少房贷需求，但利率长期看涨的预期会刺激当前房贷需求增加。

美国住房信贷的影响因素回归分析方程为：

$LHNG = 1.46 \times LHNG(-1) - 0.59 \times LHNG(-2) + 0.52 \times SRNG - 1.12 \times SRNG(-4) - 2.29 \times LLM(-2) + 3.4 \times LLM(-4) + 0.55 \times HPI(-4) + 1.99 \times HPSRB(-1) - 20.01$

R^2=0.960064，调整后的R^2=0.954036，DW=2.05，通过Q检验，各解释变量T统计值为显著。

（3）美国消费信贷的影响因素方程。我们将消费信贷（*LXFNG*）滞后变量、居民可支配收入（*SRNG*）、美联储基准利率（*LLB*）和家庭负债率（家庭债务支出占可支配收入的比率，*FOR*）作为解释变量，对1990年以来美国消费信贷（*LXFNG*）进行回归分析。结果显示：滞后4期的家庭负债率与消费信贷负相关，即家庭负债率提高会导致消费信贷增速下降。当期收入与消费信贷正相关，但滞后3期收入与消费信贷负相关，综合看收入与消费信贷负相关，即当期收入增速提高会促进消费信贷增速提高，但长期收入的增加会减少消费信贷需求。滞后1期美联储基准利率与房贷正相关，但滞后3期利率与房贷负相关，综合看美联储基准利率与消费信贷负相关，即总体看，利率提高会减少消费信贷需求。

美国消费信贷的影响因素回归分析方程为：

$$LXFNG = 1.13 \times LXFNG(-1) - 0.25 \times LXFNG(-4) + 0.32 \times LLB(-1) - 0.73 \times LLB(-3) + 0.46 \times LLB(-4) + 0.12 \times SRNG(-1) - 0.16 \times SRNG(-3) - 0.17 \times FOR(-4) + 3.89$$

R^2=0.972655，调整后的R^2=0.968817，DW=1.97，通过Q检验，各解释变量T统计值为显著。

（4）美国家庭负债率的影响因素方程。美国家庭负债率是债务支出占家庭可支配收入的比率（*FOR*），债务支出包括了抵押贷款和消费信贷的还本付息支出，是反映美国家庭财务状态的重要指标。我们将消费信贷（*LXFNG*）、住房信贷（*LHNG*）、居民可支配收入（*SRNG*）、优质贷款利率（*LLP*）、抵押贷款利率（*LLM*）和房价（*HPI*）作为解释变量，对1990年以来美国家庭负债率进行回归分析。结果显示：当期收入与负债率负相关，即收入增速提高会导致负债率下降。总体看，住房信贷和消费信贷均与负债率负相关，房贷利率和优质贷款利率均与负债率正相关，即贷款增加、利率提高，家庭负债率上升。滞后3期的房价与家庭负债率正相关，即房价上涨也会导致家庭负债率上升。

美国家庭负债率的影响因素回归分析方程为：

$$FOR = -0.09 \times FOR(-3) + 0.92 \times FOR(-4) - 0.17 \times SRNG - 0.004 \times LHNG + 0.001 \times LHNG(-1) - 0.005 \times LHNG(-4) + 0.039 \times LXFNG + 0.05 \times LLM + 0.04 \times LLP + 0.03 \times HPI(-3) + 3.48 + [AR(1)=1.54,\ AR(2)=-0.58]$$

R^2=0.997992，调整后的R^2=0.99749，DW=2.22，通过Q检验，各解释变量T统计值为显著。

2. 次贷危机对美国住宅投资需求的影响

次贷危机从以下三个方面影响到美国住宅投资需求。一是房价下跌。房价下跌导致住宅投资收益下降，同时也会影响到住房需求。二是利率提高。次贷危机导致金融机构大幅度提高房地产贷款利率，住宅投资商和住宅购买者的融资能力均会受到影响。三是住宅价格的下跌会改变潜在住宅购买者的预期，住宅需求下降。据此，我们将住宅投资（*TZHNG*）的滞后变量、房价（*HPI*）、抵押贷款利率（*LLM*）和新建单户住宅平均售价与可支配收入比率（*HPSRB*，简称房价收入比）作为解释变量，对1990年以来美国住宅投资（*TZHNG*）进行回归分析。结果显示：房价上涨对美国住宅投资具有显著促进作用，综合看，房价涨幅对住宅投资的贡献大约为1.38个百分点。房价收入比每提高1年，住宅投资增速大约提高0.44个百分点。抵押贷款利率每提高1个百分点，住宅投资增速大约下降1.88个百分点。

美国住宅投资的影响因素回归分析方程为：

$$TZHNG = 0.67 \times TZHNG(-1) - 0.13 \times TZHNG(-4) + 2.87 \times HPI - 1.49 \times HPI(-2) + 1.35 \times LLM - 5.47 \times LLM(-1) + 2.25 \times LLM(-2) - 1.52 \times HPSRB + 1.96 \times HPSRB(-1) + 2.73$$

R^2=0.973295，调整后的R^2=0.968844，DW=1.8，通过Q检验，各解释变量T统计值为显著。

住宅价格与住宅供求关系最为密切，但房价偏离居民收入承受能力的幅度对房价同样具有决定性影响。为了简化模型的结构，我们仅将代表房价偏离居民收入承受能力的房价收入比作为解释变量，对房价进行回归分析，结果显示：当期房价收入比与房价正相关，即当期房价收入比提高会带动房价上涨。但滞后5期的房价收入比与房价负相关，即前期房价偏离居民收入承受能力幅度扩大，会导致后期房价下降。

美国住宅价格的影响因素回归分析方程为：

$$HPI = 1.13 \times HPI(-1) - 0.50 \times HPI(-4) + 0.33 \times HPI(-5) + 3.19 + 0.2 \times HPSRB - 0.58 \times HPSRB(-5)$$

R^2=0.98082，调整后的R^2=0.979077，DW=1.78，通过Q检验，解释变量T统计值显著。

3. 次贷危机模型的其他方程

与消费和投资一样，在相关经济理论基础上，我们建立反映变量之间内在关联关系的其他方程，包括美国非住宅投资方程、进出口贸易方程、居民可支配收入方程、名义GDP方程和美国主要贸易伙伴（欧盟、日本、中国）进出口贸易方程。

（1）美国非住宅投资增长方程。以非住宅投资（*TZQNG*）滞后变量、出口（*EXG*）、消费（*XFNG*）和优质贷款利率（*LLP*）作为解释变量：

$$TZQNG = 0.81 \times TZQNG(-1) - 0.26 \times TZQNG(-4) + 0.27 \times TZQNG(-5) - 0.16 \times TZQNG(-6) + 0.15 \times EXG(-1) - 0.18 \times EXG(-3) + 0.16 \times EXG(-6) + 6.11 \times XFNG(-1) - 4.22 \times XFNG(-2) - 3.2 \times XFNG$$

$(-3) + 3.19 \times XFNG(-5) - 1.85 \times XFNG(-6) + 2.63 \times LLP - 2.46 \times LLP(-1) + 0.74$

R^2=0.903079，调整后的R^2=0.875387，DW=2.24，通过Q检验，各解释变量T统计值为显著。

（2）美国进口增长方程。以进口（*IMG*）滞后变量、消费（*XFNG*）、名义有效汇率（*NEER*）和主要贸易伙伴出口（*MEX*）作为解释变量：

$$IMG = 0.804 \times IMG(-1) - 0.36 \times IMG(-3) + 2.68 \times XFNG - 0.72 \times XFNG(-3) - 0.15 \times NEER(-2) + 0.11 \times NEER(-4) + 0.11 \times MEX - 2.91$$

R^2=0.947264，调整后的R^2=0.940427，DW=2.06，通过Q检验，各解释变量T统计值为显著。

（3）美国出口增长方程。以出口（*EXG*）滞后变量、名义有效汇率（*NEER*）和主要贸易伙伴进口（*MIM*）作为解释变量：

$$EXG = 0.81 \times EXG(-1) - 0.16 \times EXG(-4) + 0.34 \times MIM - 0.29 \times MIM(-1) - 0.17 \times MIM(-3) + 0.22 \times MIM(-4) - 0.37 \times NEER(-1) + 0.27 \times NEER(-4) + 13.74$$

R^2=0.901891，调整后的R^2=0.885873，DW=1.78，通过Q检验，各解释变量T统计值为显著。

（4）美国居民可支配收入增长方程。以居民可支配收入（*SRNG*）滞后变量、GDP名义增长率（*GDPNG*）和个人收入税负（扣除转移支付之后的纳税占个人收入的比率，*SRTAX*）作为解释变量：

$$SRNG = 0.47 \times SRNG(-1) - 0.16 \times SRNG(-3) - 0.32 \times SRNG(-4) + 0.15 \times SRNG(-7) - 0.21 \times SRNG(-8) + 0.36 \times GDPNG + 0.36 \times GDPNG(-3) - 1.75 - 0.98 \times SRTAX + 0.77 \times SRTAX(-1) + 1.22 \times SRTAX(-4) - 0.72 \times SRTAX(-5)$$

R^2=0.722774，调整后的R^2=0.661784，DW=1.65，通过Q检验，各解释变量T统计值为显著。

（5）美国名义GDP增长方程。以名义GDP增长率（*GDPNG*）滞后变量、投资（*TZNG*）、消费（*XFNG*）、出口（*EXG*）和进口（*IMG*）作为解释变量：

$$GDPNG = 0.72 \times GDPNG(-1) + 0.14 \times TZNG - 0.103 \times TZNG(-1) + 0.69 \times XFNG - 0.47 \times XFNG(-1) + 0.12 \times EXG - 0.1 \times EXG(-1) - 0.12 \times IMG + 0.09 \times IMG(-1) + 0.15$$

R^2=0.977011，调整后的R^2=0.973504，DW=1.96，通过Q检验，各解释变量T统计值为显著。

（6）美国主要贸易伙伴进出口贸易增长方程。以主要贸易伙伴进口（*MIM*）和出口（*MEX*）滞后变量、美国进口（*IMG*）、出口（*EXG*）、美元名义有效汇率（*NEER*）作为解释变量：

出口方程为：

$$MEX = 0.61 \times MEX(-1) + 0.28 \times MEX(-3) - 0.48 \times MEX(-4) + 0.25 \times IMG - 0.41 \times IMG(-3) + 0.34 \times IMG(-4) - 0.59 \times NEER +$$

$0.44 \times NEER(-4) + 19.98$

R^2=0.903566，调整后的R^2=0.887822，DW=1.67，通过Q检验，各解释变量T统计值为显著。

进口方程为：

$$MIM = 0.62 \times MIM(-1) + 0.26 \times MIM(-3) - 0.33 \times MIM(-4) + 0.3 \times EXG - 0.32 \times EXG(-3) - 0.65 \times NEER + 0.5110120848 \times NEER(-1) + 19.12$$

R^2=0.930164，调整后的R^2=0.920387，DW=1.69，通过Q检验，各解释变量T统计值为显著。

（二）次贷危机对美国经济增长的综合影响

以上述方程为基础，我们建立反映次贷危机与经济增长内在关联关系的模型。该模型是包括投资、消费、进出口、GDP、房价、利率、房贷、消费信贷、汇率、个人收入税负、家庭负债率等22个变量的次贷危机模型，其中行为方程15个，内联方程1个（通过GDP缩减指数计算GDP可比增长率），外生变量6个（房价收入比、抵押贷款利率、优质贷款利率、美联储基准利率、名义有效汇率和个人收入税负）。鉴于次贷危机的重要指标是房价涨幅回落（或下跌）和房价收入比回调，我们假定2007年二季度以后的房价涨幅和房价收入比保持一季度水平不变，其他外生变量保持实际值，利用模型进行脉冲分析。结果显示：次贷危机对美国消费和投资均产生了明显的负面冲击，导致消费和投资增速出现较大幅度下降。从2008年一季度开始，次贷危机对美国经济增长的负面冲击已大于政府刺激措施的正面扩张效应，与不发生危机相比，2008年一季度和二季度GDP实际增速分别下降了0.18个和0.79个百分点。

（1）次贷危机对美国消费和投资均产生了明显的负面冲击。与不发生次贷危机（房价、房价收入比不回调）相比，消费增速在2007年第三、四季度下降0.06个百分点，在2008年一季度和二季度分别下降了0.47个百分点和0.37个百分点。投资增速受到的影响更大，与不发生危机相比，投资增速在2007年三、四季度分别下降3.21个百分点和4.89个百分点，在2008年一季度和二季度分别下降了8.84个百分点和14.33个百分点。

（2）次贷危机对美国进口和出口的影响完全不同。与不发生次贷危机相比，2007年二季度以后美国出口增速反而有所提高，这与美国在次贷危机发生后鼓励出口的多方面措施有关（最重要的措施应是美元大幅度贬值），但鼓励出口措施的效应逐步弱化，2007年三、四季度美国出口增速分别提高了4.45个百分点和1.33个百分点，到2008年二季度出口增速提高幅度已减小到0.46个百分点。受次贷危机影响，美国进口增速比不发生危机有较大幅度下降，2007年三、四季度分别下降2.53个百分点和1.93个百分点，2008年一季度和二季度分别下降了4.56个百分点和3.94个百分点。

（3）次贷危机导致美国政府减税对个人可支配收入的影响弱化。次贷危机发生后，美国政府采取了大规模的减税措施，导致居民可支配收入增速提高。与不发生次贷危机相比，2007年二季度美国个人可支配收入增速提高1.53个百分点，但随着危机的深化和GDP增速回落，减税措施对居民可支配收入增速的影响弱化，2008年二季度个人可支配收入增速提高幅度已下降到0.2个百分点。

（4）次贷危机导致美国住房信贷增速下降，但家庭负债率也同时下降。受次贷危机影响，美国住房信贷增速比不发生次贷危机情况下的住房信贷增速有较大幅度下降，2007年四季度下降4.84个百分点，2008年一季度和二季度分别下降3.29个百分点和6.2个百分点。与不发生危机相比，美国消费信贷增速略有提高，2007年三季度至2008年二季度，消费信贷增速提高了0.5个百分点左右。受住房信贷增速下降影响，美国家庭负债率略有改善，与不发生危机相比，美国家庭负债率在2007年三、四季度分别下降了0.37个百分点和0.26个百分点，2008年一季度和二季度分别下降了0.07个百分点和0.46个百分点。

（5）次贷危机对美国经济增长的影响日渐显著。次贷危机发生后，美国政府采取了减税、增加金融机构流动性、美元贬值等多方面措施刺激经济增长。这些措施的效果在2007年下半年比较显著，2007年三、四季度，美国GDP实际增速比不发生危机情况下增速分别提高了0.93个百分点和0.27个百分点。但2008年次贷危机的负面冲击已大于政府刺激措施的正面扩张效应，与不发生危机相比，2008年一季度和二季度GDP实际增速分别下降了0.18和0.79个百分点（见表5）。

表5　次贷危机对2007年二季度至2008年二季度美国经济增长的影响（%）

经济指标	2007Q2	2007Q3	2007Q4	2008Q1	2008Q2
实际GDP	0.12	0.93	0.27	–0.18	–0.79
名义GDP	0.02	0.65	–0.05	–0.58	–1.51
消费	0.21	–0.06	–0.06	–0.47	–0.37
投资	–2.89	–3.21	–4.89	–8.84	–14.33
住宅投资	–6.50	–11.98	–18.34	–24.49	–28.33
非住宅投资	–1.56	0.01	0.10	–3.26	–9.60
出口	0.91	4.45	1.33	0.81	0.46
进口	–0.06	–2.53	–1.93	–4.56	–3.94
个人可支配收入	1.00	1.53	0.99	–0.51	0.20
住房贷款	0.37	–0.59	–4.84	–3.29	–6.20
消费信贷	–0.04	0.49	0.32	0.46	0.52
家庭负债率	–0.23	–0.37	–0.26	–0.07	–0.46

注：表中数值为实际值减模型脉冲分析结果后的差额。

国务院发展研究中心宏观经济研究部：李建伟

中国人寿资产管理有限公司：杨　琳

美国次贷危机的发展趋势及其对未来中美经济发展的影响①

从美国房地产市场的自身发展规律看，美国次贷危机至少要持续到2011年底才会结束。利用模型模拟预测的结果表明，次贷危机对美国经济增长的负面冲击将延续到2013年，2009年美国经济增速将出现深度回调，此后将进入低速增长状态。美国经济增速放缓将对我国经济增长产生重大冲击，2009年我国GDP增速有可能回调到8.5%左右。借鉴次贷危机的教训，目前应加强金融监管和房地产市场调控，严防国内房地产泡沫风险扩大。

一、美国房地产市场的回调与房价收入比率的发展趋势

美国次贷危机源于房地产泡沫的破裂，其最后终结，也取决于房地产泡沫是否完全挤出，房地产市场能否归于平稳发展状态。房屋售价与居民可支配收入比率是反映房地产市场发展状态的重要指标，过低或过高的房价都不利于房地产市场的健康发展，只有房价维持在居民收入

① 原文载于国务院发展研究中心《调查研究报告》总第3260号（2008年10月24日）。

能够承受的合理范围内，房地产市场才能免于泡沫化，房地产市场供求才能稳定增长。从美国新建单户住宅平均售价与个人可支配收入的比率（以下简称房价收入比率）看，美国居民对住宅价格的承受能力大约是住宅售价为个人可支配收入的8倍，即用8年左右的全部个人可支配收入购买一套单户新建住宅。本次次贷危机是否结束，重要标志是房价收入比率能否调整到8左右的合理区间。

1975—1994年发生的两次房地产泡沫破裂和金融危机看，美国房地产市场从泡沫形成到泡沫破裂再到稳定发展状态，有很强的内在规律：房价收入比率超过9，房地产市场就陷入严重泡沫状态，随后将进行调整，经过5年左右的时间，房价收入比率才会调整到8左右，房地产市场才会进入相对稳定增长状态。其中1979年房地产泡沫的破裂，房价收入比率从1979年9月的9.4回调到1985年5月的7.4，用了近6年时间（68个月）；1989年8月以后美国房地产泡沫再度破裂，从房价收入比率的最高点（1988年1月，9.76）到8以下（1992年7月，7.45），用了近5年时间（55个月）。与房价收入比率的回调相对应，1992年以后，由两次房地产泡沫破裂引发的金融危机和大规模金融机构破产倒闭现象也接近尾声，1993年末金融危机基本结束。

根据这一规律，本次美国发生的次贷危机能否结束，在很大程度上将取决于房价收入比率能否回调到8左右的合理区间。同时，鉴于本次美国房地产泡沫比20世纪80年代的两次泡沫更为严重，主要表现为房价收入比率最高点接近10（2005年8月为9.87，2007年3月为9.85），超过前期最高点，在9以上的持续时间长达4年，也超过以前，本次回调的幅度和持续时间也会超过前两次。为了较为准确地估算回调幅度和持续时间，我们用房价收入比率及其发展趋势的自回归方程进行模拟预测，结果显示：①以1975年1月至2008年7月房价收入比率的数据为样本，建立房价收入比率的自回归方程，据此方程进行预测，美国房价收入比率将在2011年9月调整到最低点（7.3），此后恢复上升趋势。②用HP滤波剔除房价收入比率的短期波动因素，按房价收入比率的趋势值建立自回归方程并进行预测，结果显示，美国房价收入比率将在2012年5月调整到最低点（7.4），此后恢复上升趋势。综合看，按照房价收入比率的自身发展趋势，美国房价收入比率大约在2011年底调整到最低点，即本次次贷危机将持续到2011年底才会结束（见图1）。

美国房价收入比率（*HPSRB*）的自回归分析方程为：

$$HPSRB = 0.27 \times HPSRB(-1) + 0.3 \times HPSRB(-2) + 0.11 \times HPSRB(-3) + 0.15 \times HPSRB(-5) + 0.17 \times HPSRB(-6) - 0.16 \times HPSRB(-17) + 0.1 \times HPSRB(-19) - 0.12 \times HPSRB(-43) + 0.13 \times HPSRB(-44) - 0.09 \times HPSRB(-46) + 1.15$$

R^2=0.830563，调整后的R^2=0.825666，DW=1.98，通过Q检验，各解释变量T统计值为显著。

美国房价收入比率发展趋势（*HPSRBT*）的自回归分析方程为：

$$HPSRBT = 3.94 \times HPSRBT(-1) - 5.83 \times HPSRBT(-2) + 3.84 \times HPSRBT(-3) - 0.95 \times HPSRBT(-4) + 8.49e{-}005$$

R^2=1，调整后的R^2=1，DW=1.84，通过Q检验，各解释变量T统计值为显著。

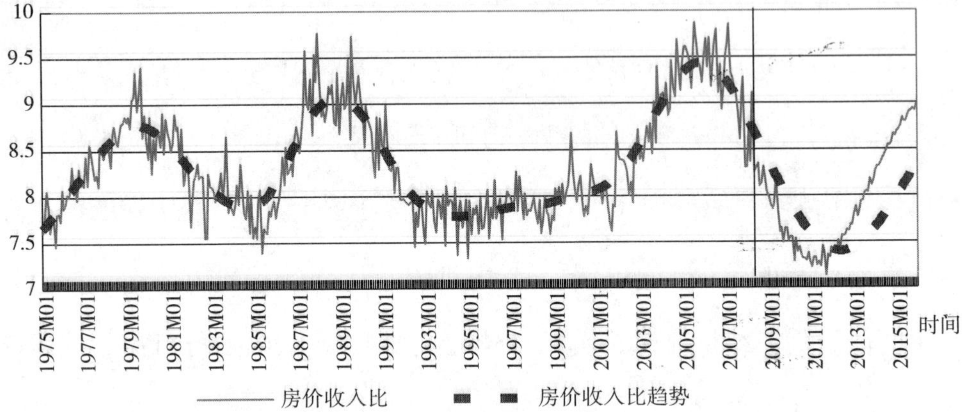

图1 美国房价收入比及其发展趋势的预测结果

资料来源：根据美国房产部门官方数据并经作者计算得到。

二、次贷危机对美国未来经济增长的影响

20世纪80年代的两次金融危机期间，美国政府采取了多方面救市措施，出台了《存款机构放松管制和货币控制法》（1980年3月国会通过）、《经济复苏税收法案》（1981年）、《银行公平竞争法案》（1987年通过）、《金融机构改革、复兴与强化法》（1989年国会颁布）等一系列促进金融业发展的法案，并出资1530亿美元关闭接管了2912家银行和储贷机构，最终在1992年将危机平息。但这些措施对房地产市场的调整过程影响并不明显，两次危机均历经5年左右才使房价收入比率回调到8左右的合理区间。据此，我们在利用次贷危机模型预测未来

经济走势时，首先假定美国房地产市场的调整按其自身规律发展，即房价收入比率按其自身发展趋势回调[1]。在此基础上，我们按美国利率、汇率和个人税收等政策保持中性和扩张性政策两种方案，对美国经济增长前景进行预测。结果显示：在房价收入比率按自身发展趋势回调、金融业继续提供经济发展所需服务的前提下，如果美国政府保持政策中性，2009年美国消费、投资和出口增速均将大幅下降，GDP增速只有1.6%；次贷危机的负面影响将持续到2013年末，2009年以后美国经济将进入低速增长状态，GDP平均增速只有2.4%。如果美国政府采取力度较大的扩张性政策，2009年GDP增速仍将维持在1.7%的低水平，但2009年以后GDP增速将恢复到平均2.7%的较高水平，次贷危机的负面影响也将提前到2013年初结束。需要注意的是，这一预测结果没有考虑次贷危机给金融业造成的巨额损失，以及这一巨额损失对未来美国经济增长的影响。考虑金融业损失的影响后，2009年美国GDP增速有可能回落到1%以下，2010—2015年GDP的平均增速也将回落到2%以下，但最终影响的大小，将取决于美国政府的救市措施、金融业最终损失的规模及其在各年度中的分摊情况。

（一）基准情景假设下次贷危机及美国经济增长的前景

在假定房价收入比率按自身发展趋势回调的基础上，我们进一步

① 将房价收入比率作为内生变量纳入次贷危机模型，预测结果中房价回调的结束时间为2013年二季度，比基准预测结果提前两个季度。

假定：2008年二季度以后，美国政府的救市政策能够保证金融业不会崩溃，继续提供经济发展所需要的金融服务；同时，美国政府的其他政策保持中性，即利率、名义有效汇率、个人税负保持2008年二季度的水平不变。在此基础上，利用次贷危机模型对2008年三季度至2015年四季度的经济发展情况进行模拟预测。结果显示（见表1）：受次贷危机影响，美国房价和住宅投资增速要到2014年才能恢复上升态势。2009年次贷危机对经济增长的负面冲击最大，消费、投资和出口增速均大幅下降，2009年GDP增速只有1.6%。2010年后消费、投资、出口和GDP增速反弹，但2010—2015年消费、投资和GDP的平均增速将放缓，GDP平均增速只有2.4%，将较大幅度低于2004年一季度至2008年二季度的平均增速，即受次贷危机影响，美国经济将进入低速增长状态。

（1）美国房价下跌的趋势及其对次贷市场的负面影响，到2013年四季度才会结束。2008年二季度以后，美国房价将继续回调，但房价跌幅趋于缩小，2009—2013年房价跌幅依次递减为4.6个百分点、4.4个百分点、3.6个百分点、2.1个百分点和0.5个百分点，房价从2014年开始恢复上涨趋势。即房价下跌对美国次贷市场的负面影响，要持续到2013年末才会结束。

（2）住宅投资将持续减少及其对经济增长的负面冲击，到2014年第四季度才会结束。2008年二季度以后，美国的住宅投资增速将延续2008年上半年20%以上的跌幅，直到2010年二季度以后投资增速跌幅才下降到20%以下，并逐步缩小。但住宅投资增速下跌的持续时间长于房价下跌的持续时间，2013年四季度以后仍保持小幅度下跌态势，直到2014年四季度才恢复增长状态。即次贷危机导致的住宅投资增速下降，对美国经济增长的负面影响到2014年才会结束。

（3）消费增速在2009年出现大幅度回调，此后恢复周期性增长状态。2008年二季度以后，美国私人消费增速将持续大幅度回落，增速从2008年二季度的5.1%回落到2009年的3.2%。此后消费增速进入周期性波动状态。2010—2015年消费增速平均为4.6%，比2004年一季度至2008年二季度消费的平均增速（5.9%）下降1.3个百分点。

（4）2009年出口增速将大幅度回落，此后将保持相对稳定增长状态。2008年二季度以后，美国出口增速将持续大幅度回落，增速从2008年二季度的19.13%回落到2009年四季度的12.1%。此后出口增速恢复稳定增长状态，2010年一季度至2015年四季度出口增速稳定在13.4%左右，低于2008年上半年17.9%的水平，但略高于2004年第一季度至2008年第二季度出口的平均增速（13.03%）。

（5）2009年进口增速将大幅度下降，此后恢复周期性增长状态，但平均增速大幅度下降。受消费增速下降影响，2009年美国进口将减少3.4%，此后进口增速将随着消费增速的波动，进入周期性波动状态，2010—2015年平均增速只有7%，远低于2004年一季度至2008年二季度平均11.5%的增速。

（6）2009年GDP增速将大幅度回调，此后恢复低速稳定增长状态。在消费、出口、投资增速均下降的影响下，2009年美国GDP增速将大幅度下降到1.6%，此后增速反弹，但2010—2015年GDP平均增速只有2.4%，比2004年一季度至2008年二季度GDP平均2.8%的增速下降0.4个百分点，比2004—2006年经济快速增长时期的平均增速（3.12%）下降0.72个百分点（见表1）。

表1　2008年三季度至2015年四季度美国经济增长基准预测情况（%）

季度	GDP	出口	进口	消费	投资	住宅投资	可支配收入	房价
2008Q3	1.8	18.9	12.0	4.7	–6.6	–23.8	5.6	–4.2
2008Q4	1.3	17.8	6.9	3.1	–6.5	–23.5	5.1	–4.4
2009Q1	1.3	15.8	1.5	3.4	–11.2	–23.0	4.3	–4.7
2009Q2	1.1	13.5	–5.5	2.5	–9.5	–22.1	1.1	–4.5
2009Q3	1.5	12.4	–7.4	2.8	–8.9	–20.8	1.3	–4.5
2009Q4	2.4	12.1	–3.5	4.3	–4.9	–20.4	1.8	–4.5
2010Q1	2.8	12.5	4.5	4.7	3.7	–19.9	3.8	–4.4
2010Q2	3.2	13.4	16.1	6.2	8.7	–19.9	5.1	–4.5
2010Q3	3.0	14.0	23.2	6.1	13.0	–20.1	6.1	–4.4
2010Q4	2.4	14.4	25.1	5.8	11.3	–19.9	6.1	–4.3
2011Q1	2.3	14.2	20.2	5.5	7.1	–19.5	5.0	–4.1
2011Q2	2.0	13.7	10.0	4.3	2.9	–18.7	4.5	–3.8
2011Q3	2.1	13.4	0.0	3.9	–2.5	–17.4	3.9	–3.5
2011Q4	2.2	13.1	–8.0	3.4	–4.7	–16.0	3.9	–3.1
2012Q1	2.1	12.8	–10.1	3.4	–5.6	–14.6	4.1	–2.7
2012Q2	2.1	12.9	–6.5	3.8	–4.0	–12.9	4.4	–2.3
2012Q3	1.8	13.0	0.6	4.0	–0.8	–11.5	4.4	–1.9
2012Q4	1.7	13.2	9.6	4.8	2.3	–10.0	4.2	–1.4
2013Q1	1.8	13.3	17.2	5.3	6.1	–8.5	4.1	–0.9
2013Q2	2.1	13.5	21.9	5.8	9.1	–7.0	4.0	–0.4
2013Q3	2.6	13.6	23.0	6.2	11.3	–5.5	4.4	0.0
2013Q4	3.0	13.7	20.2	6.0	11.9	–3.9	4.7	0.5
2014Q1	3.3	13.5	14.7	5.8	10.6	–2.6	5.2	1.0
2014Q2	3.3	13.5	7.6	5.1	7.9	–1.4	5.4	1.4
2014Q3	3.0	13.3	0.3	4.3	4.2	–0.1	5.5	1.8
2014Q4	2.6	13.2	–5.4	3.6	0.5	0.9	5.3	2.1

续表

季度	GDP	出口	进口	消费	投资	住宅投资	可支配收入	房价
2015Q1	2.1	13.1	–8.4	3.1	–1.9	1.7	4.9	2.5
2015Q2	1.8	13.2	–7.6	3.0	–2.4	2.6	4.4	2.8
2015Q3	1.7	13.2	–3.3	3.3	–0.5	3.1	4.0	3.0
2015Q4	1.3	13.4	4.0	4.0	3.1	3.7	3.8	3.2

资料来源：由次贷危机模型预测得到。

（二）扩张性政策情景假设下次贷危机及美国经济增长的前景

在保持房价收入比率按自身发展趋势回调、金融业继续提供经济发展所需服务的前提下，我们假定美国政府采取扩张性政策，将联邦基准利率、抵押贷款利率和优质贷款利率下调到2005年一季度的平均水平（分别为1%、3.53%和4%，是1991年以来的最低水平），将个人税负下调到10.6%（2006年一季度为10.58%，是1991年以来最低水平），将美元名义有效汇率在2008年二季度基础上再度贬值5个百分点（达到91%，是1996年以来最低水平，比2007年第四季度贬值8.2个百分点）。在此基础上，利用次贷危机模型对2008年三季度至2015年四季度的经济发展情况进行模拟预测。结果显示（见表2）：扩张性政策对美国房价的回调趋势影响很小，但会大幅度减少住宅投资增速下降幅度，并缩短其回调时间，也会刺激消费、出口和进口增速出现不同程度的提高。受扩张性政策影响，2009年GDP增速将提高到1.7%，2010年以后GDP增速将恢复到年均2.7%的较高水平。

（1）扩张性政策对美国房价下跌的趋势影响很小。2008年二季度以后，美国房价将继续保持回调态势，到2013年四季度才恢复上涨趋势。

（2）扩张性政策将大幅度减少住宅投资增速下降幅度，并缩短回调时间。与基准情景相比，扩张性政策使住宅投资增速回调幅度减少6.7个百分点，恢复增长状态的时间从2014年四季度提前到2013年三季度。

（3）扩张性政策对2009年消费增速有一定负面影响，但此后会促进消费增长。与基准情景相比，扩张性政策使2009年消费增速回调幅度增大0.5个百分点，但2010年以后消费增速提高，2011—2014年消费增速平均提高0.2个百分点。

（4）扩张性政策使进出口增速均有提高。与基准情景相比，扩张性政策使美国出口增速提高，2009年将保持18.4%的高增速，此后下降，但2010—2015年仍保持15.2%的平均增速，比2004年一季度至2008年二季度出口平均增速（13.03%）高2.17个百分点。扩张性政策也使进口增速略有提高，与基准情景相比，2009年进口增速下降0.2个百分点，但2010—2015年进口增速平均提高1.2个百分点。

（5）扩张性政策对2009年GDP增速作用有限，但将大幅提高2009年以后的GDP增速。与基准情景相比，扩张性政策仅使2009年美国GDP增速提高0.1个百分点，达到1.7%。但2009年以后，扩张性政策将使GDP增速大幅度提高，2010—2015年GDP平均增速将提高到2.7%，基本接近2004年一季度至2008年二季度GDP平均2.8%的增速，但仍比2004—2006年经济快速增长时期的平均增速（3.12%）低0.42个百分点。

表2　2008年三季度至2015年四季度扩张性政策情景下美国经济发展前景预测情况（%）

季度	GDP	出口	进口	消费	投资	住宅投资	可支配收入	房价
2008Q3	1.5	20.0	11.9	4.6	−9.2	−26.1	6.0	−4.2
2008Q4	1.4	20.8	6.4	2.9	−7.1	−18.1	5.4	−4.4
2009Q1	1.5	20.5	1.2	3.0	−11.3	−16.4	4.6	−4.7
2009Q2	1.4	19.3	−5.0	2.1	−9.3	−14.4	1.2	−4.5
2009Q3	1.7	17.5	−7.4	2.3	−7.1	−12.3	0.8	−4.5
2009Q4	2.4	16.1	−4.5	3.5	−3.8	−12.2	1.4	−4.5
2010Q1	2.8	15.3	3.1	4.3	3.8	−12.2	3.4	−4.4
2010Q2	3.4	15.3	15.3	6.1	10.4	−12.6	5.0	−4.5
2010Q3	3.5	15.3	23.8	6.3	16.8	−13.2	6.3	−4.4
2010Q4	3.1	15.6	28.4	6.5	16.5	−13.2	6.5	−4.3
2011Q1	3.1	15.6	25.8	6.3	13.7	−12.9	5.5	−4.1
2011Q2	2.8	15.4	17.0	5.1	9.8	−12.1	5.1	−3.8
2011Q3	2.8	15.0	6.9	4.8	3.8	−10.8	4.4	−3.5
2011Q4	2.9	14.7	−2.6	4.1	0.3	−9.4	4.5	−3.2
2012Q1	2.7	14.4	−7.3	3.8	−2.3	−7.8	4.5	−2.8
2012Q2	2.5	14.3	−6.9	3.9	−2.9	−6.2	4.7	−2.3
2012Q3	2.0	14.6	−2.3	3.8	−1.6	−4.6	4.4	−1.9
2012Q4	1.8	14.8	5.1	4.4	0.4	−3.3	4.1	−1.5
2013Q1	1.8	15.1	12.2	4.8	3.9	−1.8	3.9	−1.0
2013Q2	2.0	15.2	18.3	5.4	7.5	−0.3	3.7	−0.5
2013Q3	2.6	15.3	21.7	5.9	11.0	1.1	4.0	−0.1
2013Q4	3.0	15.3	21.7	6.0	13.2	2.6	4.5	0.4
2014Q1	3.4	15.3	19.0	6.0	13.4	4.0	5.0	0.9
2014Q2	3.6	15.2	13.3	5.5	12.2	5.2	5.4	1.3
2014Q3	3.4	15.2	6.4	4.8	9.2	6.3	5.6	1.7
2014Q4	3.1	15.2	−0.6	4.0	5.3	7.4	5.6	2.1
2015Q1	2.7	15.4	−6.1	3.2	1.7	8.4	5.2	2.4
2015Q2	2.3	15.4	−8.4	2.9	−0.1	9.4	4.8	2.7
2015Q3	2.1	15.6	−6.7	3.0	0.3	10.0	4.3	3.0
2015Q4	2.1	15.6	−1.2	3.5	2.8	10.5	4.0	3.2

资料来源：由次贷危机模型预测得到。

三、次贷危机对中国经济发展的影响

自2007年第一季度美国爆发次贷危机以来，次贷危机不断在全球范围内蔓延，对本国乃至全球经济带来了影响，中国经济增长也受到了一定程度的冲击。从金融业看，次贷危机导致我国外汇储备投资和金融机构对外投资出现巨大损失。从对经济增长的间接影响看，美国次贷危机导致2008年上半年我国GDP增速下降0.1个百分点。从中长期发展看，次贷危机将导致未来美国经济发展陷入低速增长状态，我国经济增速也将因此深度回调，在美国政府政策保持中性的情景下，2009年我国GDP增速有可能回调到8.5%左右。如果美国政府采取扩张性政策，2009年我国经济增速的回调幅度会大幅缩小，全年GDP增速有可能回落到9%左右。

（一）次贷危机对当前中国经济增长的影响

美国次贷危机对我国经济发展的影响主要体现在以下三个方面。一是外汇储备投资的损失。我国大量外汇储备投资美国政府债券和两房债券，次贷危机导致两房被接管，外汇储备投资两房债券必然有损失。同时，次贷危机还有可能导致美元再度贬值，我国外汇储备投资还面临巨额汇兑损失的风险。由于缺乏外汇储备投资的确切数据，这部分损失难以估计。二是国内金融机构投资美国金融市场的损失。除直接投资次贷市场的损失外，国内金融机构持有的美国破产金融机构的债券也会带来重大损失。由于我国金融机构投资美国金融市场的额度较小，次贷危机给国内金融业造成的投资损失规模不大。根据2008年中期国内主要银行公布的数据，按照国外银行对次贷计提70%减值准备计算，国内金融机构投资次贷损失应不超过50亿美元。三是美国经济增速下滑对我国经济增长带来的间接影响。这一影响包括两个方面，其一是美国进口减少导致我国出口增速下降，其二是人民币升值对我国经济增长的综合影响。鉴于外汇储备投资损失难以估计，国内金融机构投资损失相对较小，我们将重点分析次贷危机对我国经济增长的间接影响。

利用次贷危机模型对美国经济增长进行的脉冲分析表明，次贷危机导致美国进口增速下降、出口增速提高，其中对美国进口的影响主要发生在2008年上半年，2008年一季度和二季度美国进口增速比不发生危机情景下的进口增速分别下降了4.56个百分点和3.94个百分点。同时，2008年美元名义有效汇率也大幅贬值，人民币汇率出现较大幅升值，2008年二季度美元名义有效汇率比2007年四季度贬值3.4个百分点，2008年二季度人民币对美元名义汇率比2007年四季度升值了6.34个百分点，人民币名义有效汇率也升值了2.57个百分点。这种美国进口减少和美元大幅贬值或人民币较大幅度升值的情况同时发生，对我国进出口贸易形成了国际市场需求规模缩减和国内产品价格竞争力弱化的双重挤压。为分析这种双重挤压的影响，我们假定2007年第二季度以后美国进出口保持次贷危机模型脉冲分析的水平，人民币名义有效汇率不升值，利用我们建立的季度宏观经济内生增长周期模型进行脉冲分析。结果显示：美国进口增速下降和人民币升值同时发生，会对我国经济增长产生明显的负面冲击，国内消费需求、进口和外资流入增速明显提高，但国内投资和出口增速下降，导致GDP增速出现小幅度下降（见表3）。

（1）美国进口减少和人民币升值导致我国出口增速明显下降。因人民币升值和美国进口减少，2008年一季度和上半年出口增速分别下降2.42个百分点和0.8个百分点。

（2）美国出口增加和人民币升值会导致我国进口增速明显提高。受2008年上半年人民币出现较大幅度升值的影响，2008年上半年进口增速比人民币不升值情景下的增速提高了3.94个百分点。

（3）人民币升值会刺激外资流入。2008年上半年FDI实际增速比人民币不升值情景下的FDI增速高4.14个百分点。

（4）人民币升值导致国内投资增速下降、消费增速提高。与人民币不升值情景相比，2008年上半年我国投资实际增速下降了3.96个百分点，消费增速提高了1.09个百分点。

（5）人民币升值对CPI也具有明显影响。2008年上半年CPI比人民币不升值情景下的CPI涨幅提高了1.93个百分点。

（6）美国进口减少和人民币升值对我国经济增长具有明显的负面影响。与人民币不升值情景下相比，2008年一季度GDP增速低0.1个百分点，上半年GDP增速降低0.06个百分点。

表3　2008年一、二季度美国进口减少和人民币升值对我国经济增长的影响（百分点）

季度	GDP	投资	消费	出口	进口	FDI	CPI
2008Q1	−0.10	−0.75	−0.07	−2.42	3.38	15.39	0.90
2008Q2	−0.06	−3.96	1.09	−0.80	3.94	4.14	1.93

注：表中数值为指标实际值减人民币不升值情景下指标模拟预测值的差额，负数表示实际值低于模拟预测值。

资料来源：由次贷危机模型预测得到。

（二）美国经济减速对我国经济增长的影响

从次贷危机对未来美国经济增长的影响分析中可以看到，不论美国政府是否采取措施，2009年美国经济增速都会保持在2%以下，美国的进出口增速都会呈减速趋势（见图2）。欧盟、日本等美国主要贸易伙伴的进出口增速也同样保持下降趋势。欧盟、日本和美国进出口贸易增速下降，我国出口增速必然受到抑制，2009年我国经济增速也将因此回调。但美国采取扩张性政策对2009年以后美国经济和进出口贸易有很大影响，对欧盟、日本等主要经济体的进出口贸易也会产生明显的促进作用，对2009年以后我国经济发展也会产生重要影响。同时，美国扩张性政策中的美元贬值措施，会直接影响人民币汇率的走势，对我国经济增长也会产生重要影响。据此，我们在假定国内宏观调控政策保持中性的前提下，利用季度宏观经济内生增长模型，分三种情景分析美国经济走势对我国经济的影响。模拟预测结果显示，如果美国政府保持政策中性、经济增速和进口增速出现较大幅度回调，2009年我国经济增速也将出现深度回调，全年GDP增速有可能回落到8.5%左右。如果美国政府采取扩张性政策，2009年我国经济增速仍将出现回调，但回调深度明显缩小，全年GDP增速有可能回落到9%左右。

1. 基准情景和人民币名义有效汇率不变条件下美国经济走势对我国经济发展的影响

假定美国政府保持政策中性，我国政府宏观调控政策也保持中性，

2008年第二季度以后人民币名义有效汇率保持不变。在此条件下，利用季度宏观经济内生增长模型对我国经济发展的趋势进行预测。结果显示：2009年我国投资、消费、进出口和GDP增速均将深度回调，全年GDP增速将回落到8.5%（见表4和图2）。

（1）我国消费增速从2008年四季度开始下降，到2011年二季度才恢复上升趋势。2008年三季度和全年消费实际增速将持续回调到13.2%和11.6%，2009年和2010年消费实际增速将分别下降到9.4%和8.7%，2011年上半年回调到5.6%，此后恢复上升趋势。

（2）投资实际增速趋于回落，2010年开始恢复上升趋势。2008年全年投资实际增速为20%，2009年回调到10.3%，2010年恢复上升趋势，达到24.3%。

（3）出口增速将持续回落，2010年开始恢复上升趋势。2008年全年出口增速为36.2%，2009年回调到28.7%，2010年恢复上升趋势，达到31.6%。

（4）进口增速将持续回落，2010年开始恢复上升趋势。2008年全年进口增速为35.8%，2009年回调到29.4%，2010年恢复上升趋势，达到31.3%。

（5）CPI持续回落，2010年三季度开始出现紧缩现象。2008年全年CPI涨幅为5.3%，2009年回落到1.9%，2010年三季度开始负增长，进入通货紧缩状态。

（6）2009年我国GDP增速将出现深度回调。2008年三季度，我国GDP增速将回调到9.8%，全年GDP增速为10.3%。在投资、消费和进出口增速均大幅度回落的情况下，2009年我国GDP增速将出现深度回调，全年增速降为8.5%。这一调整到2011年上半年才会结束，2011年一季度GDP增速为8.8%，此后恢复到较快上升趋势（见表4）。

表4　2008年三季度至2011年四季度基准情景和人民币名义有效汇率不变条件下我国经济增长模拟预测情况（%）

季度	GDP	投资	消费	出口	进口	FDI	CPI	M0	M1	M2
2008Q3	9.8	25.8	13.2	44.7	29.1	15.2	7.3	8.0	15.6	13.9
2008Q4	10.3	20.0	11.6	36.2	35.8	–20.7	5.3	8.5	11.3	12.4
2009Q1	9.9	31.3	10.9	33.8	26.9	–42.4	4.2	7.4	14.5	15.2
2009Q2	8.8	19.4	10.0	31.8	20.2	–8.3	2.8	3.2	13.2	9.2
2009Q3	9.1	13.2	10.4	22.7	29.5	6.3	1.7	7.3	12.2	13.0
2009Q4	8.5	10.3	9.4	28.7	29.4	–16.8	1.9	10.5	14.2	14.4
2010Q1	11.1	35.3	9.8	23.3	29.9	–50.6	1.9	11.1	17.9	11.0
2010Q2	9.6	28.3	10.5	36.3	19.4	–48.6	1.5	12.9	16.5	18.8
2010Q3	9.3	17.5	9.4	45.5	24.7	16.7	–0.2	13.8	16.4	12.8
2010Q4	9.8	24.3	8.7	31.6	31.3	43.3	–0.7	12.8	16.5	14.3
2011Q1	8.8	17.9	5.7	39.5	–0.2	35.0	–1.1	13.8	13.8	17.9
2011Q2	10.7	13.5	5.6	22.9	9.6	–28.9	0.5	14.7	18.4	14.6
2011Q3	10.4	50.7	7.5	46.5	27.3	–51.1	–0.2	16.0	24.9	21.1
2011Q4	12.6	51.5	10.0	47.0	31.9	21.5	–2.2	18.2	21.2	19.1

资料来源：由次贷危机模型预测得到。

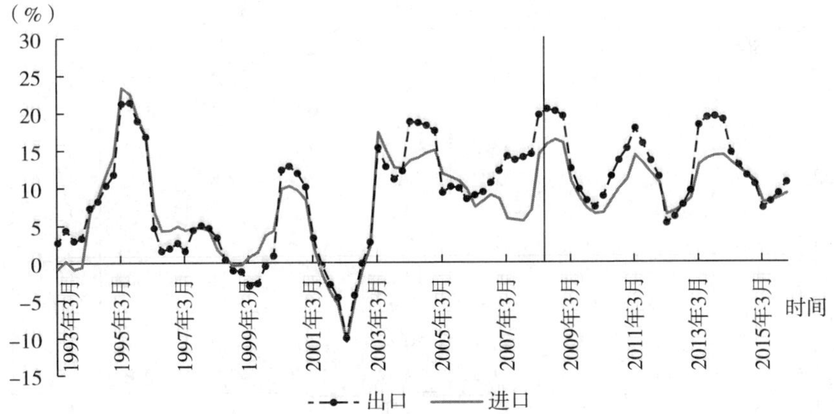

图2　1993年3月至2015年3月美国政府保持政策中性情景下（基准情景）主要经济体的进出口贸易增长趋势

资料来源：由次贷危机模型预测得到。

2. 基准情景和人民币名义有效汇率保持自身发展趋势条件下美国经济走势对我国经济发展的影响

假定美国政府保持政策中性，我国政府宏观调控政策也保持中性，2008年二季度以后人民币名义有效汇率保持自身发展趋势（2009年和2010年分别升值4.22个百分点、1.75个百分点）。在此条件下，利用季度宏观经济内生增长模型对我国经济发展的趋势进行预测。结果显示：人民币升值将加深2009年我国经济增速的回调幅度。与人民币名义有效汇率保持不变情景相比，人民币按自身趋势继续升值，将加深2009年经济增速的回调幅度，2009年投资、消费、出口和进口增速将分别回调到9.6%、9.3%、32.1%和30.1%，GDP增速将回调到8.4%。这一回调仍将在2011年上半年结束。同时，人民币升值对CPI的影响不明显，CPI涨幅仍将在2010年三季度开始负增长，进入通货紧缩状态（见表5）。

表5　2008年三季度至2011年四季度基准情景和人民币名义有效汇率保持自身趋势下我国经济增长模拟预测情况（%）

季度	GDP	投资	消费	出口	进口	FDI	CPI	M0	M1	M2
2008Q3	9.8	25.5	13.2	44.9	27.4	15.4	7.3	8.0	15.5	14.0
2008Q4	10.3	20.1	11.6	36.4	37.4	−19.8	5.3	8.5	11.2	12.3
2009Q1	9.9	31.8	10.9	33.0	30.6	−39.2	4.2	7.4	14.4	15.2
2009Q2	8.8	19.2	10.0	32.0	22.3	−3.5	2.8	3.2	12.9	9.1
2009Q3	9.0	12.8	10.4	24.0	30.2	12.5	1.7	7.3	12.0	13.0
2009Q4	8.4	9.6	9.3	32.1	30.1	−11.7	1.8	10.7	14.1	14.6
2010Q1	11.1	35.2	9.7	26.6	42.0	−48.0	1.8	11.1	18.1	11.6
2010Q2	9.8	28.8	10.5	36.0	28.9	−49.1	1.4	12.9	16.7	20.0
2010Q3	9.5	19.0	9.5	40.3	28.5	14.0	−0.2	14.0	16.4	14.5
2010Q4	9.8	24.4	8.8	22.9	38.1	37.2	−0.8	12.8	15.7	16.2
2011Q1	8.7	17.3	5.7	31.7	15.0	26.9	−1.0	13.7	12.7	19.6
2011Q2	10.6	13.2	5.6	19.0	20.2	−37.0	0.7	14.6	18.1	16.0
2011Q3	10.4	51.6	7.7	45.7	26.2	−51.4	−0.1	15.9	25.5	22.1
2011Q4	12.7	52.2	10.2	48.1	34.9	36.5	−2.3	18.1	22.2	20.3

资料来源：由次贷危机模型预测得到。

3.美国政策扩张情景和人民币名义有效汇率不变条件下美国经济走势对我国经济发展的影响

假定美国政府保持采取扩张性政策，但我国政府宏观调控政策保持中性，2008年二季度以后人民币名义有效汇率保持不变，在此条件下，利用季度宏观经济内生增长模型对我国经济发展的趋势进行预测。结果显示：2009年我国投资、消费、进出口和GDP增速仍将回调，但回调幅度明显缩小，全年GDP增速将回落到9.0%，比美国政府保持政策中性情景下的增速高0.5个百分点（见表6和图3）。

（1）我国消费增速仍将从2008年四季度开始下降，到2011年四季度恢复上升趋势。2008年三季度和全年消费实际增速将持续回调到13.2%和11.6%，2009年和2010年消费实际增速将分别下降到9.4%和8.9%，2011年二季度回调到5.7%，此后恢复上升趋势。

（2）投资实际增速趋于回落，2010年开始恢复上升趋势。2008年全年投资实际增速为20.6%，2009年回调到11.8%，2010年恢复上升趋势，达到25.8%。投资增速明显高于美国政府政策保持中性情景下的投资增速。

（3）出口增速将持续回落，2010年开始恢复上升趋势。2008年全年出口增速为38.0%，2009年回调到31.5%，2010年恢复上升趋势，达到35.4%。出口增速也明显高于美国政府政策保持中性情景下的出口增速。

（4）CPI继续保持回落趋势，但紧缩程度明显下降。2008年全年CPI

涨幅仍为5.3%，2009年回落到1.9%，2010年第三季度开始负增长，但紧缩程度明显下降。

（5）2009年我国GDP增速仍将回调，但回调幅度大幅度缩小。2008年三季度，我国GDP增速将回调到9.9%，全年GDP增速为10.4%。在投资、消费和进出口增速均回落的情况下，2009年我国GDP增速仍将出现回调，全年增速降为9.0%，比美国政府保持政策中性情景下的GDP增速高0.5个百分点。同时，2009年以后的GDP增速，也比美国政府保持政策中性情景下的GDP增速有较大幅度提高，2010年和2011年分别提高0.3个百分点和0.5个百分点。

表6　2008年三季度至2011年四季度美国政府政策扩张情景和人民币名义有效汇率不变条件下我国经济增长模拟预测情况（%）

季度	GDP	投资	消费	出口	进口	FDI	CPI	M0	M1	M2
2008Q3	9.9	25.9	13.2	45.7	32.1	15.5	7.3	8.0	15.6	13.9
2008Q4	10.4	20.6	11.6	38.0	38.0	−20.8	5.3	8.6	11.3	12.6
2009Q1	10.1	32.8	10.9	37.3	31.6	−41.1	4.2	7.4	14.7	15.2
2009Q2	9.1	20.7	10.0	34.4	24.0	−5.7	2.8	3.2	13.3	9.6
2009Q3	9.3	14.6	10.4	26.8	31.6	10.2	1.7	7.2	12.3	13.3
2009Q4	9.0	11.8	9.4	31.5	31.6	−12.1	1.9	10.5	14.3	14.8
2010Q1	11.5	37.1	9.8	25.5	28.7	−45.4	2.0	11.1	18.0	11.8
2010Q2	10.0	29.7	10.5	38.6	18.1	−43.3	1.6	12.8	16.7	19.3
2010Q3	9.8	19.5	9.4	45.5	24.7	21.0	−0.1	13.7	16.5	13.8
2010Q4	10.1	25.8	8.9	35.4	29.9	49.1	−0.6	13.0	16.9	15.6
2011Q1	9.3	19.5	5.8	41.2	−0.2	38.7	−1.1	13.7	14.0	18.7
2011Q2	11.2	15.1	5.7	25.5	10.5	−24.8	0.6	14.5	18.6	15.8
2011Q3	10.8	52.7	7.9	50.4	29.7	−46.1	0.0	15.9	25.2	21.4
2011Q4	13.1	53.6	10.3	47.1	35.7	23.7	−1.9	17.8	20.8	18.7

资料来源：由次贷危机模型预测得到。

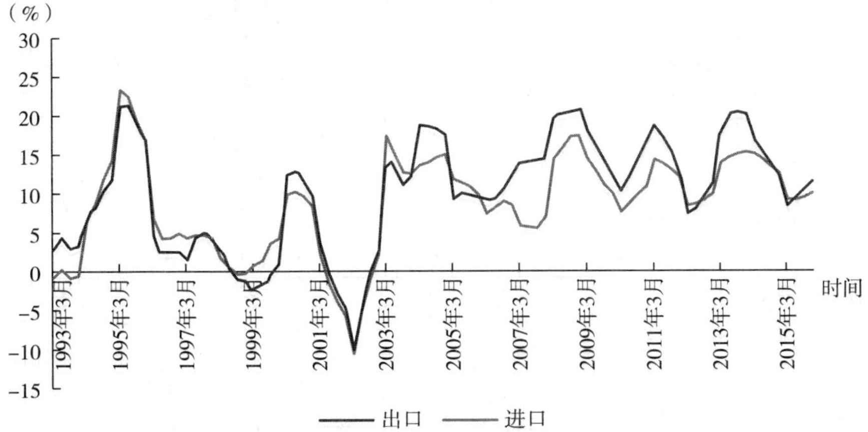

图3　1993年3月至2015年3月美国政府采取扩张性政策情景下主要经济体的进出口贸易增长趋势

资料来源：由次贷危机模型预测得到。

4.美国政府政策扩张情景和人民币名义有效汇率保持自身发展趋势条件下美国经济走势对我国经济发展的影响

假定美国政府采取扩张性政策，但我国政府宏观调控政策保持中性，2008年第二季度以后人民币名义有效汇率保持自身发展趋势（2009年和2010年分别升值4.22个百分点和1.75个百分点）。在此条件下，利用季度宏观经济内生增长模型对我国经济发展的趋势进行预测。结果显示：人民币升值仍将加深2009年我国经济增速的回调幅度。与人民币名义有效汇率保持不变情景相比，人民币按自身趋势继续升值，将加深2009年经济增速的回调幅度，2009年投资、消费、出口和进口增速将分别回调到11.5%、9.3%、35.1%和32.5%，GDP增速将回调到8.8%。但与美国政府政策保持中性情景下的增速相比，2009年我国经济增长的回调深度仍有较大幅度缩小（见表7）。

表7　2008年三季度至2011年四季度美国政府政策扩张情景和人民币名义有效汇率保持自身趋势下我国经济增长模拟预测情况（%）

季度	GDP	投资	消费	出口	进口	FDI	CPI	M0	M1	M2
2008Q3	9.9	26.0	13.2	45.9	30.5	15.8	7.3	8.0	15.6	14.0
2008Q4	10.4	20.5	11.6	38.0	39.9	−19.7	5.3	8.6	11.2	12.5
2009Q1	10.1	32.6	10.9	36.4	35.5	−38.4	4.2	7.4	14.5	15.4
2009Q2	9.1	20.4	10.0	34.9	26.2	−0.8	2.8	3.3	13.1	9.5
2009Q3	9.3	14.3	10.4	28.2	32.5	16.1	1.7	7.4	12.1	13.3
2009Q4	8.8	11.5	9.3	35.1	32.5	−7.0	1.9	10.6	14.3	15.0
2010Q1	11.5	37.0	9.7	28.5	41.3	−43.2	1.9	11.2	18.2	12.3
2010Q2	10.1	30.5	10.5	38.3	27.9	−43.4	1.5	12.8	16.9	20.5
2010Q3	9.9	20.4	9.5	40.3	28.2	18.8	−0.2	13.8	16.4	15.4
2010Q4	10.1	26.2	8.9	25.9	37.1	42.5	−0.6	13.0	16.1	17.5
2011Q1	9.2	19.1	5.8	34.3	15.1	30.2	−0.9	13.4	13.0	20.4
2011Q2	11.2	15.3	5.8	21.7	21.6	−32.7	0.8	14.5	18.3	17.1
2011Q3	10.9	53.5	7.9	49.5	28.6	−46.0	0.1	15.7	25.7	22.6
2011Q4	13.2	54.2	10.6	48.9	38.9	40.1	−2.0	17.7	21.9	20.0

资料来源：由次贷危机模型预测得到。

四、结论与建议

房地产市场泡沫化是美国发生次贷危机的根源。由于房地产业与金融业高度关联，房地产市场泡沫破裂必然导致金融危机。但本次美国房地产泡沫破裂造成的金融市场动荡，远大于以往各国房地产泡沫破裂所引发的金融危机，主要原因是金融监管的过度放松和金融机构缺失风险内控机制，导致抵押贷款过度证券化，并将次级抵押贷款的金融风险多倍放大。目前美国次贷危机已演变为系统性金融危机，欧盟金融市场也因此陷入困境，下一步危机如何演变，将取决于美国政府和欧盟及其他经济体的应对措施，但次贷危机必将导致美国经济衰退，全球经济增速也将因此放缓甚至陷入衰退之中，我国未来经济发展也必将受到冲击。目前我国房地产市场仍存在泡沫化现象，通过美国次贷危机，我们应清醒地认识到房地产泡沫化对经济发展的严重危害，吸取金融创新过度和金融机构缺失风险内控机制的教训，加强金融监管，严格控制金融创新产品的风险扩张，防止我国房地产市场泡沫化。同时，政府应采取必要的扩张性调控措施，应对美国经济衰退对我国未来经济发展的负面冲击。

第一，继续加强对国内房地产市场的调控，防止国内房地产市场泡沫化风险扩大。从房价收入比率看，目前我国房地产市场的泡沫化程度远大于美国房地产市场。以北京市为例，2006年北京市城镇居民人均可支配收入只有2万元，三环路附近一套80平方米的住房售价在120万元左右，房价收入比率大约为20，相当于美国房地产泡沫化状态下房价收入比率的2倍。目前，国内过高的房价还没有引发房地产市场危机，原因之一是大部分拥有住房的城镇居民是通过1998年以来的住房制度改革，低价购买了原来的公有住宅，房贷规模较小。但近几年新开发的商品房销售价格很高，购买者房贷规模较大，已集聚了很高的金融风险。针对这一风险，政府应继续加强房地产市场调控，促使房价回调，严格限制房价的过快上涨，防止房地产泡沫化风险扩大。

第二，加强金融监管，严格控制金融创新产品的风险扩张。金融创新是一把双刃剑。金融创新特别是衍生金融工具的重要特征是在化解单一产品风险的同时，由于有更多的投资者和金融机构介入，整个金融市场的风险会进一步放大。因此，监管机构必须针对金融机构进行的金融创新，确立防范金融风险扩大化的监管机制。从美国次贷危机的教训看，金融衍生品的交易机制必须保证透明，衍生品的评估机制需要充分揭示金融衍生品的潜在风险，监管机构需要对金融创新机构加强道德风险监管，同时，金融机构必须在传统金融业务与创新业务之间建立严格的防火墙，严格限制传统金融机构参与金融衍生品市场的交易规模。

第三，采取积极措施应对美国经济衰退对我国经济增长的负面冲击。次贷危机导致美国经济衰退和进口减少，必然对我国出口和经济增长产生负面冲击。目前我国经济运行已进入周期性下降阶段，出口增速下降将加深我国经济的回调幅度，因为出口减少产生的需求缺口，短期内无法通过扩大国内需求特别是消费需求弥补，并且这一需求缺口带来的收入减少，还会进一步导致国内需求下降。为防止我国经济增速持续深度下滑，目前应尽快放松银根，取消信贷规模管控措施，适度扩大财政支出规模，尽快出台增值税转型改革方案和投资税收减免方案，以鼓励投资，防止消费增速过快回调。同时，应稳定人民币汇率，进一步提高出口退税率，防止出口增速大幅度回落。

国务院发展研究中心宏观经济研究部：李建伟

中国人寿资产管理有限公司：杨　琳

国际金融危机改变世界经济格局[1]

从影响范围、恐慌程度以及政府救市力度来看，近日爆发于美国并蔓延到全球的国际金融危机都是史无前例的。世界经济进入衰退并出现通货紧缩的可能性大大增加，发达国家经济可能会长期处于低迷状态。发展中国家虽然也受到很大影响，但有条件率先恢复增长。为应对金融危机带来的挑战，我国应果断采取刺激经济增长的措施，并积极、主动地参与世界经济新秩序的重建。

进入2008年9月之后，发端于美国的次贷危机最终爆发成为一场席卷全球的金融危机。这场危机发展速度之快、影响范围之广、恐慌程度之深出乎了所有人的意料，各国政府则采取了一系列大规模的救市行动。不管这场危机最后如何演变，未来世界经济发展的格局必将出现重大变化。正确认识当前国际金融危机的性质、发展态势及其对世界经济的影响，对于我国应对当前的挑战以及在塑造未来世界经济新秩序的过程中占得先机具有重要意义。

---

① 原文载于国务院发展研究中心《调查研究报告》总第3261号（2008年10月27日）。

一、一次史无前例的金融危机

随着这场金融危机的不断深化，对其严重程度的认识也在不断加深。2008年初，国际知名投资家索罗斯曾说，“这是二战后最严重的金融危机”，这是与1929—1933年的金融危机相比较而言。而美联储前主席格林斯潘认为，“这是一次百年不遇的金融危机”，这是与1907年美国的银行危机相比。美国总统小布什最近发表讲话终于承认，“这是美国有史以来最严重的金融危机”。就目前的发展情况来看，此次危机在某些方面确实比1929—1933年的金融危机或是1907年银行危机更严重。

首先，这次危机影响的范围极其广泛。一方面，危机跨越了绝大多数国家，从国际经济和金融体系的核心——美国爆发，迅速波及所有的发达国家和新兴市场国家。另一方面，危机覆盖了所有的金融市场和金融机构，房地产、信贷、债券、股票、商品、外汇市场无一幸免，商业银行、保险公司、证券公司以及包括退休基金、私募股权基金甚至对冲基金在内的基金公司等均受到冲击。这种情况的出现是和近年来经济全球化和信息化高速发展、投机资本在国际大规模流动以及金融创新和金融衍生产品泛滥密不可分的。这是传统金融危机无法比拟的。

其次，这次危机的恐慌程度非常罕见。2008年10月6—11日，美国股票周跌幅18%，创历史之最；反映银行信贷风险的伦敦银行间拆借利率（Libor）与美国国债之间的利差连续上升，不断创出历史最高纪录；连流动性很好、风险相对较低的货币基金市场和商业票据市场也出现了资金大规模流出和融资困难的局面；由于投资者抢购国债，美国三个月期国债收益率一度为负。这些都充分说明市场已经恐慌到了极点。

再次，政府的救市行动不论是速度、力度和广度都是前所未有的。除了降低利率和向金融体系注入流动性等传统手段之外，各国政府还采取了提高存款保险、收购金融机构不良资产和股权甚至直接接管等措施。美联储还对货币基金市场提供担保，直接购买企业商业票据，等于中央银行直接对企业进行贷款。1907年银行危机时美国没有中央银行（最后贷款人），1929—1933年金融危机时美国没有存款保险制度、没有证券监管部门、政府不懂宏观调控。现在这些问题都不存在，但如此大规模的救市措施仍然难以稳定金融市场，也进一步佐证了本次金融危机的严重程度。

最后，本次危机的复杂性远远超过以往。无节制和无监管的金融创新创造出复杂而又难以定价的金融衍生产品。由于大量运用杠杆工具，金融衍生产品的风险被急剧放大，然后又通过复杂的交易模式传递到其他的金融机构和金融市场。当市场情况逆转的时候，一次错误的衍生产品交易就可能导致一家金融机构破产，并进一步引发其客户、合作伙伴、交易对手破产，形成连锁反应。在当前的国际金融危机中，出现金融机构破产是必然的，但金融机构、监管当局还有投资者都不知道下一个破产的是谁，最终的损失有多大。因此，这场危机已经不是一个简单的流动性危机（Liquidity Crisis），而是一个破产危机（Insolvency Crisis）。所以才会有恐慌，旨在缓解金融体系流动性的措施也效果有限。

如果过一段时间，金融危机还不能缓解，西方国家政府唯一能采取的措施就是对大型金融机构实施国有化，并对金融市场采取行政管制。只有这样才能彻底打消对金融机构破产和金融市场崩溃的恐慌。但即使如此，经济衰退已经无法避免了。

二、世界经济格局发生重大变化

（一）世界经济增长前景发生逆转

2003—2007年，世界经济曾经出现了高增长和低通胀并存这一个30年来最好的增长局面。到了2008年上半年，能源危机和粮食危机的出现引发了世界经济陷入“滞涨”的隐忧。而随着最近金融危机的爆发，世界经济陷入衰退（即全球GDP增长率低于2.5%）和通货紧缩的可能性越来越大。这次金融危机一个最直接的后果就是严重的信贷紧缩。金融机构彼此之间贷不到款，企业正常的生产经营也贷不到款，金融体系的信贷功能基本丧失。因此，世界经济不但可能会陷入衰退，而且很可能是以一种“急刹车”的方式陷入衰退。此外，能源、矿产品、农产品等大宗商品价格出现了暴跌，其中国际原油价格此前3个月下跌了45%，国际航运价格指数此前5个月下跌了70%。未来世界经济出现通缩的风险将远远大于出现通胀的风险。

（二）世界经济版图将被改写

以美国为首的发达国家将陷入经济衰退，且很有可能长期处于低迷状态。此次金融危机发源于美国，受影响最直接的就是和美国经济及金融联系最密切的其他发达国家。即使西方国家能够解决当前的金融危机，由于信贷紧缩如此严重，经济衰退几乎难以避免。由于此次危机是资产价格泡沫破灭引起的，金融机构的资产损失巨大。在未来相当长的时期内，资产价格可能会继续下跌，金融机构也会继续紧缩信贷以改善自身的财务状况，中央银行即使不断减息和扩大货币供给也没有用，因为经济陷入了“流动性陷阱”，可能会出现信贷紧缩、经济衰退、物价下跌的恶性循环。这种情况20世纪30年代大萧条时的美国和20世纪90年代的日本都出现过。

由于发达国家是发展中国家主要的外资来源地和出口市场，源生于发达国家的金融危机和经济衰退不可避免地要影响到发展中国家。那些金融市场外资比重较大、经济增长高度依赖出口且出口结构单一、自身存在比较严重的资产价格泡沫的国家受影响最大，严重的情况下也可能出现金融危机和经济衰退。而那些国内经济规模较大、财政和金融状况稳健、外汇储备充实的国家抗风险能力比较强，这些国家正处于工业化和城市化发展的中期，经济长期增长的潜力没有发生变化，当前也有充分实施扩张性宏观经济政策的空间，有能力扩大内需和保证金融稳定。这些国家可能会经历一个正常的周期性调整，在抵御了国际金融危机的短期冲击后，将率先恢复增长，并带动其他发展中国家增长。

近年来，随着经济的快速增长，发展中国家占世界经济的比重不断上升。如果这次金融危机致使发达国家经济长期陷入低迷状态，而发展中国家能够在一些主要国家的带动下重新回到经济增长的轨道，发展中国家在世界经济中的地位将进一步提升。例如，部分发展中国家拥有的巨额外汇储备，不仅是维护当前国内、国际金融市场稳定的保证，也是建立未来世界经济新秩序的重要筹码。发达国家不仅在世界经济中所占比重将逐步下降，而且其增长模式和发展理念将受到普遍的质疑，在世界经济中的影响力和话语权也会被逐渐削弱。可以预见，未来发展中国家将会大大加强彼此之间的合作，更加积极地参与国际经济规则的制定，而发达国家将无法再忽视发展中国家的诉求。世界经济版图将因此被改写。

（三）世界经济体系的重建

从过去数十年的发展情况来看，以世界贸易组织及其前身关贸总协定为核心的国际贸易体系总体上成功地引导了国际贸易的健康快速发展，并成为推动世界经济增长的重要因素。在经济处于衰退的时候，贸易保护主义、孤立主义特别容易滋生。20世纪30年代大萧条之所以旷日持久，一个很重要的原因就是美国采取了贸易保护措施并引发了欧洲国家的报复，导致国际贸易体系坍塌。因此，在当前国际金融危机肆虐的大背景下，各国应该携手捍卫当前的国际贸易体系，并展示推动多边贸易谈判向前发展的决心，使国际贸易以及与之相关的国际直接投资成为抵御世界经济衰退的重要力量。

相反，20世纪70年代初布雷顿森林体系崩溃之后，国际货币金融体系对世界经济的繁荣稳定没有发挥积极作用。投机资本大规模地跨界流动，却缺乏有效监管，造成国际金融市场经常性大幅波动，金融危机此起彼伏。据世界银行统计，20世纪80年代和90年代全球共发生金融危机108起，大部分出现在发展中国家。在10年前亚洲金融危机爆发后，重建国际货币金融体系的呼声就已经很高，但以美英为首的发达国家出于自身利益对此置若罔闻，被其掌控的世界银行和国际货币基金组织没有能力也没有动力承担起这一责任。这次金融危机致使西方国家自食其果，改革的共识已经逐步达成。构建新的国际货币金融体系势在必行，并将对未来世界经济格局产生深远的影响。

三、中国需要积极应对国际金融危机短期冲击，主动参与世界经济新秩序的重建

由于对外开放程度较高，这场史无前例的国际金融危机对我国的影响已经初步显现，如外部需求减弱、对外金融投资受损等。由于此次国际金融危机和国内经济扩张周期的拐点几乎同步出现，我国经济的下行可能会因此加速。而且，我国的资本市场也存在一定泡沫，虽然股票价格已经大幅下跌，但房地产价格下跌才刚刚开始。房地产对实体经济和

银行体系的影响巨大，当年的日本和现在的美国都是因为房地产市场泡沫破灭而引发的金融危机和经济衰退。因此，在短期内我们面临的挑战是非常艰巨的。

但和其他国家相比，我国具备很多有利条件，可以使我们能够有效应对金融危机带来的挑战。首先，我们有充分实施扩张性宏观经济政策的空间。我们刚刚进入减息周期，实施扩张性货币政策有很大余地。我国财政收入连年超常规增长，实施扩张性财政政策的空间也很大。其次，我国还是一个处于转型过程中的发展中国家，市场化改革远远没有完成，通过改革提升经济运行效率有巨大的潜力。最后，我们有充足的外汇储备，足以应对任何流动性危机和国际收支危机，维护金融稳定。具体政策建议有如下三方面。

（一）坚决、果断地实施刺激经济增长的政策

如果认定世界经济陷入衰退已经不可避免，而且将以一种急刹车的方式陷入衰退，未来通缩的风险大于通胀，我们就必须坚决、果断地采取刺激经济增长的政策。果断就是速度要快，坚决就是力度要大。如果非要等有一定滞后性的CPI和GDP数据给出明确信号，经济下行的趋势已经形成，市场信心也已经转坏，再采取行动可能已无济于事。具体的措施可以包括减息、放松信贷、减税、扩大公共支出。对房价下跌不能放任自流，必要时应出台稳定房地产市场的政策。

（二）深化体制改革，提高经济运行效率

前几年经济形势较好，各方面都缺乏改革动力。现在国内外经济形势发生了逆转，改革的共识容易凝聚。我们应该利用当前国际大宗商品价格显著下跌的契机，推动资源性产品价格改革。深化财税体制改革，实现生产型增值税向消费型增值税转型。加快垄断行业改革，引入竞争机制，实现彻底的政企分开。特别值得一提的是，金融体制改革不能放松，我国金融业发展水平还很落后，在加强监管的同时必须鼓励金融创新和金融行业的大发展。只有建立一个发达完善的金融市场，中国的经济才能保持健康高速的发展，才能在未来国际货币金融体系的重建中拥有发言权。

（三）抓住机遇，积极、主动地参与世界经济新秩序的重建

如果应对得当，中国很有可能率先摆脱金融危机的负面影响，继续保持高速稳定的经济增长，并因此在未来一段时期内，成为对世界经济增长贡献最大的国家。我们要抓住世界经济格局发生重大转变的机遇，充分发挥我国不断上升的影响力，积极、主动地参与世界经济新秩序的重建过程，为实现国家的和平发展创造出一个最有利的外部环境。

首先，我们应坚决维护多边贸易体制，推动多哈回合贸易谈判进程，加快实施自由贸易区战略，与主要贸易伙伴加强合作，抵御贸易保护主义。

其次，在做好防范金融风险的前提下，适当参与各国针对金融危机的救市行动。参与国际救市行动应掌握三个原则：一是优先扶持自己的企业；二是优先与周边国家和地区合作；三是优先帮助发展中国家。

最后，在建设新的国际货币金融体系的讨论中，我们必须主动参与，而且要提出自己的方案。这一方案可以包含下列内容：未来的国际货币金融体系中以何种货币做储备货币？是否需要建立一个世界中央银行，起最后贷款人和金融监管者的作用？包括中国在内的主要国家在这一体系中扮演什么样的角色？为此，我们现在就要做好理论和物质上的准备。

国务院发展研究中心对外经济研究部：方　晋

AIG 救援方案的分析及启示[①]

作为一个具有"系统性意义"的公司，美国国际集团（AIG）在陷入严重的流动性危机时得到美国政府的出手相助，启动了一系列救援方案。其中既包括来自联邦政府的资金援助，也包括来自保险监管部门以及其他机构的非资金救援。分析这些非常时期所采取的非常手段，能给我国带来有益的启示。

2008年9月，随着金融危机程度的加深，AIG陷入了严重的流动性困境，却无法从私人资本那里获得有力的资金援助，形势十分危急。在此关键时刻，美国政府决定对AIG施以援手，启动了一系列或直接或间接的救援方案。救援方案的实施一波三折，最终的效果还需要等待时间验证，但分析其过程和内容，却有许多值得深思之处。

一、美国政府为什么要救AIG

许多人将美国政府对AIG的救援看作美国历史上最激进的一次政府

① 原文载于国务院发展研究中心《调查研究报告》总第3284号（2008年12月12日）。

对私人部门的干预，也是迄今为止政府对私人企业最大规模的资金援助。这一现象与同一时期政府放任雷曼兄弟公司申请破产保护而不救助形成鲜明的对比。之所以如此，根本原因是在美国政府眼中，AIG在全球金融市场上扮演着更加举足轻重的角色。

在官方文件中，政府将援助AIG的原因归结为："为了防止AIG的无序性失败，而这一失败将会加剧原本已经很脆弱的金融市场的脆弱程度，增加借款成本，减少家庭财富，实质性地弱化经济绩效。"用更简单明了的话来说，因为AIG是个"具有系统性意义"的公司，所以政府不得不伸出援手，务必不能使其倒下。AIG的系统性意义主要表现在以下几个方面。

（1）拥有大量的普通客户。作为一个超大型金融服务集团，AIG资产超过万亿美元，提供从汽车保险、养老金到共同基金、存贷款甚至飞机租赁等各类金融服务，服务客户多达7400万人。一旦倒塌，其影响会波及各个层面普通消费者的生活（绝不限于投保人），从而造成很大的社会冲击。

（2）拥有大量金融机构客户。由于大量涉入信用违约掉期合同，众多金融机构成为AIG的交易对手方，以至于有人认为，AIG已经成为整个美国乃至欧洲金融行业的财务担保人了。可以想象，如果AIG破产，全世界许多银行和投资基金将在按揭违约率不断上升的背景下失去保险保护，财务状况进一步恶化，从而出现更多破产的事件。

（3）对美国本土经济有较大影响。作为总部设在美国的国际一流金融集团，AIG对美国本土经济的影响是雷曼兄弟公司和美林证券等机构所无法比拟的。单是在纽约州，AIG就雇用了8000多个员工，年度工资总额接近9亿美元。此外，AIG还是房地产市场的重要投资者，同时承保着大量企业风险，包括对曼哈顿众多大楼提供恐怖袭击保险等。就涉及的经济活动范围以及潜在失业人口等指标而言，美国政府并不愿看到AIG的倒塌。

此外，由于AIG业务范围遍及130多个国家和地区，全球雇员高达11.6万人，代理人和经纪人超过70万人，一旦破产也会波及很多层面。从风险的角度看，AIG陷入困境好比发生了一起严重的巨灾事故，一旦处理不善必将引发一系列连锁反应，对美国乃至全球经济的潜在冲击将远远大于雷曼兄弟公司破产的影响。正因为AIG太大了，纠结缠绕的环节和对象太多了，以至于不能破产，也无法完全依靠私人资本的力量渡过难关，政府必须站出来施以援手。

二、联邦政府的救援方案及分析

（一）资金救援的三个阶段

由于AIG遭遇了严重的流动性危机，急需资金补充，因此，在联邦政府层次上首先由纽约联邦储备银行（以下简称纽约联储）和财政部出面对AIG进行了资金援助。迄今为止在短短的三个月内，资金救援方案已经经历了三个阶段（见表1）。

第一阶段：2008年9月，纽约联储向AIG提供援助总额为850亿美元的信贷额度，换取AIG近80%的股权，贷款期限为两年，利率为LIBOR+8.5%。

第二阶段：2008年10月，除原有贷款之外，纽约联储同意向AIG提供最多378亿美元的信用额度来为其证券出借业务提供资金支持。

第三阶段：2008年11月，政府对原来的资金援助计划进行了重组，将总援助金额提高到1525亿美元，由以下三个部分组成。

（1）400亿美元优先股投资：在财政部出台的总额为7000亿美元的“问题资产救助计划”（即所谓的TARP）下，向AIG注资400亿美元以购买其优先股。

（2）600亿美元贷款额度：将原来纽约联储对AIG的850亿美元贷款额度降低至600亿美元，利率下降为LIBOR+3%，期限延长为5年。

（3）525亿美元购买抵押担保证券：其中，300亿美元用于支持信用违约掉期合同，225亿美元用于支持证券出借业务。

表1　联邦政府援助AIG的三个阶段（截至2008年11月底）

	第一阶段	第二阶段	第三阶段
时间	2008年9月	2008年10月	2008年11月
全部援助金额	850亿美元	1228亿美元	1525亿美元
主要内容	二年期贷款，利率为LIBOR+8.5%	增加了378亿美元的证券支持资金	由三部分组成，包括400亿美元优先股投资、600亿美元贷款（贷款条件更加宽松）以及525亿美元购买抵押担保证券

资料来源：根据美国联邦政府相关网站搜集整理。

（二）新援助方案的特点

资金援助方案在短时间内的连续调整表明，最初的850亿美元的信贷额度并不能挽救AIG大厦的继续坍塌，同时也反映出这样一个事实，即对AIG的援救任务要远比最初想象的更加困难。对比三个阶段的具体救助内容，可以发现最新的救助方案具有如下特点。

第一，降低了AIG的负担，延长了AIG的休整时间。出于敦促AIG加快处理资产以及对广大纳税人有更好的交代等考虑①，最初850亿美元的贷款采用了很苛刻的贷款条件，包括惩罚性的高利率、较短的还款期限等。然而，在违约率不断上升的情况下，AIG的信用违约掉期合同不断需要追加质押物，迫使AIG不断地提取救援资金，信贷额度很快接近耗尽。此外，信用危机的加深本就使AIG的资产剥离和出售变得困难，而高利率和短期限贷款更是雪上加霜，减少了资产处理的时间和空间，反而大大降低了公司的还贷能力，使其前景进一步暗淡。而在新的方案中，不但利率下调了5.5个百分点，期限也增加了3年，降低了AIG的借款成本，并给予其更长的处理资产和恢复休整时间。这一调整表明，联邦政府对AIG援助的态度变得更加现实和客观了。

第二，致力于解决影响AIG流动性的核心问题。此次次贷危机中，造成AIG流动性困难以及资本损耗的直接源头是其信用违约掉期和证券

---

① 850亿美元的贷款利率水平（lIBOR+8.5%）很高，具有惩罚性意味。此外，这一利率与大概3.4%左右的资金成本相比，有很高的利差，被联邦政府认为是一笔相当不错的投资，对动用纳税人资金实施援助构成一个很好的支持理由。

出借两项业务。最初危机的救援办法就是资金注入，没有针对性。在涉及的证券市场价值不断下降的情况下，这一方式显得过于简单而没有效果。在新方案中，政府接管了AIG的CDS业务以及其证券借出部门的MBS资产，直接触碰问题的核心，将困扰企业的不良资产从资产负债表中彻底剥离，从而避免了形势的进一步恶化。这一调整表明，联邦政府对AIG的援助变得更有针对性了。

第三，采用了多种形式的救助手段。除了信贷资金借款、购买不良资产等手段之外，新救援方案还采取了权益资本投资的方式，即财政部购买AIG的优先股。相比债权型注资，购买优先股的好处更多，例如能有效减轻企业的财务压力、保障政府稳定的股息收入、避免政府干预金融机构的商业决策等。多种形式的救助手段有助于优化AIG的资本结构，增加救助方案成功的概率。这一调整表明，联邦政府对AIG的援助变得更灵活了。

三、保险监管部门的救援方案及分析

（一）保险监管部门的资金救援

作为一个综合性金融集团，AIG受到保险监管部门、储蓄监管委员会（OTS）、证券交易委员会（SEC）等不同机构的监管。其中主营业务“保险”的监管功能由美国各州执行。早在联邦政府决定对AIG进行资金救援之前，为了解AIG的燃眉之急，州保险监管部门曾经提出过一个资金救援方案。在AIG的母公司所在地纽约，纽约州长打破惯例，授权纽约保险监督官允许AIG控股公司从保险子公司那里获得最高200亿美元的资本转移，以作为资产质押和维持日常运营的用途。具体的实施途径是：将非寿险子公司的市政债券组合与寿险子公司的股票组合进行转换，利用二者不同的偿付能力要求产生盈余转移至控股公司。

尽管后来联邦政府的资金援助方案出台而致使上述方案并没有实际执行，但分析其内容仍可以观察到一些有意义的现象。

第一，非常时期突破常规监管框架。从风险隔离的角度来说，一般情况下保险监管部门不会允许像AIG这样的控股公司从保险子公司处提取资本，因为这可能会影响到后者履行保险赔付责任的能力。此外，保险监管部门并不负责AIG控股公司及其旗下非保险金融服务的监管，在保险子公司没有出现问题的情况下，也没有责任直接进行援助。但现实中，保险监管部门却在联邦政府之前提出资金援助方案，属于非常时期采用的主动出击手段，突破了原有的监管框架，其目的还是在于避免其他业务部门的风险向保险部门蔓延，从而最终影响保单持有人的利益。

第二，采用间接的资金援助方式。值得注意的是，尽管美国各州都建立了专门的保险保障基金，但在救援AIG的方案中，保险监管部门并没有动用该基金进行直接的资金援助，而是通过允许AIG的保险子公司进行资产置换的方式实施间接救援。这表明，尽管突破了原有监管框架，但监管部门在选择具体的操作方式时，还是本着尽可能保护保单持有人利益不受侵害的原则行事的，因为毕竟保险保障基金最基本的功能还是在保险公司破产时代替其给予保单持有人必要的补偿。

（二）保险业务的安全维护

除了备选的资金援助方案之外，保险监管部门对AIG危机的反应主要围绕全面维护其保险业务的安全来进行。主要措施包括：①检查AIG各保险子公司的业务情况，确保其有充分的偿付能力；②通过编制问答手册、利用各类媒体宣传等方式不断向消费者传达这样一个理念，即AIG保险业务没有受到危机的影响，是非常安全的；③即使未来AIG保险子公司受到波及而破产，由于美国各州都建立了雄厚的保险保障基金，也足以满足保单持有人的索赔要求。

AIG危机的源头主要发生在其金融服务部门，而保险业务并没有出现问题。保险业务是现阶段AIG集团最有价值的一块资产，也是联邦政府肯对AIG进行资金援助并相信其有还款实力的重要立足点。从这个角度看，保险监管部门全力维护AIG保险业务的健康和稳定，增加保单持有人的信心，对AIG救援方案能够顺利实施并在未来取得良好效果具有极其重要的作用。

四、政府的其他措施

除了直接或间接的资金救援之外，政府还采取了其他针对性行动，作为AIG一揽子救援计划的有机组成部分。其中最重要的就是对AIG管理层薪酬的追讨措施。

不容否认，AIG管理层过分追求自身财富而罔顾股东和客户利益是导致公司陷入财务困境的一个重要原因[①]。有鉴于此，必须对以往不合理的现象有所纠正。政府为此采取的行动包括以下三个方面。

第一，确认问题的存在。在联邦政府同意出手救助AIG后，纽约州首席检察官立即着手对AIG高管人员的薪酬结构和以往的支出情况进行了调查，发现确实存在很多问题，例如薪酬计算公式不恰当、存在许多浪费性的支出等。此外，政府有关方面正在研究是否要向AIG的前高管人员追讨已经支付出去的高额薪酬。

第二，督促实施整改措施。在监察机关的压力下，AIG在内部进行了自查，短时间内取消了160起会议和其他活动的举办，节约费用800万美元左右。

第三，以调整薪酬作为财政部注资的条件。财政部使用400亿美元购买AIG优先股的条件是：冻结70名高管人员的年度奖金，并限制AIG的金色降落伞计划[②]。值得注意的是，大部分参加财政部救援计划的银行所面临的限制性条件只是5名高管人员的薪酬压缩，而AIG则达到70名。这也从一个侧面反映出政府对AIG管理层的不信任。

① 具体分析请参见作者的调研报告《AIG陷入困境的原因分析》。

② “金色降落伞”是指按照聘用合同中公司控制权变动条款对高层管理人员进行补偿的规定，即在公司并购之前，由公司董事及高层管理人员与目标公司签订合同，约定在目标公司被并购接管后，目标公司的董事及高层管理人员被解雇的时候，可一次性领到巨额的退休金、股票期权收入或额外津贴。

五、对我国的启示

（1）救援方案的设计必须建立在充分信息的基础上。由于信息不充分、对问题了解不透彻等原因，AIG最初的救援计划存在很多的缺陷，由此导致所使用的具体救助手段比较单一和有限，未能产生预期的效果。为此，今后我国若遇到类似情况，一方面需要对受援对象进行充分的了解，详细分析问题的实质，并在此基础上设计出有针对性的应对方案；另一方面，美国联邦政府在较短时间内能根据现实情况及时调整救援方案，灵活反应，这一点还是比较难能可贵的，值得学习借鉴。

（2）救援方案需要政府各部门的密切配合和互动。在AIG的救援计划中，联邦政府、州政府、司法系统、监管机构联合行动，各自从不同的角度出发，运用各自所能掌握的手段参与其中，发挥作用。今后我国若遇到类似情况，各相关部门之间能否如此密切合作，是一个特别值得思考的问题。

（3）关注救援方案的同时还必须进行深层次的改革。不可否认，当前AIG救援方案的实质是应急性的，是为了帮助AIG渡过眼前的难关。救援方案本身无法保证AIG今后不再出问题。为了杜绝类似情况的出现，还需要进行一系列深层次的改革，包括金融监管体系、公司治理、管理层薪酬等各个方面的改革。

（4）监管部门具体救援手段的确定不应偏离基本的监管目标。在AIG的案例中，尽管保险监管部门突破常规，对AIG提出了间接的资金救助方案，但在具体手段的选择上仍以维护保单持有人利益为原则，没有直接动用保险保障基金进行救助。这不禁让人联想到我国的情况。在新华人寿遭遇股权风波的过程中，我国监管部门动用保险保障基金收购了新华人寿的部分股权。那么，除了在保险公司破产以后必须动用保险保障基金以确保保单持有人享有索赔权利之外，在保险公司并没有遭遇破产危机而只是遇到股权纷争的情况下保险保障基金是否也应该动用呢？保险保障基金的用途应该如何加以界定呢？对比美国与我国的情况，这些问题还需要进一步认真思考才能找到答案。然而不管结论如何，有一点是肯定的，即监管部门的首要职责是保护保单持有人的利益，而不是保护保险公司高管人员或者股东的利益，监管部门的一切行动都应该依据这一基本目标进行。

国务院发展研究中心金融研究所：田　辉

出口下滑继续蔓延 2009 年形势不容乐观[①]

2008年11月下旬，国务院发展研究中心对外经济研究部“外经贸形势调研组”赴我国中部地区调研，走访了当地政府和企业，掌握了当前外经贸形势的一些新情况。

一、出口下滑的最新特点

以2008年9月爆发的国际金融危机为分水岭，进入2008年第四季度以来，我国出口下滑趋势猛然加剧，具体表现出以下两个特点。

（一）出口下滑的态势从东部沿海地区向中部地区扩散

2008年第一季度，广东等沿海地区出口增速已出现明显放缓的迹象。但中部地区六省出口金额同比增长43.7%，高于2007年同期增速，几乎是全国平均增速22.2%的两倍。说明在金融危机爆发前，中部地区出口增长态势依然良好。

国际金融危机爆发之后，出口企业订单突然大量消失。在中国进出

① 原文载于国务院发展研究中心《调查研究报告择要》总第1362号（2008年12月26日）。

口商品交易会（简称广交会）上，许多内地外贸企业接单不到以往的一半甚至三分之一。有企业预计，11月增速将迅速下降，而12月增速可能为零。据安徽省商务部门统计，由于订单减少和经营困难，从事外贸业务的企业数量减少了15%。

（二）需求疲软从发达国家向发展中国家蔓延

近年来，我国对发展中国家出口增速持续高于对发达国家出口。2008年1—9月，我国对全球出口增速为22.2%，其中对发达国家出口增速17.6%，而对发展中国家出口增速为36.1%。但爆发于发达国家的金融危机迅速波及发展中国家，使我国对这些国家和地区出口面临更大的风险。

首先，有很多发展中国家抗风险能力弱，外部冲击引发了自身的金融危机，其汇率大幅贬值，贬值幅度甚至高达30%～40%。进口商实际购买力下降，签订的合同无法执行，如我国产品已经按期运抵进口国港口，但进口商不提货，宁可损失预付定金。

其次，许多发展中国家也出现了信贷紧缩特别是外汇短缺现象。例如，一些原来支付信用较好的国外银行和进口商，在金融危机后也出现信用证到期迟付、经催收后才能支付的现象。而部分实行外汇管制的国家实行严格的控制措施，给进口商的外汇支付带来困难。为了防范风险，我国国内银行对国外信用证日趋谨慎，要求也日益严格，对外贸企业的进出口支付和收汇带来一定影响。

最后，通货紧缩的预期愈加强烈。由于产品价格不断下跌，国外进口商推迟下单，也是希望过一段时间可以以更低的价格订货。企业表示，通货膨胀时期虽然成本不断上升但产品总能销得出去，而到了通货紧缩的时候成本虽然下降但产品却出现滞销。

二、对2009年出口形势的判断

2009年的国际贸易形势不容乐观。目前，所有主要发达国家均已陷入衰退，而发展中国家也难以独善其身。2009年世界经济可能陷入一次真正意义上的全球性衰退。过去30年，只要美国经济衰退，全球货物贸易就会出现负增长，而这一次很可能是二战后美国最严重的经济衰退。此外，国际金融危机导致严重的信贷紧缩已经影响了正常的贸易融资，这是以往衰退中很少见的。因此，2009年全球贸易极有可能出现负增长。

此次危机对我国出口的影响要大于1997年的亚洲金融危机。受亚洲金融危机影响，1998年我国出口增速只有0.5%，是通过延长报关时间实现的。而现在我国对外部市场的依赖程度要高于当年，但当前外部市场环境不如当年。目前，国外进口商普遍处于观望状态，一方面是因为经济形势不好使得当前的需求减少，另一方面也是因为不知道未来衰退期有多长、衰退程度有多深而不敢下单。外贸企业预计这种状况到2009年3月之前都不会有很大改观，再考虑到下单和交货之间有几个月的时差，2009年出口真正有起色最快可能也要等到下半年。因此，2009年我国出口应力求不出现负增长，而不应该将目标定得太高。

此外，由于原材料等大宗商品进口量价齐跌，我国进口额增速下滑速度更快，导致最近一段时期贸易顺差反而有所扩大。展望2009年，出口放缓已成定局，如果进口增速有所回升导致贸易顺差收窄，这未必是件坏事，因为这说明我国实施的扩大内需政策真正发挥了作用。因此，即使2009年净出口对GDP贡献为负，也不宜刻意追求贸易顺差的扩大。

三、立足长远、提高出口竞争力

（一）保住出口市场份额和企业有生力量

当前我国出口形势很困难，但其他国家也是一样。因此，扶持出口的政策不应该局限于追求出口金额的增加，而是应力求保住出口的市场份额和企业的有生力量，特别是那些拥有自主品牌和技术、有巨大发展潜力的企业。如我国的装备制造业近年来发展很快，不仅在国内市场缩小了与外资企业的差距，在国际市场也取得了突破性的进展。由于市场开拓成本高，若因为当前的困难退出已占领的市场，将来再要进去就要付出更高的代价。有企业提出，希望获得资金方面的支持用于拓展市场，使得企业可以和客户、进口商共渡难关，并在未来市场竞争中占得先机。

具体政策包括扩大信贷、贸易融资、出口信用保险额度，支持企业拓展国际市场，并在可以控制风险的情况下收购有上下游关系的国际知名品牌和企业，巩固企业的市场地位，提升企业的长期竞争力。最近中国进出口银行给奇瑞汽车股份有限公司提供100亿元的资金，用于支持该公司拓展海外市场，就是一个很好的例证。

（二）保持出口退税制度的稳定

对增值税实行出口退税，是各国普遍采用的制度，也为世界贸易组织规则所允许。它不是贸易促进政策，反过来也不应该作为抑制出口的政策来使用。出口退税率的频繁调整，说明各部门对出口退税这一基本制度的性质和作用缺乏共识。总体而言，我国出口产品附加价值低，在国际市场上议价能力弱，这就决定了当出口退税率下调的时候，成本主要是我国出口企业承担，但出口退税率上调时，好处往往被进口商拿走。20世纪90年代中期和2008年，出口退税政策出现了两次大的反复，增加了市场的不确定性和企业的负担。

建议除“两高一资”产品之外，所有出口产品均应足额退税并保持长期不变，直到增值税改革完成为止。即使是“两高一资”产品，也应该科学地严格界定，不应随意扩大其范围。从长远来看，应通过产业政策、资源品价格改革等“治本”的手段，引导“两高一资”产业的发展。

（三）扩大人民币汇率灵活性，完善人民币汇率形成机制

尽管名义上人民币汇率参考一篮子货币，但从实际走势看仍然是钉住美元。由于美元汇率坚挺，人民币对其他货币出现了显著升值，很多

出口企业都希望人民币汇率贬值。但受国际金融危机的影响，国际外汇市场波动幅度很大，如何确定人民币汇率的合理水平并不容易。因此，关键问题是扩大人民币汇率的弹性以适应不断变化的国内外经济形势，而且扩大人民币汇率灵活性、完善人民币汇率形成机制才是中国汇率改革的终极目标，也是人民币国际化的必经之路。

建议将每日外汇市场人民币交易价在中间价上下浮动幅度从0.5%扩大至1%，或者根据国内外经济和金融市场状况适当调整货币篮子中的权重。

国务院发展研究中心对外经济研究部“外经贸形势”调研组

调研组成员：张小济　胡江云　吕　刚　方　晋

执笔：方　晋

警惕新一轮金融危机在欧洲爆发[①]

关于是否会爆发新一轮金融危机，过去的关注点主要集中在美国，但与美国相比，欧洲银行体系的脆弱性有过之而无不及。从最近一段时期的发展态势来看，东欧国家有可能爆发类似1997年亚洲金融风暴式的危机，而部分西欧国家出现债务危机的风险也在上升。因此新一轮金融危机很可能在欧洲爆发，并向全球扩散。

一、欧洲银行体系的脆弱性不亚于美国

第一，部分欧洲国家房地产泡沫比美国还大。例如，2000—2006年，爱尔兰房价上涨了200%，英国和西班牙上涨了100%多，同期美国上涨80%。东欧部分国家房地产泡沫更严重，如拉脱维亚首都房价2005—2007年上涨了385%。

第二，欧洲银行体系的杠杆率（资产和股东权益比）比美国还高。国际清算银行的数据显示，金融危机爆发前欧洲大银行的杠杆率为35，美国只有20。如果资产缩水，杠杆率越高，损失越大。

---

① 原文载于国务院发展研究中心《调查研究报告择要》总第1397号（2009年3月3日）。

第三，欧元区和英国银行业对发展中国家的贷款额非常高，相当于其GDP的25%，而美国的这一数字只有5%，日本是4%。随着金融危机向全球蔓延，来自发展中国家的信贷风险显著增加。

第四，欧元区企业债务总额相当于GDP的95%，而美国只有50%。随着经济衰退不断加深，企业债务违约率必然会大大上升。

美国金融体系的风险主要是金融机构持有大量的金融衍生产品特别是资产支持债券（Asset-Backed Securities）。资产价格的大幅下跌导致金融机构财务状况显著恶化，出现流动性危机和破产危机。而欧洲银行业的资产仍是以传统的银行贷款为主，因此受实体经济的影响更大。近期，美国金融援助行动已暂告一段落，而欧洲国家还在不断地实施金融救援计划，就是因为经济衰退使欧洲银行业亏损持续扩大。

二、亚洲金融危机可能在东欧重演

在2008年国际金融危机爆发之前，很多东欧国家都出现了与1997年亚洲金融危机前部分东亚国家和地区相似的情况。如金融业高度对外开放，经济增长依赖外资流入和房地产业的繁荣，经常项目出现较大赤字，借入了大量的短期外币贷款，等等。这种经济结构在外资突然撤离时极易爆发汇率危机和国际收支危机。2008年9月国际金融危机爆发后，大量外资从新兴市场撤出。部分东欧国家如拉脱维亚、匈牙利、白俄罗斯、乌克兰等汇率大幅贬值，外汇储备急剧下降，不得不求助于国际货币基金组织。

最近一段时期，东欧地区的经济和金融状况进一步恶化，越来越多的国家陷入类似困境。如立陶宛、爱沙尼亚、罗马尼亚、保加利亚、塞尔维亚、波兰等国，或是主权评级被下调，或是正在考虑向国际货币基金组织申请援助。俄罗斯在金融危机爆发前有6000亿美元的外汇储备，现在已不足4000亿美元，低于该国外债总额。过去半年，卢布兑美元汇率贬值了1/3。国际评级机构惠誉公司最近将俄罗斯的主权信贷评级下调至BBB级，仅比“垃圾”级高两档，说明该国出现债务违约的可能性正逐步上升。

据估计，东欧国家的外债高达1.7万亿美元，其中有4000亿美元需要2009年归还，相当于该地区GDP的1/3。在严重信贷紧缩和汇率大幅贬值的情况下，东欧国家的偿债能力很成问题。一旦某个国家出现债务违约，很可能引发连锁反应，重演亚洲金融危机的一幕。

三、部分欧洲发达国家可能出现债务危机

很多欧洲国家的政府负债率本来就很高，经过前期的大规模金融救援行动之后，政府财政状况已是捉襟见肘。如果金融危机持续恶化，很可能把政府和国家拖至破产的边缘。以爱尔兰为例，房地产泡沫破灭、金融危机和经济衰退重创了该国的金融体系。该国政府已经先后展开了两次金融救援行动，承诺的救市资金相当于GDP的两倍多，预计2009年

的预算赤字将占GDP的11%以上。国际金融市场越来越担心爱尔兰将陷入“国家破产”，该国每100欧元国债的担保费已经上升到3.8欧元，而一年前只需0.2欧元。

其他有可能陷入债务危机的欧洲发达国家包括西班牙、希腊、意大利、葡萄牙等。近一段时期，这些国家的主权评级纷纷被下调，国债担保费率持续攀升，与德国国债的利差不断扩大。欧洲部分财经界人士认为，欧元区的债券市场已经出现了与美国雷曼兄弟公司倒闭前相似的危险信号。

四、欧洲爆发全面金融危机的可能性

东欧国家的外债主要来自西欧国家，如果东欧地区重演亚洲金融危机的一幕，将给西欧银行业带来巨额损失。受影响最大的分别是奥地利、法国、意大利、比利时、德国和瑞典。其中奥地利银行业对东欧国家的贷款额相当于该国GDP的70%。据欧洲复兴开发银行估计，东欧国家贷款违约率可能在10%以上，甚至高达20%。这足以引发奥地利金融体系崩溃，并通过传染效应蔓延到欧洲其他国家。

而部分发达国家的债务危机可能会动摇欧洲现有的经济和货币联盟。由于财政政策掌握在各成员国手中，欧盟没有足够的财政资源实施统一的财政政策应对金融危机或是对陷入困境的成员国给予援助。面对如此严峻的形势，各成员国自身难保，指望那些情况稍好的国家出手挽救濒临危机的其他国家难度很大。欧元区国家没有独立的货币政策，既不能采用汇率贬值和减息的手段刺激经济，也无法通过债务货币化来解决财政困境。有鉴于此，已经有人在公开讨论部分国家退出欧元区甚至欧元区解体的可能性。

虽然国际货币基金组织还可以出手援助，但该组织救援资金严重不足。如果东欧爆发区域性金融危机，就足以消耗掉国际货币基金组织现有的2000亿美元，该组织将无法应对西欧国家和其他新兴市场国家可能出现的危机。

五、欧洲爆发金融危机的潜在影响

如果欧洲爆发金融危机，其影响将是全球性的。一是全球金融市场特别是外汇市场和债券市场将出现大幅波动。二是信贷紧缩状况进一步恶化，世界经济陷入萧条的可能性显著上升。受影响最大的是与欧洲经济、贸易、金融关系最密切的国家和地区，如美国、拉美、中东和中亚地区。

欧盟是我国最大的出口市场，受金融危机影响，我国外部市场环境将显著恶化，出口可能进一步下滑。而我国持有的欧元资产可能会大幅缩水，其他金融机构持有的外汇资产和企业对外直接投资也会面临较大损失，给我国实现外汇储备的多元化和保值增值、实施企业“走出去”战略带来挑战。

我们面对的是一次“百年不遇”的金融危机，在国际经济和金融市场真正企稳之前，必须考虑到各种极端情况发生的可能性，提前做好预案。在出台了一揽子经济刺激计划之后，国内经济有回暖迹象，但我们需要警惕外部市场可能产生新的冲击，在刺激政策的力度上不能松劲。

国务院发展研究中心对外经济研究部：方　晋

金融危机对美国健保改革的影响分析[1]

健保改革一直是美国面临的一项艰巨任务，当前的金融危机以及经济衰退，打破了健保改革面临的原有格局。一方面金融危机为启动全面健保改革提供了良好契机，另一方面则致使改革面临着更大的财政压力。奥巴马政府将要推行的健保改革计划正体现了好时机与紧预算相互权衡的结果。此外，现有改革是否会继续深化以及其对宏观经济会产生什么样的影响，值得进一步关注。

尽管美国经济总量位列全球第一，健保体系的效率却与其雄厚的社会经济地位不甚相符[2]。在2000年世界卫生组织对191个成员国进行的健保体系排序中，美国的排名情况为：成本支出列第1名，绩效列第37名。近年来，美国健保问题日益突出，改革已刻不容缓。然而，美国目前正在金融危机造成的经济衰退泥潭中苦苦挣扎，健保改革作为一项严峻的

---

① 原文载于国务院发展研究中心《调查研究报告》总第3345号（2009年3月16日）。

② 本报告采用“健康保险”这一名词来代替以前常用的“医疗保险”一词，因为前者不仅更准确，也更贴近英文原义。类似地，health care reform也使用健保改革这一更准确的翻译来代替。

政治挑战和财政挑战，其整体改革走向和具体应对措施不可避免地受到金融危机的波及。与此同时，健保改革也必将对美国经济的未来产生重大影响。

一、美国健保现状

美国是唯一一个没有全民统一医疗保障的富裕工业化国家，其健保体系主要由商业医疗保险和政府提供的社会保险两部分组成。两部分各有其覆盖的特定人群，具有很明确的界限（见表1）。

政府直接提供的社会保险计划主要有三类：医疗保健（Medicare）、医疗救助（Medicaid）和儿童健康保险（SCHIP），分别覆盖合乎条件的老年人、残疾人、穷人和儿童。在政府计划下，个人不需要或者只需要缴纳很少的保费，花费主要从联邦和州财政收入中支出。与政府计划相反，商业健康保险不涉及财政的直接补贴，直接从保险公司那里购买。根据保费的负担情况，商业健康保险可以分为两类：建立在雇佣关系上的健康保险以及建立在非雇佣关系上的健康保险。前者主要指大中企业员工，企业为其负担大部分保费；后者则包括小企业员工、自雇人员以及失业（半失业）人员，他们不享受任何形式的保费补贴，保费全部自负。

表1　　　　　　美国健保体系现状

<table>
<tr><th>性质</th><th>形式</th><th>面向人群</th><th>特点</th><th>人群覆盖率（%）</th></tr>
<tr><td rowspan="3">政府计划</td><td>医疗保健</td><td>65岁及以上，和65岁以下因残疾、慢性肾炎而接受社会救济金的人</td><td>一部分来自社会保障工资税，另一部分由财政拨款，个人只需缴纳一小部分保费</td><td rowspan="3">27.8</td></tr>
<tr><td>医疗救助</td><td>符合条件的低收入人群、失业人群、贫困人群（需作收入测试）</td><td>联邦和州财政支付，在很大程度上带有财政转移支付的功能</td></tr>
<tr><td>儿童健康保险</td><td>儿童</td><td></td></tr>
<tr><td rowspan="2">商业健康保险</td><td>基于雇佣关系的健康保险</td><td>大中企业员工</td><td>雇主补贴大部分保费</td><td>59.3</td></tr>
<tr><td>个人独立购买的健康保险</td><td>小企业员工、自雇人员以及失业（半失业）人员</td><td>个人负担全部保费</td><td>9</td></tr>
<tr><td></td><td colspan="3">无医疗保障人群</td><td>15.3</td></tr>
</table>

资料来源：根据美国联邦政府相关网站搜集整理。

2007年末，美国公民接受的医疗保障分布情况为：59.3%的人拥有与雇佣关系相关的医疗保险；27.8%的人通过政府计划获得医疗保障；接近9%的人直接购买商业医疗保险（以上数据有重合），15.3%的人则没有任何形式的医疗保障。

二、存在的主要问题

（一）尽管总支出很大，却有相当比例的人口没有医疗保障或者保障不足

一方面，2008年，美国健保支出预计高达2.5万亿美元，几乎与法国的经济总量相等，占GDP的比重接近16%。根据国会预算办公室的估

算，2015年健保总支出占GDP的比重会提高到20%，到2025年可能会上升到GDP的1/4左右。

另一方面，尽管总支出很大，但2007年缺乏医疗保障的人口约为4570万，仍然占总人口的15.3%。此外，还有超过2500万人虽有健康保险，但只能提供最基本的保障，特别是在65岁以下的美国成人当中，共约有42%没有健康保险或者保险不足。巨大的健保支出与相对较高的无医保人员比例形成鲜明的反差。

（二）政府财政支出巨大

政府社会保险计划覆盖的人口只占总人口的1/4左右，但由于主要面向老年人、残疾人等高医疗消费人群，因此整个健保支出中财政占比接近1/2。2004年，在全部2.2万亿美元的健保支出结构中，联邦政府支付了34%，州和地方政府支付了11%，二者合计为45%。此外，美国政府在健保方面还有许多间接的税收补贴。例如，政府对雇主资助计划中雇主所缴纳的保费部分允许税前抵扣，光这一项就高达每年1500亿美元左右。根据布鲁金斯机构的研究，美国政府花在健康保健方面的支出超过了花在养老保障和国防支出二者的总和。

（三）企业负担沉重，并在一定程度上削弱了美国企业的竞争力

雇主补贴保费的健保方式覆盖了美国近60%的人口，但由于该形式

下的参保人员以青壮劳力为主，因此对应的医疗支出相对较小。2004年，在全部健保支出结构中，这部分占比为36%。近年来，医疗成本的上升速度十分惊人，但雇主仍需要为员工的健康保险支付大部分保费。由于工会势力的存在，现实中企业也无法通过削减工资的形式来缓解员工健康保险的沉重负担，遂使企业不堪重负。金融危机带来的经济衰退使这一情况雪上加霜。此次美国汽车业财务危机的爆发就与企业高额的健保负担息息相关。以通用汽车为例，2004年该企业为员工支付的健保支出额高达58亿美元，2008年则提高到了70亿美元，花在健康保险上的成本甚至已经超过了花在钢材上的成本。

此外，沉重的健保负担还削弱了美国企业在全球的竞争力。仍以汽车业为例，据估计，底特律的汽车厂商每制造一辆车，需要花费的医疗保健成本高达1500美元，远比其他外国竞争对手高得多。此外，雇主支付保费的制度也产生了所谓的“工作锁定”现象，即人们因害怕失去健康保险而不敢轻易离职，在一定程度上抑制了劳动力的有效流动。

（四）个人负担日益加重

2004年，个人负担部分占全部健保支出的比例约为15%。近年来，个人负担有不断增加的趋势。①商业健康保险的保费快速增加，普通人越来越负担不起。自2001年以来，覆盖家庭的医疗保险保费已经提高了78%，相比之下，工资只提高了19%，通货膨胀率也只提高了17%。②在雇主资助的医疗保险计划中，雇员自负的比例有上升趋势。③除了直接缴纳保费外，使用医疗保健服务时员工还面临额外的负担，例如对免赔额以及共同支付部分需要从税后收入中支出。

此外，美国健保体系还存在着行政管理成本高昂、医疗质量不高、就医等候时间过长、种族歧视等其他问题。

三、金融危机对健保改革的影响

事实上，自从罗斯福时代开始，几乎每一任美国总统都会考虑对健保体系进行一定程度的改革或修补。尽管改革的具体内容有所不同，但最终目的都指向扩大覆盖面和控制成本两个方面。在当今美国社会，健保改革变得如此重要，它不仅是个社会经济问题，更成为热门的政治议题，对健保改革的态度已经成为判定不同党派的重要标志之一。简单说，共和党一直鼓吹健保体系的市场化改革，认为个人应在其中承担更大的责任，民主党则主张进行政府主导的改革①。另外，健保改革非常复杂，涉及的利益关系方众多，与普通民众的生活又息息相关，即使是很微小的变化背后都可能牵扯到不同利益团体和党派之间的激烈争斗和博弈，最终方案也总是多方妥协的结果。

---

① 例如，刚卸任的小布什政府在任期内进行的主要健保改革就是实施所谓消费者驱动的健康保健，他于2003年批准建立个人健康储蓄账户制度（HSA），即鼓励个人为未来以及退休的健康保健支出进行储蓄，放入健康储蓄账户中的存款享受免税的待遇。在刚刚结束的美国总统竞选活动中，健保改革也是重要论战内容。奥巴马的计划是扩张现有的以雇主和政府为基础的保险体系；麦凯恩的计划是将医疗保险与雇佣关系进行某种程度的分离，通过市场方式来获得健保保险。

此次的金融危机以及随后引发的经济衰退，不论从政治还是从经济角度而言，都标志着一个新阶段的开始，无疑打破了健保改革面临的原有格局。

（一）金融危机为启动全面健保改革提供了良好契机

金融危机时期是不是进行全面健保改革的好时机？这个问题在美国有很多的争论。有人认为与恢复经济活力相比，健保改革的紧迫程度不那么高，应推迟改革进程；还有人从经济放缓情况下改革需要的资金无从筹措角度出发，主张目前不应该进行改革。另一方面，更多人则认同这样一种观点，即当前金融危机正是启动全面健保改革的良机，主要理由在于：危机帮助人们认识到财政负担和企业负担的严重程度，现在已经到了必须改革的时候了。至于改革需要的资金问题，以克鲁格曼为代表的许多经济学家认为，在经济萧条时期，财政赤字的暂时增加是可以接受的，因此支持立刻启动健保改革。

实际上，之所以说此时是启动全面健保改革的良机，最重要的一个现实因素是：当前美国国内的政治氛围正朝着有利于改革的方向发展，不论是普通民众还是各类意识形态和诉求迥异的利益团体，对健保改革的支持力度均达到了前所未有的程度。金融危机引发的经济萧条和企业不景气，失业率上升，致使越来越多中产阶级的健康保险受到威胁和影响，因此民众支持改革的呼声日益高涨。2008年9月末的一份民意调查显示，78%的美国选民希望下届总统能处理健保改革问题，即使这会意味着更多的财政赤字；70%的选民甚至认为健保改革要比减税更加重要。2009年1月末，奥巴马上台后发布的另一项被广泛引用的民意调查结果显示，健保改革排在经济复苏和反恐之后，列为美国民众最为关心的第三大问题。在利益团体方面，支持改革的力量也在加强。如在20世纪90年代克林顿执政时期，政府曾试图推行扩大政府主导计划的健保改革，当时遭遇了来自大企业集团方面的极大诟病和攻击，以致改革计划流产。但15年后的今日，一是企业的实际负担加速度增加致使许多企业苦不堪言，汽车行业陷入财务危机的现实就是明证；二是由于金融危机发生以来，政府对大量金融机构采取了国有化救助措施，已经对美国一些固有的意识形态和价值标准产生了某种动摇。所以越来越多的大企业主站在了主张政府立即出手挽救健保体系的一方，这是克林顿执政时期无法想象的支持。

（二）金融危机进一步加大了当前健保支出的财政压力

在美国全部健保支出结构中，财政负担部分本来就占据了最大的比重，金融危机则进一步加重了这一负担。根据2008年4月医疗救助计划办公室发布的一份研究报告，经济下滑和失业人数的增加给各州医疗救助计划（Medicaid）和儿童健康保险计划（SCHIP）带来很大的压力。该报告估计，失业率每上升1个百分点，申请参加医疗救助计划和儿童健康保险计划的人数就会增加100万，而不能享受任何医疗保障的人数则增加110万。相应地，州政府在医疗救助计划和儿童健康保险计划上的支出会增加14亿美元，在这两个计划上的总支出则会增加34亿美元。与健保财政支出负担增加相反，经济萧条致使各州政府的收入锐减。日益增加的支出和日益减少的收入意味着维持当前的政府医疗保险计划变得十分困难。

截至2008年12月，美国失业率已经上升到7.2%左右，大约300万名美国人或者由于失去雇主提供的商业医疗保险，或者由于收入水平急速下滑，转而获得了申请政府计划医疗保障的资格。如果2009年失业率继续上升到8%～9%，进一步恶化的经济危机会加深健保体系的危机，给财政带来更大的压力。

（三）短期内推行的健保改革将是好时机与紧预算相互权衡后的结果

综上所述，当前的金融危机和经济萧条将美国健保改革推向了两难的境地：一方面是国内空前的支持力度塑造了改革的良好时机；另一方面是业已存在的巨大支出压力致使继续推行全面改革确实存在着现实的困难。目前经济衰退造成的失业率上升、财政收入下降已经显著加剧了健保支出的财政压力，如果依据奥巴马竞选纲领提出的方案启动以扩张政府计划为主要内容的全面健保改革，总体支出将在1.2万亿美元以上，财政压力将进一步增大。换句话说，在当前美国经济衰退的现实条件下，健保改革面临着必须同政府的其他经济刺激方案竞争资金的局面。由此判定，考虑到时机难得，奥巴马政府不会由于金融危机而推迟对健保体系的改革；考虑到财政压力，健保改革的推行将是逐步的，不会立刻大动干戈地启动全面改革，短期内只会推行一些修补性的方案。

实际上，对美国众议院已批准的经济刺激方案中与健保有关的内容进行分析，不难看出，奥巴马政府决意在短期内推行的健保改革的确体现了好时机与紧预算相互权衡后的结果。尽管健保体系不会对提高就业率和刺激消费产生直接作用，但在总额高达8000多亿美元的经济刺激方案中，仍有相当大的数额与健保改革有关。

其一，1250亿美元用于医疗救助项目（Medicaid）的扩张，其中约870亿美元用于向州医疗救助计划支付资金，约110亿美元用于专门解决暂时失业人口的医疗保障（这部分人按照当前标准没有申请医疗救助的资格），约270亿美元用于失业人员保费的支付[①]。

其二，加大对医疗信息技术的投资，以利于对医疗成本的控制。例如投入200亿美元用于帮助医疗机构建立病人的电子健康档案，投入11亿美元用来建设一个研究中心，以评估医疗处理的有效性等。

其三，投入30亿美元用于预防性医疗，15亿美元用来建设社区医疗中心。

在现有的方案中，没有涉及雇主补贴的医疗保险计划未来如何改革

---

① 根据现行规定，失业人员可以继续享受18个月雇主提供的健康保险，前提是他们必须自己承担100%的保费。对多数人来说这一负担难以承受。由此，政府将用这笔钱帮助失业人群支付65%的保费，使其在未来1年能继续保有医疗保险的资格。适用于任何2008年9月1日至2009年12月31日之间失业的人群。

的内容，对医疗信息技术的投入也从最初的500亿美元降低到了200亿美元。这些都反映出健保改革对财政预算紧张现状的妥协。

四、未来值得关注的几个问题

（一）中长期内是否会进行以降低支出为目的的健保改革

奥巴马政府现已推出的健保改革方案以“扩面”为主要目标，即帮助失业的人群继续享有健保，减少没有保险的人群数量。对于控制和降低支出这另外一个关键目标，目前采取的措施和手段则明显力度不足。这是奥巴马政府当前健保改革方案的重大缺陷，也是判定短期内的措施并非全面改革而只是零敲碎打的主要标志。

从2008年开始，美国将快速进入老龄化社会。由于在美国现行体系下政府对65岁及以上老年人承担绝大部分医疗保险费用支出，奥巴马即将实施的健保政策又扩张了政府对失业人群的医疗保障责任，因此未来联邦和州财政压力将进一步增加。在这种情况下，如何有效控制医疗支出，减少浪费，提高效率，对恢复美国经济活力并维持长期的繁荣至关重要，其重要性绝不亚于提高医保覆盖面这一目标。奥巴马政府是否会在任期内，顶住医疗机构等利益团体的压力，继续深化以降低支出为目的的重大改革，值得关注。

（二）政府计划的扩张对商业保险市场将产生何种影响

通过使原来没有申请资格的人享受政府社会保险计划、代替原雇主向已经失业的人群支付医疗保险费等方式，奥巴马政府将潜移默化地扩大政府计划的覆盖人群，使之不仅包括穷人，还包括大量失业人群，由此强化了政府对美国健保体系的控制。这意味着，整个健保体系的“国有化”程度将显著提高，同时也意味着商业保险市场会受到一定的侵蚀。此外，在原来的竞选纲领中，奥巴马还计划创建一个新的政府健康保险计划，为那些支付高额商业健康保险费有困难的人群创造获得医疗保障的机会。如果这一计划实施，在某些细分市场上政府将与商业保险公司展开直接的竞争。总之，美国政府健康保险计划的扩张必将极大改变美国商业健康保险市场的格局和经营模式，其未来走向和趋势很可能对包括我国在内的其他国家产生示范效应，需要紧密跟踪。

（三）健保改革对财政预算压力的直接和间接后果如何

目前增发国债是美国政府的主要融资方式。2007年美国国债的净发行额为5490亿美元，2008年猛增至1.47万亿美元，市场预期2009年美国政府可能需要举债2万亿美元。维持当前健保体系的正常运作、保证将要进行的健保改革支出，都需要大量的资金支持，这在政府预算中会占据相当大的比例。从这个角度看，当前健保改革措施的成效以及未来改革走向会对美国财政赤字水平和国债发行水平产生直接影响，并进一步对美国国债收益率走势、美元汇率走势等产生间接影响。如果美国财政部通过增发国债的方式支付健保改革的额外支出，而这部分国债由美联储购买，则相当于通过直接印制钞票的方式支持健保改革，这必然进一步加重美元发行过度与美元贬值压力。我国在进行外汇储备管理以及制定其他相关政策时，就不得不考虑美国健保改革可能引发的一系列经济后果。

国务院发展研究中心金融研究所：田　辉

国际金融危机背景下农民工就业和流动的新动向[①]

“国际金融危机对农民工就业的影响及对策研究”课题组于2008年12月至2009年2月对农民工就业和流动情况的跟踪调查表明，当前农民工失业问题加剧，下岗返乡农民工外出务工的意愿非常强烈。同时，农民工的就业能力、观念与用工需求明显不匹配，农民工就业供求信息存在严重不对称，现行的农民工就业信息服务体系、培训体系与农民工的需要严重不适应。要切实落实好国家出台的有关政策，健全农民工就业服务体系。

为了贯彻《国务院办公厅关于切实做好当前农民工工作的通知》的精神，了解国际金融危机背景下农民工就业和流动的新动向，国务院发展研究中心农村经济研究部课题组通过“西陆农民工就业信息系统”，于2008年12月、2009年1月和2月对农民工就业情况进行了5次调查。“西陆农民工就业信息系统”是一家成立于2007年8月的农民工就业信息服务

① 原文载于国务院发展研究中心《调查研究报告》总第3349号（2009年3月20日）。本课题由中国发展研究基金会资助。

机构，目前有登记求职的农民工45万人。5次调查的对象均为在该系统登记的农民工和用工企业，调查采取多阶段、PPS随机抽样[①]，利用计算机辅助电话调查系统（CATI）随机抽取号码，对农民工和用工企业进行一对一的电话访问。2008年12月的两次调查样本分别为1209个农民工和200家企业；2009年1月的调查样本为809个农民工，2月的两次调查样本分别为1284个农民工和342家企业。

一、金融危机已对农民工就业造成较大影响

2008年12月的调查表明，有92.2%的农民工知道或听说过金融危机，这些农民工中有65.3%的人认为金融危机对他们有影响，认为影响非常大或较大的农民工合计达27.9%。影响主要体现在以下三个方面。

一是部分务工企业生产经营出现不同程度的困难。有30%的农民工反映所在单位出现减产现象，23%的农民工反映所在单位出现裁员现象，16%的农民工反映所在单位出现降薪现象，19%的农民工反映所在单位出现拖欠工资现象。这些现象主要集中在珠三角、环渤海地区，以

① 即多阶段、按规模大小成比例的概率抽样。具体做法是：考虑到最近登记的农民工对于调查结果会产生影响，故只选取2008年上半年之前在西陆农民工就业信息系统登记的农民工作为调查的样本框。第一步，将全国的中南、西南、华东、东北、华北和西北六个大区作为一级抽样单位，将各大区按国家公布的农业人口比例从大到小排列，按PPS抽样抽取6个大区；第二步，将每个大区的省份作为二级抽样单位，将各大区的省份按农业人口比例从大到小排列，在各个大区中再按PPS抽样随机抽取4个省份（东北只有3个省份）；第三步，从抽取的省份中PPS随机抽取样本。

及纺织、电子电器、加工制造等行业。

二是工资增长放缓。2008年12月的调查发现，36.3%有工作的农民工2008年月收入高于2007年，38.6%的农民工月收入没有明显变化，25.1%的农民工月收入低于2007年（见图1）。在珠三角务工的农民工月收入增长的比例明显低于长三角和环渤海地区农民工，普工工资增长的比例明显低于其他工种。

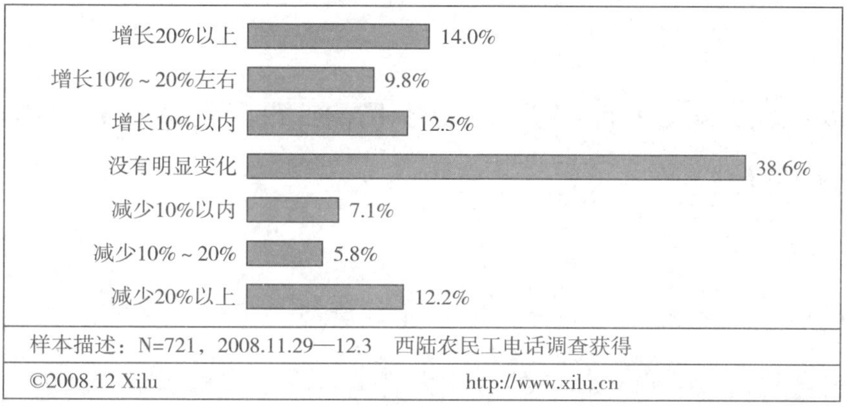

图1　2008年有工作的农民工薪资变动状况

三是提前返乡。2009年1月的调查表明，有近90%的外出农民工已经或准备返乡。这些农民工中有近50%属于提前返乡，提前1个月以内返乡的比例为79%。提前返乡的农民工多集中在电子电器、建筑、加工制造等行业，提前返乡的原因多与企业经营相关，如“企业提前放假”“被裁员或辞退”“因为降薪，工资太低不愿意干了”“找不到活可干”“企业倒闭”等，因为主观原因提前返乡的比例较小（见图2）。

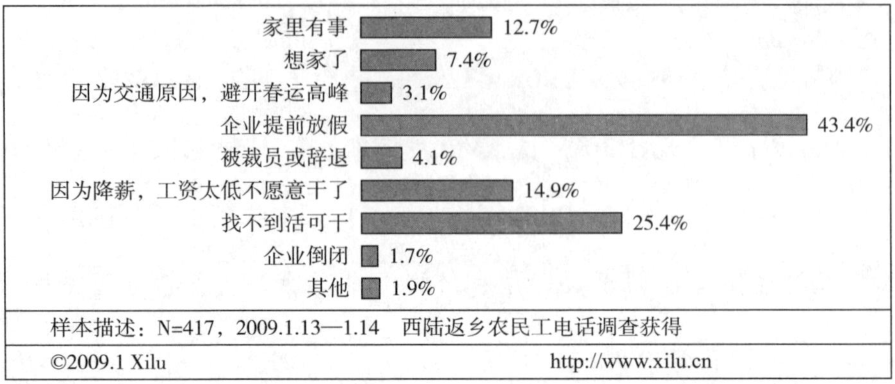

图2 农民工提前返乡原因的调查情况

二、春节后农民工外出务工意愿非常强烈，进城农民工就业压力增大

虽然金融危机致使部分工厂企业减员或关停，但随着农业机械化程度普遍提高，从事种植业的劳动力逐渐减少，农村剩余劳动力逐渐增多，农民还是倾向外出积极寻找发挥自己的空间。另外，由于农业生产资料价格上涨，导致种植业收益下降，也促使农民向其他行业转移。因此，绝大多数被调查的农民工准备继续务工。但受金融危机的影响，一些传统的务工行业、务工地区用工需求下降，农民工就业流向有较大变化。

一是超过九成的农民工将继续务工。2009年1月的调查表明，已返乡农民工中，69.1%表示春节后肯定继续务工，明确表示肯定不打算务工的仅占7.2%，另有23.7%尚未确定。而2月的调查显示，有97.5%的农民工选择继续务工，比1月的调查结果高出了28.4个百分点；仅有2.5%明确表示2009年不再务工，比1月的调查结果低4.7个百分点。说明节前尚未确定的农民工在节后也准备继续务工。即使考虑调查样本差异的影响，也能说明金融危机对农民工务工意向的影响较小，务工仍然是农民工最依赖的就业手段（见图3）。

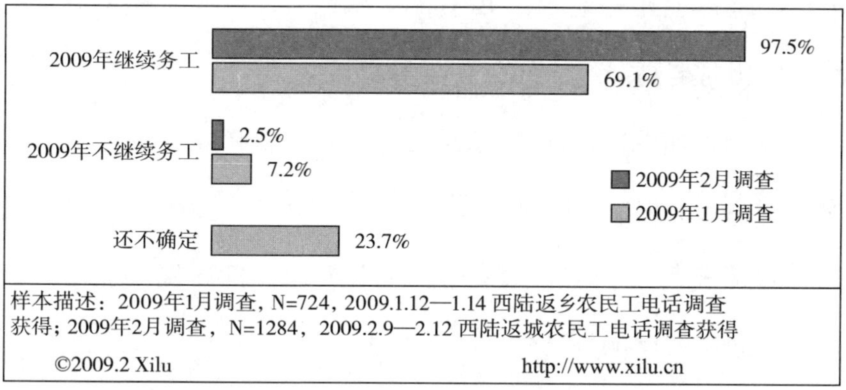

图3　2009年春节后是否继续务工（1月和2月调查差异）

二是有六成农民工将外出务工。2009年继续务工的农民工中，有41.2%打算在老家务工，58.8%打算离乡返城务工。这一调查结果与人力资源和社会保障部的统计结果吻合（2008年全国农民工总数有2.2亿人，其中就近就业的农民工0.9亿人，外出务工农民工1.3亿人，二者比例大致为41%和59%），说明农民工外出务工的总体格局没有重大变化。

三是准备外出务工的农民工中有近六成已离乡。截至2009年2月12日，打算离乡返城务工的被访农民工中，有56%已返城，有44%尚未返城。尚没有返城的农民工中，有18.2%打算等工作有意向后再返城，另有45.7%将于半月内返城，合计有55.6%会在一个月内返城。因此，3月份城市将会面临农民工就业方面的压力。

四是有超过五成的农民工已找到工作。2009年继续务工的农民工中，有53.3%有工作单位，另有33.4%尚没有工作单位（正在找工作），有13.3%有意向单位但没确定。已返城的农民工中近9成已有工作，没有落实工作的基本上还在老家。其中，年龄越大，没有工作单位和有意向单位的比例相对越高。

五是没有工作的农民工中有五成将继续找工作。目前还没有找到工作的农民工中，有51.6%明确表示将继续找工作；有24.6%打算在家待一段时间，看情况再说；有17.9%现在还没想好，打算先参加培训再找工作以及自己创业的比例合计5.7%（见图4）。

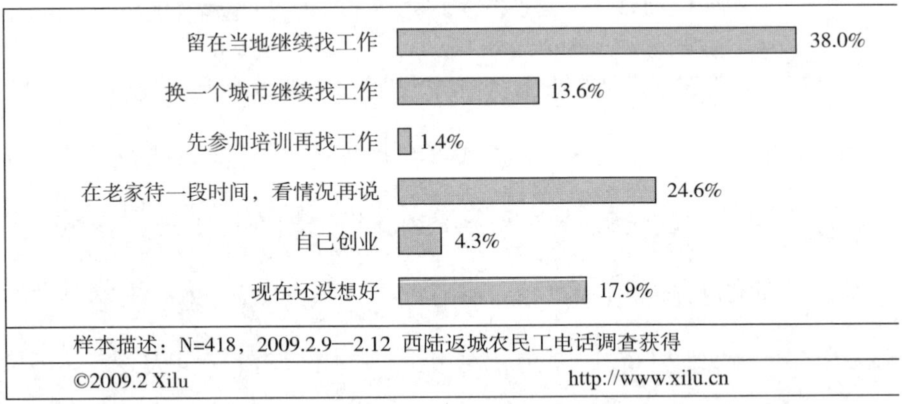

图4 尚未找到工作的农民工的就业意向

六是农民工外出务工的去向有较大变化。2009年1月的调查发现，春节后肯定外出务工的农民工中，有一半以上表示会重新找工作，去原单位的不到1/4。想更换工作单位的原因主要是企业经营状况不好，以及权益不能得到保障。准备重新找工作的农民工中，有42.8%表示仍将从事原行业，有31.7%表示将换一个行业；有39.5%打算换一个新的城市，24%仍将留在原来的务工城市。计划就业的地点以省会城市和地级市所占比例最高，合计达56.6%。从地域来看，珠三角、长三角和环渤海地区仍是主要意向地，本省就近就业的比重有所提高。原在电子电器、建筑、纺织等行业就业农民工的去向改变更明显，提前返乡农民工的就业意向变化更大。

三、农民工就业渠道比较单一，就业服务机构的作用有待进一步发挥

调查表明，企业招聘途径相对多样，而农民工就业渠道相对单一，亲情链、同乡链仍然是农民工外出就业的主要渠道。目前，企业招聘农民工的方式主要有招聘会、他人推荐、职业中介、在报纸/电视等媒体上发布招工广告这4种，30%以上的被访企业都使用过。相比较而言，农民工找工作的途径还很单一，只有通过他人推荐和职业中介这两种方式的选择比例超过30%，其他找工作途径选择比例相对较少（见图5）。

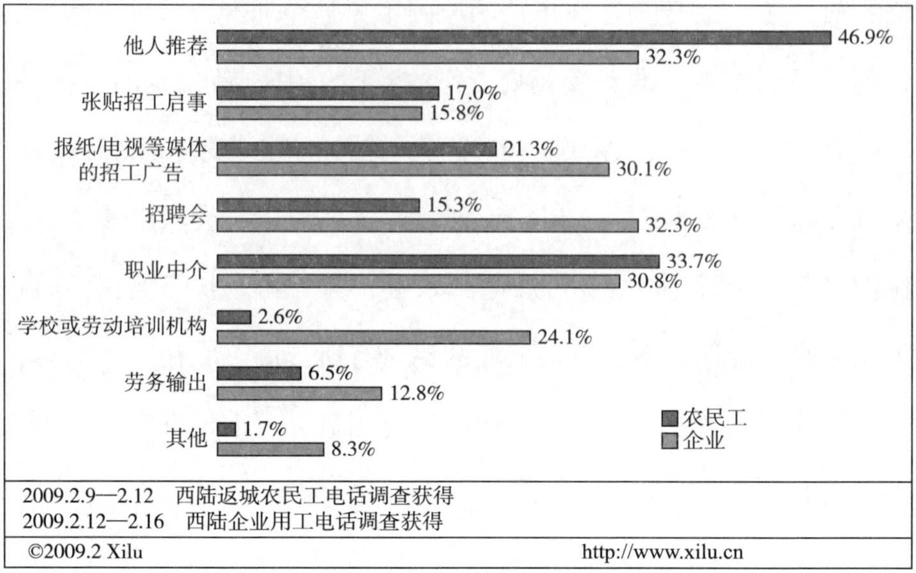

图5 企业招聘途径与农民工找工作途径差异

但与2008年12月的调查结果相比，农民工通过免费职业中介找工作的比例显著提高。2009年2月的调查中，农民工通过免费职业中介找工作的比例达33.7%，比2008年12月的调查结果高出19个百分点，成为农民工就业的第二主要方式；他人推荐的比例为46.9%，比2008年12月的调查结果降低近12个百分点。说明政府对农民工的就业促进政策正在起作用，但通过免费职业中介找工作的比例比他人推荐的比例低13个百分点，说明公共就业服务机构的作用还有待进一步发挥。

调查还表明，大部分农民工能承受的找工作时间不超过一个月。其中，有43.5%的农民工能承受的时间在半个月以内，有63.4%的农民工能承受的时间在一个月以内。对具体差异进行分析后发现，年龄越大可以承受的找工作期限相对越长，不超过一个月的主要是16～36岁的农民工（见图6）。

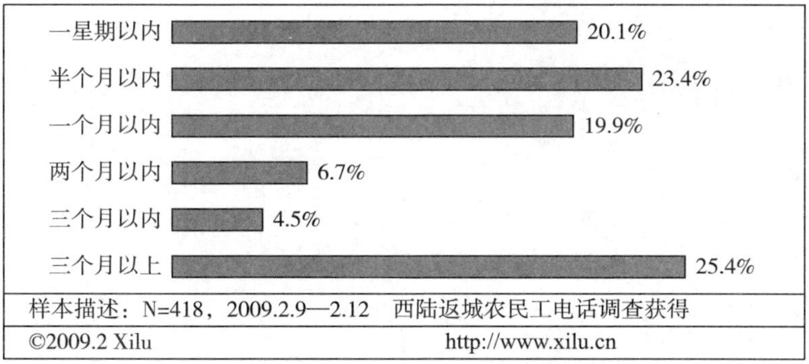

图6 农民工可以承受的找工作期限

四、农民工就业的结构性矛盾比较突出，城市生活服务业、女性、青年农民工的就业形势相对乐观

比较2009年第一季度企业需求比重与农民工求职比重的供需差，发现当前农民工就业的结构性矛盾比较突出，主要体现在以下几个方面。

一是家政保安、餐饮娱乐等城市生活服务业以及服装纺织业的就业形势相对乐观，而机械制造、建筑、电子电器等行业的就业形势比较严峻。其中，家政保安业供需差[①]达到33.04%，农民工供给远远不能满足需求；服装纺织业的供需差也达到17.06%，供给缺口也较大。而机械制造业、建筑业、电子电器业的农民工供需差均为负，尤其是建筑业、机械制造业的供需差分别达到–24.81%和–17.71%，就业形势比较严峻（见表1）。

① 供需差=企业招聘需求比重–农民工求职比重（加权后）。供需差为正数表示农民工供不应求，为负数表示供大于求。

表1　　招聘行业与应聘行业供需差（%）

行业	需求岗位比重	求职农民工比重（加权前）	求职农民工比重（加权后）	供需差
远洋渔业	0.20	0.00	0.00	0.20
餐饮娱乐业	8.40	2.60	4.20	4.20
电子电器业	4.50	4.30	6.87	-2.37
服装纺织业	20.50	2.20	3.44	17.06
机械制造业	11.30	18.20	29.01	-17.71
家政保安业	38.00	3.10	4.96	33.04
建筑业	0.00	15.60	24.81	-24.81
商业零售业	6.70	4.30	6.87	-0.17
食品加工业	2.00	1.40	2.29	-0.29
其他	8.40	11.00	17.56	-9.16
行业不限	—	37.30	—	—

二是女性农民工、35岁以下的青年农民工仍然是供不应求。2月的调查表明，女性农民工的供需匹配度[①]为11，而男性为356，说明女性农民工供给严重不足，而男性农民工供给远远超过企业需求。从年龄来看，18～25岁的农民工供需匹配度为30，26～35岁的供需匹配度为76，36岁以上的供需匹配度为6636，说明18～35岁的农民工供给不足，而36岁以上的农民工供给远远超过企业需求。

五、农民工薪资期望有明显下降，但与企业期望仍有较大差距

2009年2月的调查结果显示，农民工月薪期望均值为2309元，中

① 供需匹配度=农民工求职比重/企业需求比重×100，结果为100，说明供需平衡，高出100说明农民工求职（供给）大于企业需求，低于100说明农民工求职（供给）小于企业需求。

位值为2000元。其中，月薪期望值在1000～1999元所占的比例最高，达36.2%；1000元以下的仅占2.2%，2000～2999元的占32.1%，3000～3999元的占18.0%，4000元以上的占11.5%。不同性别、年龄、学历、来源地、工种、打算从事行业、计划务工地月薪期望均值存在显著差异。其中，女性、16～25岁、来自中南地区、打算在本省附近就业、计划从事家政保安业、打零工的月薪期望均值相对较低（见表2）。

表2　　不同农民工月薪期望均值和中位数（元/月）

分类		均值	中位数	分类		均值	中位数
性别	男	2394	2000	打算从事行业	服装纺织业	2033	2000
	女	1357	1275		家政保安业	1215	1000
年龄	16～25岁	1792	1700		机械制造业	2562	2500
	26～35岁	2415	2000		餐饮娱乐业	1968	2000
	36岁以上	2411	2000		电子电器业	1839	1875
来源地	西北	2541	2000		建筑业	3405	3000
	华北	2622	2500		食品加工业	1380	1200
	东北	2693	3000		商业零售业	2119	2000
	华东	2305	2000		交通运输业	2400	2500
	中南	1802	1500		行业不限	1934	1750
	西南	2145	2000		其他	2359	1900
计划务工地	珠三角	2185	2000	工种	普通工人	1802	1500
	长三角	2512	2000		技术工人	2572	2250
	环渤海	2867	2500		打零工	1614	1400
	本省就近	2015	1800		自谋生计	2427	2500
	其他	2370	2000		管理人员	2967	3000
	城市不限	2847	2900		其他	2178	2000

注：高位数是所有数据最高10%部分的均值，低位数是所有数据最低10%部分的均值。

对比3个月的调查结果表明，农民工的薪资期望值有较快、较大幅度下降。2009年2月的调查中，农民工预期工资增长的比例为11%（见图7），比1月的调查结果（38.2%）低27.2个百分点，比2008年12月的调查结果（48.2%）低37.2个百分点；能接受工资减少的比例为18%，比1月的调查结果（16%）高2个百分点，比12月的调查结果（6%）高12个百分点；有71.1%预期月薪没有明显变化，比1月和12月的调查结果高出近26个百分点。

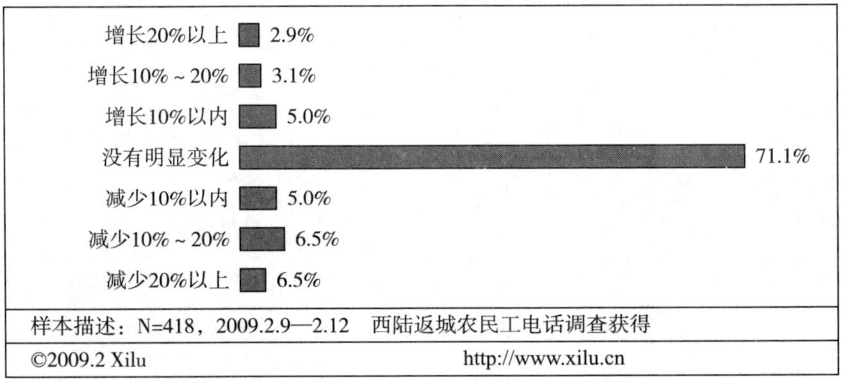

图7　2009年找工作农民工薪资期望变化

2月的调查结果显示，2009年第一季度企业招聘普工的薪资期望值平均为1243元/月，技工为1635元/月。有近6成企业表示普工的薪资不会有明显变化，有30.5%表示普工的薪资会增长；有52.8%的企业表示技工的薪资不会有明显变化，有30.2%表示技工的薪资会增长，这一结果与2008年12月的调查结果接近，说明企业对农民工的薪资期望变化不大。

尽管农民工的薪资期望值有较大下降，但总体上仍高出企业的预期。2月的调查结果还显示，普工薪资期望均值总体上比企业高559元，技工薪资期望均值总体上比企业高937元。除家政保安业的普工薪资期望均值低于企业预期外，其他行业的普工及技工期望薪资基本上都高于企业预期（见表3）。尤其是供给远远大于需求的机械制造等行业，农民工与企业的薪资期望差距很大。主要是这些行业农民工的工资水平较高，技能水平也较高，对工资要求具有一定的刚性。这也是导致这个行业供求缺口的主要原因。

表3　　分行业企业和农民工月薪期望均值比较（元/月）

行业	普工薪资均值			技工薪资均值		
	农民工	企业	差值（农民工–企业）	农民工	企业	差值（农民工–企业）
家政保安业	1120	1155	–35	—	1667	—
机械制造业	2143	1318	825	2564	1781	783
电子电器业	1500	1456	44	1985	1850	135
商业零售业	1813	1388	425	—	1890	—
其他	1350	1315	35	3331	1690	1641
行业不限	1534	—	—	2232	—	—
交通运输业	2400	—	—	2485	—	—
建筑业	3350	—	—	3283	—	—
食品加工业	—	1178	—	1500	1500	0
餐饮娱乐业	—	1244	—	1990	1320	670
服装纺织业	—	1219	—	2167	1475	692
整体	1802	1243	559	2572	1635	937

六、面对金融危机的影响，农民工强烈希望政府加强权益保护和就业服务

面对金融危机，农民工强烈要求政府加强相关服务。首先是希望政府能更好地保障农民工权益，这一比例占到53.3%；其次是希望政府帮助增加就业机会，提供就业信息，这一比例为44.4%（见图8）。

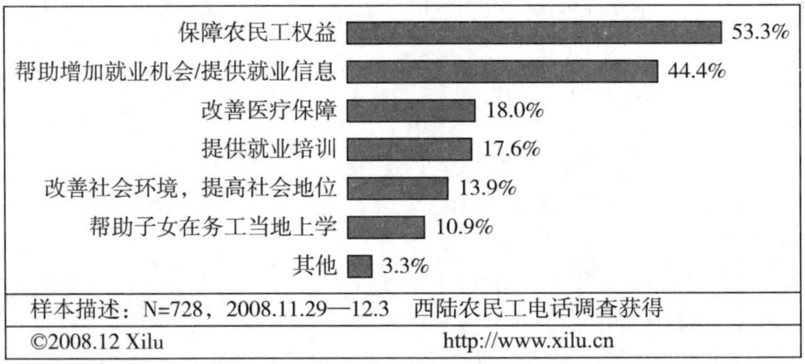

图8 农民工最希望政府加强的服务项目

农民工希望政府提供就业培训服务的比重只有17.6%，这可能与很多农民工不知道政府有免费培训项目有关。2009年1月的调查表明，被访农民工中，仅35.7%知道国家对农民工有免费就业培训。但从这几次调查结果来看，农民工对培训有强烈的兴趣，对培训内容也有自身的要求。

一是大多数农民工对培训很欢迎。1月的调查表明，有57.8%的农民工表示如果有免费的就业培训一定会参加，不会参加的仅10.8%，有31.4%表示不一定。其中，2009年春节后肯定外出务工的农民工愿意参加免费就业培训的比例最高，为61.4%；40岁以上、自谋生计的农民工愿意参加的比例相对较低。2月的调查，没有工作的农民工，如果有机会参

加培训，有74.2%愿意接受培训，有25.8%明确表示不愿意接受任何培训。2月的调查显示，如果过了找工作期限还没有找到工作，有66.7%的农民工会参加政府组织的技能培训（见图9）。

二是农民工对培训内容和形式有特定的要求。农民工最感兴趣的是职业技能培训，占40.2%，其次是创业培训，占36.8%，农村实用技术培训位居第三，占22%；另有16.1%表示对这些培训都不感兴趣。2009年春节后肯定外出务工的农民工，对订单培训、定向培训和岗前培训感兴趣的比例相对较高。2月的调查还表明，针对具体招聘岗位，由政府、中介、培训机构、企业等组织的可能收费的订单培训，也比较受欢迎，选择比例达53.6%。尤其值得注意的是，由培训机构组织的可能收费的且不能保证百分之百有工作的技能培训，选择比例也达43.5%（见图9）。这说明，农民工对就业培训的认识更加深刻，也更加理性。

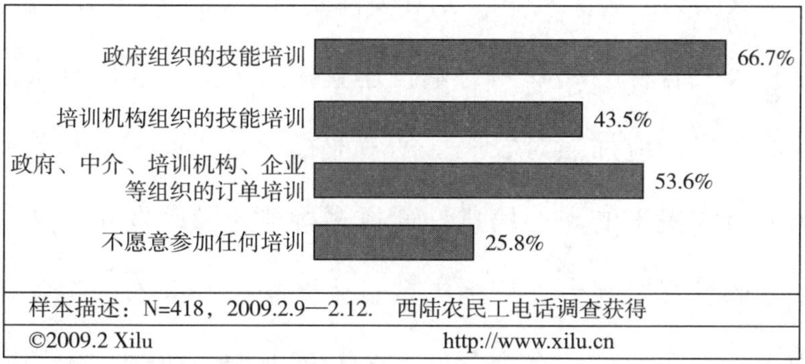

图9　农民工参加的培训形式

三是农民工对培训时间要求较短。2月的调查表明，时间在一个月以内的培训最受欢迎，选择比例达71.9%；其中，选择半个月以内培训时间的农民工比例为38.4%。仅有28%的农民工能接受1个月以上的培训，有13.2%甚至只愿意接受1个星期以内的培训。

七、健全农民工就业服务体系

综合调查结果来看，我国经济增长放缓，一些行业周期性下行导致的结构性失业和摩擦性失业正在加剧。结构性失业主要是农民工的就业能力、观念和用工需求不匹配，如西陆农民工就业信息系统的数据表明，城市家政、保安、远洋渔业等行业的用工满足率还不到20%。摩擦性失业主要是农民工更换就业地域、行业后，对新的环境不熟悉，就业供求信息存在严重不对称。同时，沿海地区、出口导向型制造业的就业压力正在向内陆大中城市、服务业转移，现行的农民工就业服务体系、信息体系、培训体系的薄弱环节更加凸显。鉴于这些新情况，当前要切实落实好国家出台的有关政策，尤其要注重做好以下两个方面的工作。

一是积极整合社会和部门力量，建立多渠道的就业信息服务体系。公共就业服务机构应加强对农民工的就业指导、职业介绍和就业信息服务，收集适合农民工的岗位信息，通过多种渠道及时发布。建议中央、省、市、县的各级电视台、广播电台、主要报纸开办农民工就业信息专栏，每周至少发布一次。在充分发挥公共就业服务机构作用的同时，更大程度发挥市场机制对促进就业的积极作用，尤其要重视扶持和培育跨地域、跨行业、技术水平先进、信息渠道畅通、就业供求信息量大的龙头性就业中介机构。通过政府采购、政府资助、免费使用公共信息平台等方式，让这些机构提供更多的就业信息、就业指导和就业培训。积极探索“中介机构为农民工免费服务，企业支付中介费用，政府提供政策支持”的公私结合型就业促进方式。

二是创新农民工就业培训方式，健全多层次的就业培训体系。整合公共培训资源，合理界定农村劳动力技能就业计划、阳光工程、农村劳动力转移培训计划、星火科技培训、雨露计划等培训项目的分工，针对农民工的不同需求，开展不同类型、不同层次的培训。有针对性地进行技术培训，加强职业道德、法律知识、维权意识、劳动纪律及安全生产等方面的教育。发挥大型社会中介机构和培训机构了解市场、了解企业需求的作用，建立“中介机构+培训基地+农民工输出地”的培训模式，使农民工的培训和就业联系更紧密。

国务院发展研究中心农村经济研究部
“国际金融危机对农民工就业的影响及对策研究”课题组
课题组负责人：韩　俊
课题组成员：谢　扬　徐小青　崔传义
崔晓黎　王　宾　樊雪志
金三林（信息中心）
韩　俊　崔传义
执笔：王　宾　金三林

全球化发展与国际货币金融体系的滞后：金融危机的起源[①]

国际金融危机是旧国际货币金融制度框架难以适应全球化发展的必然结果。国际商品贸易体系运转有效，带动产生全球分工体系，带来世界总体福利的增进。国际货币金融体系因虚拟经济本身的滞后性、制度安排的不完备、世界经济的不平等而滞后于经济全球化的总体发展进程。应对建议是，推进全球化发展，加强全球化研究，加强制度建设，促进世界经济平衡发展，加快我国参与国际金融体系建设的进程。

金融危机中的一些矛盾现象，比如美国金融危机之前的低物价和房产泡沫，国际贸易的迅速发展和国际货币金融体系的制度紊乱等，用现有观点难以解释。因此，我们试图从全球化发展的角度来寻找答案。

我们发现，国际金融危机是全球化的必然代价。当国际商品贸易和国际货币金融体系和谐发展时，全球化体系处于均衡状态，危机不会发生；反之，当上述两方任何一方出现问题，必然引发世界性危机。

---

① 原文载于国务院发展研究中心《调查研究报告》总第3350号（2009年3月23日）。

一、国际金融危机是旧国际货币金融制度框架难以适应全球化发展的必然结果，危机是全球化成长的代价

全球化在20世纪下半叶开始呈现阶段性加速的特征，尤其是20世纪90年代以来，信息科技革命和冷战格局的打破，使全球化进程出现全力加速，国际商品贸易在WTO框架下快速发展，旧的国际货币金融体系难以适应新的经济全球化条件。全球化快速发展与国际货币金融体系的滞后构成结构性矛盾，导致小的金融危机的频繁发生和本次重大国际金融危机的全面爆发。危机是人们认识全球化、适应新的经济社会形势变化所付出的代价。

全球化带来人流、物流、资金流和信息流的全面和快速流动的背景下，国际商品贸易体系拥有几百年的实践积累、深厚的研究理论的支撑和运转有效的国际贸易磋商体系，而旧的货币金融体系在实践和理论方面全面落后，已经成为一个破旧的河堤，虽经不断修补却成了悬河或堰塞湖，加之监管、评级等方面的漏洞，由次贷危机引发而终于导致溃坝效应——国际金融危机的广泛全面爆发。

事实证明，一个均衡的经济全球化体系是一个国际商品贸易和国际货币金融体系同时有效运转和均衡发展的体系，一方的问题必然导致全面的冲击。

二、国际商品贸易体系运转有效

国际商品贸易体系的运转与全球化的进程相得益彰，国际商品贸易体系有效运转形成世界经济低通胀、低失业的稳健型快速增长，就像水在完整顺畅的河道流动，并不断加深水槽的良性运转。

（一）国际商品贸易带动产生全球分工体系，实现全球资源配置

历史上，经济的全球化大体可以分为三个阶段。一是要素流通本国化，商品贸易国际化阶段。大概以20世纪中叶之前为主。因交通手段发展所限，尚没出现能源原料等的大规模国际流动。二是要素流通国际化，生产商品满足同类型国家需求阶段。体现为产业内贸易和发达国家之间的贸易以及社会主义国家之间的贸易，大概以20世纪80年代之前为主。三是要素流通全球化和商品流通全球化阶段。从20世纪80年代开始，中国参与到全球分工体系当中，一直持续到现在。进入21世纪以来，伴随交通手段、信息科技的飞速发展，全球化正以前所未有的广度和深度向前发展。

全球化以比较优势、要素优势为分工原则，以信息科技为技术手段，以资本全球流动为推动力，建立了全球的资源配置与生产分工体系。目前来看，这种分工体系的运转是有效的。它结合中国、印度的人力资源，巴西、澳大利亚、俄罗斯的原燃料供应，美欧的资本与技术，美国的消费市场，形成庞大有效的循环体系。2000—2007年，世界商品

出口平均年增长率达到5.5%，而同期的世界商品生产的增长率是3%，同期的世界GDP平均增长率是3%。2005—2007年世界商品出口的增长率分别达到6.5%、8.5%、6.0%。

（二）国际商品贸易体系的有效运转促进了世界经济增长

1. 过去八年来的世界经济呈现高增长、低通胀和低失业的特征

高增长：2001年以来，世界经济增长呈现平稳较快发展态势，这八年间世界经济的平均增长率接近3%；2003—2007年这5年的世界平均经济增长超过3.5%。

低通胀：2001—2007年全球经济的平均通胀水平维持在4%以下。世界重要经济体的通货膨胀率都较低：德国为1.72%，美国为2.69%，英国为1.69%，中国为1.86%。只有俄罗斯的通胀率因为体制性因素达到14%。

低失业率水平：世界主要经济体的失业率保持在较低水平，日本为4.67%，美国为5.19%，德国达到8.76%（考虑到保障制度问题，已属较低）。

2. 国家间收入差距缩小，大量人口脱贫

经济全球化对收入分配的影响体现在国家之间和一国内部两个方面。一般来说，有关全球化对于国家内部的收入分配产生的影响尚存在争议，但是参与全球化的国家之间的收入差距缩小。大量的新兴市场国家通过参与全球化生产，迅速积累经济实力，国内经济得到较快发展。

大量的人口通过全球生产体系，也获得从农业人口向工业人口转化的机会，提高了农业的劳动生产率水平，提高了工业化的比率，增加了国民收入。一个国家内部，人们的绝对收入水平因为经济全球化而得到提升。因此，经济全球化促进了世界的总体福利。全球化参与程度低的非洲不发达国家，经济发展持续落后。

3. 国际商品贸易体系的相对成功得益于实践与理论的深厚积累

国际商品贸易体系的相对有效运转得益于数百年的现代国际贸易的实践和国际贸易理论的深厚积累与不断发展。经济学的鼻祖们像亚当·斯密和李嘉图对国际贸易已经作出全面阐述，之后的学者像赫柯歇尔、俄林，最近的克鲁格曼等，已经因为在国际贸易理论方面取得的成果而获得了诺贝尔经济学奖。

三、国际货币金融体系滞后于全球化的整体进程

国际金融领域的流动性因为受到制度性障碍和客观现实的约束，会在某些领域堆积泡沫，形成悬河又类似孤岛，威胁实体经济的安全。

（一）国际货币金融体系滞后的原因

1. 虚拟经济本身的滞后性

人类的贸易从物物交换开始，后来有了货币中介。实体经济与虚拟

经济的诞生有着先后之分。国际金融市场和国际货币体系的产生滞后于国际贸易，人类对它们的认识也是有时间先后和程度上的差异。二战之后，1972年布雷顿森林体系崩溃之前，各国实行固定汇率制，国际货币体系的研究重点是国际收支平衡。1973年开始实施浮动汇率之后，人们开始关注汇率的形成机制。现代国际金融体系和现代国际货币体系尚处于发展中，对它们的认识与研究也处于起步阶段。因此，人们对国际货币金融体系的粗浅认识导致国际货币金融制度不健全，最终国际货币金融体系难以适应由技术突破和制度变革带来的全球化的迅猛发展。

2. 制度安排的不完备

第一，各国货币金融制度的不同一性。各国存在不同的汇率制度（如管理浮动、自由浮动、钉住浮动、单一浮动、联合浮动等）、不同的资本项目开放、不同的货币政策工具和不同的财政健康状况，导致国际金融与货币政策协调的难度极大。

第二，浮动汇率制的问题。汇率作为一种国际比价，它的波动如果太大会涉及跨国界乃至全球范围的资源调整，给实体经济带来巨大成本。政府对汇率的干预一方面是为了稳定汇率市场，调整过度波动；另一方面也可能有通过干预外汇市场获取贸易利益的考量。

第三，国际货币政策协调机构的问题。国际贸易体系的运转良好，很大程度上得益于以世界贸易组织为代表的多边贸易体系的成功。而国际金融领域缺乏这样的多边组织。国际货币基金组织（IMF）作为全球货币政策协调机构，其资金来源于成员的认缴份额，在金融稳定已经成为全球公共物品的情况下，IMF却采取了类似股份公司的组织结构和决策机制。

第四，国际储备体系的问题。美元是主要的国际储备货币，存在特里芬难题，即储备货币为主权货币，在提供流动性和保持货币价值方面存在不同一性。欧元的问题是，作为超主权货币，在没有统一的财政政策情况下，其难以发挥关键作用。

第五，国际金融监管的缺失。金融领域通常被看作私人部门，然而金融部门的影响却是全世界的，理念上的差异导致监管的缺失。

3. 世界经济的不平等

全球化对缩小国家之间收入差距有贡献，但是发达国家、新兴市场国家和发展中国家之间存在着广泛的社会发展差距，经济实力极其不对等。同贸易体系可以充分利用禀赋差异来促进福利增进的逻辑不同，国际金融与货币体系的运转需要更平等的世界，包括人才、经验、制度、财富之间的更大平等，而不平等会造成国际流动性的流转不畅，好比水流在高低不平的河床，很容易导致国际流动性的淤积、溢出或不足。从这个角度讲，现代国际经济的深层次问题是国家间收入不平等，这只能依靠全球化的发展来解决。

（二）滞后性的表现

一是国际金融危机频频爆发。对1998年的亚洲金融危机人们还记忆犹新。之前的危机也频频发生：1987年美国发生黑色星期一事件，股票市场罕见暴跌，跌幅超过22%；1989年的美国储贷危机；1994年墨西哥金融危机，导致世界股指下降1.7%，美国损失接近100亿美元。

二是资产价格虚高。美国的房地产价格从2000年以后出现全面快速上涨，到2005年初，4年累计涨幅已经高达50%以上。此前50多年，美国的平均房价涨幅仅为6%左右。

三是大宗物品价格的暴涨暴跌。国际原油的价格从2007年初开始，由55美元左右一直涨到2008年7月的150美元左右，涨幅高达173%。继而又从最高峰直线跳水，到2009年初已经跌到40美元以下。国际市场其他大宗物品的价格同样经历暴涨暴跌，大量的套保资金损失惨重。

（三）美国成为本次金融危机的中心

美国的GDP占世界的20%左右，国际贸易总量稳居世界前列，具有强大的经济、科技、军事实力，在政治、军事和经济方面都具有全球影响力。美国主导了全球化的进程。美国国内互联网经济快速发展，大规模的制造业被转移，大量的服务业被外包。美元是全球储备货币，美国是国际货币基金组织最大的股东。也就是说，美国在经济全球化中起主导作用，参与程度最深，全球化的制度与进程产生结构性矛盾时，受影响最大的也是美国。

四、对策

（一）发展全球化，加强全球化研究

一方面，经济全球化发展中的问题要靠发展全球化来解决。国际金融危机若要通过遏制全球化发展来解决，那就是本末倒置。贸易保护主义行为就是这样一种开历史倒车的举动。目前的交通通信条件、信息科技水平已不可能使人们回到闭关锁国的时代。贸易保护主义以短暂的国内利益，损害本国的长远利益和整体国际社会的福利，得不偿失。因此，反对贸易保护主义成为当前和今后促进世界经济体系良性运转的必要条件。

另一方面，加强对全球化及其影响的全面研究。全球经济格局发生深刻变化，全球化对各国经济与政策制定产生深刻影响。随着全球化以前所未有的规模向前发展，以前的理论基础已经发生动摇。研究的进展不能适应全球化的发展。现代经济学研究还停留在国内经济和开放经济的研究阶段，而没有一个全球生产的研究视角。经济全球化的发展已经对经济学研究中的技术、偏好、政府政策规则和各经济主体的预算约束产生深刻影响，而这些设定在理论研究中已经数十年没有变化。

（二）加强经济全球化的制度建设

一是正确认识金融活动的公共性。各国对金融系统的大规模注资表明，金融活动具有强大的外部性和信息不对称的鲜明特征，往往会导致

市场失灵。因而金融稳定是政府需要提供的公共物品，全球金融稳定是需要世界各国通力合作、共同应对的挑战，是像防止气候变暖一样的全球公共物品，需要世界各国合力提供。

二是完善国际金融监管体系。对国际金融市场上的对冲基金、衍生工具实行全面监管，对国际大宗物品的价格波动予以重点关注。

三是促进国际储备体系的多元化。根据贸易规模和经济发展水平，来确定主要的国际储备货币，包括美元、欧元、日元、人民币等贸易大国和其他世界重要经济体的货币。甚至可以先期研究探讨成立超主权储备货币的可能性。

四是建立稳定的国际货币政策磋商机制。国际贸易和WTO的经验表明，一个稳定的协商机制在主导世界经济秩序方面会发挥突出作用。二十国集团峰会临时扮演了国际货币金融政策的协商会议角色。但是国际金融货币领域依然缺乏一个稳定的政策磋商机制、机构和固定场所。

五是加强双边、地区多边、国际多边的货币政策协调。首先，要加强国际货币基金组织的作用，根据经济实力和贸易份额提升发展中国家决策权，甚至借鉴联合国其他经济组织的经验，使之能够更多发挥提供全球公共物品的作用；其次，加强双边的货币政策协调，最大贸易伙伴之间、相互影响较大的经济体之间可以采取多种形式的货币政策协调机制；最后，发挥地区金融货币政策协调机构的作用，可以在当前的区域经济组织的基础上，增设货币政策协调机构，如东盟、拉美经济联盟等重要区域性发展中国家机构，发挥各地区发展银行的作用。

（三）促进世界经济平衡发展

一个平衡的国内经济是中等收入居民占大多数的经济，同样，一个平衡的世界经济是中等收入国家占大多数的世界。然而长期以来，世界格局是少数富国和大多数穷国并存，以“亚洲四小龙”为代表的新兴工业化国家和地区的经济成功，以及中国、印度、俄罗斯、巴西等新兴市场国家的崛起，使拥有庞大人口的国家和地区正朝着中等收入国家和地区的方向迈进，这是全球化带来的一个积极变化。

援助不发达国家是世界经济平衡发展的需要。欧美发达国家在与非洲和拉丁美洲的发展中国家交往时，往往在贸易与投资中附加政治条件，要求落后国家先要政治进步，而后发展经济。实际上各国发展的经验表明，并不是所谓西方式政治体制就会导致经济发展，西方式的援助常会导致这些国家匆忙地改革却不能适应当地的社会经济现实状况，经济得不到发展，政治更加腐败，社会冲突加剧，社会动荡进一步把经济拖入泥潭，形成一个恶性循环圈。而亚洲新兴工业国家和地区同中国式的经验证明，首先从经济发展取得突破口，经济发展带动民智开化，促进政治进步，密切国际联系，社会结构趋于稳定，又进一步促进经济发展，方可形成一个良性循环圈。因此，经济发展会促进政治文明的进步，二者之间存在互为影响的关系。单纯附加政治条件的援助并不能促进不发达国家的发展。

（四）加快我国参与国际货币金融体系建设的步伐

平衡的全球化是商品贸易和国际金融协调发展的全球化，我国的国际贸易规模已经跃居世界前三位，然而在国际货币基金组织的份额却只有4%，在国际货币金融体系中的地位与我国的国际贸易与吸引外资规模不相匹配。中国是世界的重要成员，像金融稳定这样的全球公共物品的提供，中国的责任与权利都应该有与国际地位、经济实力相匹配的承担与接受。

当然，参与程度要与我国的国际金融经验、人才储备、国内经济实力匹配。具体措施包括：提升人民币的国际地位，加快人民币的可兑换进程，为人民币成为国际性货币做好准备；加快人民币汇率形成机制的合理化科学化进程；审慎合理探讨资本项目开放进程等。

国务院发展研究中心信息中心：段炳德

金融危机所暴露出的保险业偿付能力监管问题①

当前的金融危机对全球保险业造成了重创，并暴露出了在偿付能力监管方面存在的诸多问题。这些问题主要包括：偿付能力监管的视野过于狭窄，监管手段过于被动；没有过多考虑极端因素，而偏向于考虑平均和正常年景；偿付能力额度计算公式中对投资组合所面临的风险重视不够，认识不足；存在部分监管空白等。这些问题在我国都存在，必须在搭建新的偿付能力监管体系的过程中加以避免。

当前的金融危机对全球保险业造成了重创，直接表现在以下三个方面：一是由于投资次债相关产品及投资银行等金融机构股票所产生的损失；二是由于承保的按揭贷款保险、董事高管责任险、债券保险等相关产品面临巨额索赔所产生的损失；三是围绕AIG这一国际保险巨头陷入财务困境前后所发生的一系列事件（如政府救济风波、高管薪资丑闻等）大大破坏了保险业的形象和声誉。尽管从整体上看，保险业受到的

① 原文载于国务院发展研究中心《调查研究报告》总第3503号（2009年12月10日）。

冲击不如银行业严重，并且损失主要集中在少数大型保险公司身上[①]，但当前危机对全球保险业的冲击远远不止于此，而是渗透更深层次的领域，其中一个关键领域就是偿付能力方面。事实上，金融危机暴露出了全球保险业偿付能力监管存在的诸多问题。这些问题在正常年景就已存在，在危机中更加鲜明地凸显出来，对危机的恶化和扩散起了推波助澜的作用。

一、偿付能力监管的视野过于狭窄，监管手段过于被动

偿付能力监管方面的问题，主要体现在以下两个方面。

（一）将偿付能力监管简单定位为数量监管

这种情况在各国保险业偿付能力监管中普遍存在。监管部门认为，只要保险企业根据监管机构制定的公式计算出来的偿付能力充足率高于法定的最低要求[②]，其偿付能力就可被视为充足的。它们既没有考察保险企业的风险管理实践、公司治理结构等质量因素对偿付能力的可能影响，采取的相应监管行动也仅仅与偿付能力比例高低相关联。这样做不仅被动，而且不能产生激励企业进行风险管理的效果。例如，对操作风

① 根据Accenture咨询公司发布的一份研究报告，截至2008年10月，金融危机对全球保险业造成的损失估计为892亿美元，远远低于金融危机对银行业的重创（损失7250亿～8200亿美元）。此外，全球保险业80%的已报告损失都集中在4家以美国为总部的保险公司身上。

② 通常情况下，只要法定偿付能力额度高于实际偿付能力额度，即偿付能力充足率大于100%，即认定保险企业的偿付能力是充足的。

险的处理。操作风险是指由于不完善或有问题的内部操作过程、人员、系统或外部事件而导致的直接或间接损失的风险，许多人认为，这场金融危机本质上是操作风险的大爆发。然而，由于操作风险涉及企业经营的各个环节，难以精确数量化，在将偿付能力监管简单定位为数量监管的狭隘思想指导下，操作风险成为当前许多国家和地区的保险监管空白。另一方面，在美国的风险资本体系（RBC）和欧盟保险偿付能力监管标准Ⅱ体系下，尽管对操作风险进行了数量化处理，但对操作风险和其他风险之间的相关性考虑明显不足，而且没有在监管机构的监督检查程序和信息披露方面提出特别的要求。这样，在危机爆发之前，许多保险企业由于缺乏兴趣或欠缺技能、资金等原因，宁愿缴纳更高的操作风险资本，也不愿意通过改进IT系统、完善内部流程等手段对操作风险进行管理，偿付能力监管对企业风险管理实践所能产生的激励作用基本没有发挥出来。

（二）偿付能力的数量监管与其他监管手段没有密切配合

即使正在建设中的欧盟保险偿付能力监管标准Ⅱ，借鉴银行业的巴塞尔协议Ⅱ，采用了三支柱的体系[①]，将数量监管只作为偿付能力监管的一部分，但数量监管的第一支柱与其他两个支柱之间的相关性明显考虑不足。拿公司治理的重要组成部分——薪酬来说，当前金融危机提供了一个

---

① 第一支柱通过客观的、数量化的资本要求，确保保险公司维持基本的偿付能力水平；第二支柱通过监管机构的监督审查程序，确保保险公司建立一套控制和管理风险的机制，从而在更深层次上降低偿付能力不足的风险；第三支柱通过加强信息披露的要求，确保市场机制对保险公司资本充足性的约束。

活生生的例子，表明一个坏的薪酬政策对企业风险的提高会产生多大的影响。在AIG金融创新部门的CDOs产品打包流程中，薪酬政策对交易员通过CDOs打包的信用产品数量有很明确的激励（颁发奖金等），而对于在交易日结束时没有售出部分却没有相应的惩罚措施。这样的结果是：留在发行机构账簿上的质量较差的CDOs数量越来越多，最终成为引爆AIG危机的导火索。在当前实践中，保险企业偿付能力的计算公式不会考虑薪酬的影响，更没有从薪酬角度评估保险企业面临的实际风险状况。试想一下，如果偿付能力的数量计算公式能够提示出薪酬政策的潜在风险，通过企业的信息披露流程以及监管机构的风险管理检查程序明确地认定这种风险，并发出早期预警信号，督促企业改善原有做法，实施既有鼓励又有惩罚的薪酬政策，则AIG危机爆发的概率就会大大降低。

二、偿付能力监管没有充分考虑极端因素，而偏向于考虑平均和正常年景

偿付能力监管不仅应在正常年景有效，在危机发生时更应该发挥作用。然而，当前各国、各地区的偿付能力模型普遍建立在平均和正常年景的假设下，对极端情况考虑不足，这是欠妥的。因为企业在正常时期和危机时期所面临的外部环境大相径庭，一些以前被视为不可能发生的极端事件在危机时期往往会发生，并且会接踵发生。当前危机提示我们，如果不在偿付能力监管中适当考虑极端因素，很可能会

出现下列问题。

（一）低估了某些风险的负面影响

例如，典型的保险业偿付能力计算模型中并没有将负债业务的流动性当作一个关键因素考虑，特别是对于业务量大的寿险公司而言，一般认为负债的流动性风险对企业的影响十分有限，不会存在无法及时给付的现象。然而，在爆发金融、经济危机的时刻，保单持有人或者由于丧失信心，或者由于收益下降，退保率很可能大幅飙升。如果对销售收入产生过大影响，流动性就会成为企业面临的一个重大问题。此外，当前危机虽然发源于金融业，但已蔓延到全球实体经济中，各种经济业务的交易对手违约概率显著增加，会大大提高保险公司资产方以及特定产品线（如信用保险和保证保险）中的信用风险，这是正常年景所看不到的。

（二）高估了投资多样化收益

所谓保险投资的多样化有三种基本形式。

一是在单项资产类别上的多样化。资本市场上流传着一个所谓的“8”定律。例如，对于股票投资来说，投资组合中至少应该包括8只股票才能充分分散风险。

二是总资产类别上的多样化。即保险资金应该在定期存款、股票、债券、基金、房地产、PE等多类资产上进行分散投资。

三是地域上的分散。除了本土投资之外，还应涉足海外市场。有人曾研究证明，对于美国的投资者而言，必须至少将投资的25%放在美国本土之外才能充分分散风险。

这三种形式的多样化对投资管理和风险控制都具有非常重要的意义。然而，由于在金融危机过程中，证券市场产品变得高度相关，并且全球金融机构之间一荣俱荣、一损俱损的态势表现得非常明显，这就在一定程度上降低了单项资产多样化和地域多样化的作用。此外，金融危机向实体经济的蔓延也使得总资产类别的多样化效果可能受到损害。换句话说，在危机发生时，投资多样化收益可能消失殆尽，适用于正常年景的所谓投资经验可能完全失效。

（三）高估了金融综合经营集团的多样化收益

获得多样化收益是支持金融业开展综合经营的一个有力论据。集团内部的银行和保险子公司之间业务相关性较低，故有利于集团整体的风险分散和收益最大化。但与投资多样化收益一样，金融综合集团的多样化收益也主要发生在正常年景。在危机中，多样化收益不仅有所降低，甚至可能出现负收益。AIG就是一个典型例证：非保险部门的问题出现后，影响了集团整体的声誉，连累保险业务的退保率大幅提高，致使原本运营良好的保险子公司的偿付能力显著下降。

（四）高估了风险转移手段的有效性

美国的许多保险公司使用衍生品或者保险风险组合的证券化工具来充

当风险管理的有效工具，但在衍生品日趋复杂和缺乏监管的情况下，以为已经被转移的风险其实并没有被转移出去。在正常年景下，这种情况还可以被表面繁荣的交易量所掩盖，可一旦金融危机爆发，风险转移工具缺乏实效的恶果就会显现出来。

三、偿付能力额度计算公式中对投资组合所面临的风险重视不够，认识不足

相比银行业，影响保险业偿付能力的风险种类要宽泛得多，不仅来自资产方面，更多的还来自负债方面，例如定价和准备金计提不足、死亡率/长寿率过高、巨灾风险等。与此相对应，除操作风险外，银行业的国际资本监管体系——巴塞尔协议Ⅱ在其资本充足率的计算公式中只覆盖来自资产方面的风险（信用和市场），而全球各国或各地区保险业偿付能力额度公式中却普遍以负债方面的风险为主，对资产方面的风险确认或者有所缺失或者重视不够。此外，当前金融危机作为各类极端事件的一次大爆发，更是暴露出全球保险业在偿付能力监管方面对投资组合所面临的风险普遍认识不足。

（一）部分国家和地区法定最低偿付能力资本额度的计算公式中，没有对投资风险作单独的资本要求

欧盟偿付能力Ⅰ监管体系及包括中国在内的多数新兴市场的监管体

系都是如此。在这种情况下，不同的投资组合所蕴含的风险状况无法通过法定偿付能力资本额度要求的变化而变化，偿付能力监管对投资组合的约束作用无法发挥，在资本市场波动加大的情况下，监管机构无法发出有效的预警信号。

（二）对不同种类的投资资产在金融危机情况下的投资收益波动程度认识不足

在美国的风险资本体系（RBC）和欧盟保险偿付能力监管标准Ⅱ体系下，监管机构要求保险企业对投资组合的信用风险和市场风险计提单独的资本进行覆盖，但经过危机的洗礼，这类资本要求是否充分值得怀疑。2008年，随着金融危机向美国以外市场及实体经济的蔓延，全球股市平均下跌超过40%，而当前各地区对股票市场价值下跌风险所征收的15%～32%的资本因子显然不够弥补这一损失。

（三）对资产风险组成要素之间的相关性认识不足

保险企业投资组合所面临的风险可进一步细分为交易对手的信用风险、利率风险、股票风险、地产风险、利差风险、集中度风险、货币风险等。2008年，在全球许多市场上，这些风险集中爆发，致使保险企业投资组合中的多数资产价值大幅下降，包括交易对手违约率显著上升、地产价格大幅下降、股票指数猛烈下跌、汇率波动十分剧烈等。换句话说，在危机发生时，保险企业投资风险组成要素之间的相关性非常之高，接近1。反观现有各国或各地区保险业偿付能力额度的计算公式，要么对这些风险要素之间的相关性没有考虑，要么考虑不足，这样在一定的置信水平上（例如99%），可能会低估最低的法定资本要求。

事实上，随着金融综合经营趋势的发展以及保险业投资组合规模的日益壮大，投资风险对保险业的重要性已经不亚于负债风险的影响，相应地，投资的资本风险权重在保险公司偿付能力额度计算中所占的比重也值得更多的关注和考量。危机暴露出当前多数地区在这方面的不足，显然是监管没能跟上实践发展的一个鲜明案例。

（四）存在部分监管空白

一是有些衍生品没有纳入偿付能力监管的范围。主要是指保险公司持有的一些创新性金融工具，这些工具被剔除在资产负债表之外，监管机构对是否允许企业持有这类金融工具既没有明确规定，也没有进行任何干预，更别提使用偿付能力监管手段进行控制和约束了，风险管理的薄弱环节由此就出现了。在危机前，一些保险公司通过证券化产品进行了一些高风险投资，例如投资于次贷支持的CDOs产品，在金融危机爆发后，由于交易对手不能履行承诺（即交易对手违约风险远远高于保险公司最初的预测），这些投资不得不被清算，不仅使保险公司投保人产生了巨大损失，也大大影响了保险公司自身的声誉。2008年意大利某保险公司出于维护自身声誉考虑，不得不赔偿其客户在指数连接保险投资方面的损失，正是这一监管空白所造成的消极后果的真实写照。

二是对保险公司与银行之间资本套利的处理存在疏漏。对于同一类资产而言，银行资本充足率的相关监管规定和保险公司偿付能力的相关监管规定可能存在不一致，这就为同一集团下银行子公司和保险子公司之间的资本监管套利提供了空间。然而，当前保险业偿付能力监管对这个问题的处理普遍有所疏漏。

三是疏忽了金融控股公司对保险企业偿付能力的影响。目前的保险偿付能力监管只是针对单个保险公司进行，对一个隶属于保险集团或者综合金融集团的保险公司的处理，同对一个独立保险公司的处理是一致的，这种做法显然欠妥。当前危机表明，在一个集团内部，未被监管的部分可能对有充分偿付能力的部分造成打击。仍然以AIG为例，保险子公司本来运营良好，偿付能力充足，而恰恰是非保险部门的问题拖累了整个集团陷入财务困境，产生了集团性声誉危机，并反过来降低了保险子公司的偿付能力充足率。集团内部的偿付能力转移也可能成为应对危机的手段。在AIG案例中，早在联邦政府决定对AIG进行资金救援之前，为了解AIG的燃眉之急，州保险监管部门曾经提出过一个资金救援方案，即允许AIG控股公司从保险子公司那里获得最高200亿美元的资本转移，以作为母公司资产质押和维持日常运营使用。既然保险子公司的偿付能力可能会成为解救整个控股公司危机的一个手段，那么在评估保险子公司资本充足率的时候，就不能疏漏这种危机处理手段的可能影响。

保险业的偿付能力建设在我国还只是刚刚起步，可以说，上面指出的四大问题在我国都明显存在。考虑到偿付能力对保险业经营和监管的极端重要性，我们必须正视这些问题，正视当前危机中所总结出来的宝贵经验和教训，在我国相应的体系建设过程中加以关注，避免重蹈覆辙。

国务院发展研究中心金融研究所：田　辉

国际金融危机对中日韩贸易的影响分析[①]

国际金融危机爆发以来，中日韩三国的对外贸易受到强烈冲击，三国之间贸易活动急剧收缩。从结构性原因来看，贸易规模减小与加工贸易急剧萎缩和机械设备出口下降有着直接的关系，反映了三国最终产品市场主要集中在区域外的传统“三角贸易”模式的脆弱性。随着世界经济开始复苏，三国贸易仍然具有快速增长的条件和空间。但如果延续危机前以中间产品贸易为主的结构，则仍然存在遭受国际环境变化冲击的风险。因此，中日韩三国面临的任务，除了应加强贸易和投资便利化合作、加快货币互换和区域货币稳定机制建设之外，更为重要的是要推进区域经济一体化进程，以提高最终产品的区域内贸易比重。

国际金融危机给全球实体经济带来强烈冲击，主要国家和地区陷入同步衰退，国际市场需求急剧萎缩，全球贸易出现大幅度下降。中国、日本和韩国作为世界主要贸易大国，也面临出口持续下滑的严峻形势。在这一背景下，深入分析国际金融危机带来的影响，准确把握中日韩三

① 原文载于国务院发展研究中心《调查研究报告》总第3505号（2009年12月11日）。

国贸易的变化趋势和特点，对于加强有关三国经济合作问题研究具有十分重要的意义。

一、国际金融危机对中日韩贸易的影响

20世纪90年代以来，在全球化趋势的带动下，中国、日本和韩国三国之间的相互贸易和投资活动日趋活跃，保持了较快发展势头，为推动三国经济乃至东亚地区经济发展发挥了重要作用。突如其来的国际金融危机，不仅对三国的对外贸易造成冲击，而且造成了经济增长明显放缓甚至陷入严重衰退的困难局面。

（一）中日韩三国对外贸易出现大幅度下降

中国2001—2007年保持了对外贸易的快速增长势头，年均增长速度高达27.4%，其中出口年均增长为28.8%，进口为25.7%。进入2008年后，受次贷危机对美国经济的冲击日趋显现等因素的影响，贸易增长速度逐渐回落。2008年9月，国际金融危机爆发后，下行趋势进一步加快，11月起转为负增长。根据中国海关统计，2008年第四季度中国出口同比仅增长4.4%。进入2009年以来，中国外贸的下降趋势仍然在持续，其中出口1—9月下降幅度达到21.3%，预计全年将出现改革开放30年以来首次17%左右负增长，而进口的下降幅度也接近出口下降的水平。

2009年1—9月，按照美元计价金额计算，韩国对外贸易的下降幅度超过中国，其中出口下降20.9%、进口下降33.1%。由于美国是日本的最大出口市场，日本出口受金融危机的影响更为直接和明显，对外贸易的下行压力超过中国和韩国。从2008年第四季度起，日本出口迅速下降，并延续到2009年。2009年1月到9月，日本出口下降32.9%，进口下降31.8%。三国对外贸易增减情况见表1。

表1　　中国、日本和韩国的对外贸易增长变化（%）

时间	中国外贸增长			日本外贸增长			韩国外贸增长		
	总额	出口	进口	总额	出口	进口	总额	出口	进口
2001—2007年	27.4	28.8	25.7	8.7	10.1	7.2	16.5	16.3	16.7
2008年	17.8	17.3	18.3	14.9	8.9	21.7	17.7	13.6	22.0
2009年1—9月	-20.9	-21.3	-20.4	-32.4	-32.9	-31.8	-27.2	-20.9	-33.1

资料来源：来自各国海关统计（按照美元计价金额计算）。

（二）中日韩相互贸易受到的冲击更为严重

如表2所示，作为全球贸易大国，中日韩三国之间的相互贸易关系十分紧密，区域内贸易占全部对外贸易的比重在20%左右。尤其是韩国对区域内贸易的依赖程度最高，2008年韩国对中国和日本贸易分别占其全部贸易的19.6%和10.4%。三国贸易关系中的另一个显著特点是，2001—2008年，韩国、日本对中国贸易依存度均有所提高；中国对韩贸易比重略有上升，对日贸易的比重明显下降。随着三国对外贸易受国际金融危机影响快速萎缩，相互之间的贸易同样面临急剧萎缩的严峻形势。

表2　　中日韩三国相互贸易的重要性（%）

	年份	对中国贸易比重			对日本贸易比重			对韩国贸易比重		
		总额	出口	进口	总额	出口	进口	总额	出口	进口
中国	2001	—	—	—	17.3	16.9	17.7	7.1	4.7	9.6
	2008	—	—	—	10.4	8.1	13.3	7.3	5.2	9.9
日本	2001	11.8	7.7	16.6	—	—	—	5.6	6.3	4.9
	2008	17.4	16.0	18.8	—	—	—	5.8	7.6	3.9
韩国	2001	10.8	12.1	9.4	14.8	11.0	18.9	—	—	—
	2008	19.6	21.7	17.7	10.4	6.7	14.0	—	—	—

资料来源：各国对其他两国贸易占本国贸易总额比重分别依据本国贸易统计计算。

中国对韩贸易在2001—2007年曾经保持年均28.3%的快速增长势头；2008年一季度至三季度这种趋势仍在持续，尤其是出口增速远快于进口，三季度同比增加幅度高达52.8%。但是进入四季度后，出口增速迅速回落至5.9%，进口下降19%，导致对韩贸易减少10%左右，2009年1月到9月下降幅度进一步扩大，其中出口下降34%，进口下降18.3%。总体来看，中国对韩贸易的下降幅度超过中国外贸下降幅度的平均水平。造成这种状况的原因主要有两点：一是由于双边贸易以中间产品为主，随着国际市场需求迅速萎缩，中国的加工贸易出口受到冲击，对韩国的中间产品需求随之减少；二是因为2008年四季度以后，韩币对美元大幅度贬值、人民币相对韩币大幅度升值，中国的出口产品价格竞争力明显下降，与韩国国内经济陷入困难、市场需求急剧萎缩等因素产生叠加作用，导致中国出口增长明显趋缓，直至下降。中国对日贸易与对韩贸易走势基本相同，但下降幅度小于后者，尤其是对日出口较为稳定，下滑幅度小于中国出口下降幅度的平均水平。造成这种状况的原因主要有两点：一是由于2008年9月以来，人民币相对于日元贬值，有利于保持价格竞争力；二是因为中国对日出口的中低档消费品在经济衰退背景下市场需求较为稳定。

韩方统计对中国贸易按照美元计价金额计算的变化趋势和中国统计的结果相近，仅仅是在幅度上有所差别，很大程度是受经过中国香港特别行政区等地转口贸易因素的影响。从韩国对日贸易来看，2008年第四季度以来，出口和进口均出现大幅度下降，对日出口下降幅度远高于对外出口的平均降幅，但由于同期韩币对美元尤其是对日元大幅度贬值，故出口的实际数量下降幅度小于按照美元计价的出口下降幅度。日方统计所反映的日韩双边贸易基本特点与韩方统计结果相近。中国对日韩贸易的增长情况见表3。

表3　　中国对日韩贸易增长形势（%）

时间	对日本贸易同比增速			对韩国贸易同比增速		
	进出口	出口	进口	进出口	出口	进口
2001—2007年（年均）	17.9	14.6	20.9	28.3	28.4	28.3
2008年	13.0	13.8	12.5	16.2	31.7	7.8
一季度	14.4	12.2	16.2	21.3	33.4	14.9
二季度	20.9	17.7	23.3	29.6	38.0	24.7
三季度	18.0	18.1	17.9	27.2	52.8	14.5
四季度	0.2	7.6	–5.7	–10.1	5.9	–19.0
2009年1—9月	–20.0	–18.8	–20.8	–24.4	–34.0	–18.3

资料来源：中国海关统计（按照美元计价金额计算）。

（三）三国之间的贸易失衡状况并未得到改善

长期以来，中国对外贸易存在着较为突出的结构性失衡问题：对日韩等东亚地区国家的双边贸易逆差持续扩大，而对欧美等区域外国家（地区）的巨额贸易顺差不断增加。主要原因在于存在着日韩等东亚国家的中间产品进入中国，经过加工组装后最终出口到欧美等国际市场的“三角贸易”模式。因此，当中国面向欧美地区出口出现下降，必然导致对上游零部件即对日韩等国家进口需求的减少。2001—2007年，中国对美欧的贸易顺差明显增加，对日韩的贸易逆差规模随之逐步扩大。其中中国对韩国的逆差由108.1亿美元增加到479.2亿美元，对日本则由22.8亿美元的顺差转为317.7亿美元的逆差。按照特化系数来看，中国对韩国的贸易失衡程度保持在–29.9%左右，对日本也扩大到–13.5%。2008年由于受美国次贷危机以及由其引发国际金融危机的影响，中国对美国出口增速收缩，贸易顺差规模虽然略有增加，但按照特化系数来看，贸易失衡状况有所缓解；对日韩的贸易逆差规模虽然扩大，但是相对逆差有所降低，尤其是对韩双边逆差规模开始缩小。2009年1月到9月中国对韩国贸易逆差继续扩大，对日本贸易逆差虽有所收窄，但特化系数状况与2008年相比有一定恶化。而对美国的贸易顺差从规模到特化系数与2008年1月到9月相比均出现减少现象。具体见表4。

表4　中国的贸易平衡状况

时间	对世界贸易		对韩国贸易		对日本贸易		对美国贸易	
	贸易差额（亿美元）	特化系数（%）	贸易差额（亿美元）	特化系数（%）	贸易差额（亿美元）	特化系数（%）	贸易差额（亿美元）	特化系数（%）
2001年	240.6	4.7	–108.1	–30.1	22.8	2.6	281.4	35.0
2007年	2616.9	12.0	–479.2	–29.9	–317.7	–13.5	1628.7	53.8
2008年	2975.8	11.6	–382.5	–20.6	–344.4	–12.9	1708.1	51.2
2008年1—9月	1809.9	9.2	–318.8	–21.8	–310.0	–15.3	1267.6	50.4
2009年1—9月	1354.7	8.7	–350.3	–31.7	–226.8	–14.0	1024.7	48.5

资料来源：根据中国海关统计计算。

20世纪90年代以来，韩国对中国贸易保持顺差，对日本贸易却始终是逆差。这与韩国对日本机械设备进口需求较大，对日本出口往往通过向中国出口零部件，经过加工组装后出口到日本等发达国家市场的贸易模式有着直接的关系。根据韩方统计，韩国对中国贸易顺差和对日本贸易逆差在2001—2007年明显扩大，尤其是对日本贸易，通过特化系数表现的相对贸易失衡同期也明显加剧。2008年韩国对中国贸易顺差规模和特化系数都明显降低，其中第四季度的下降幅度最大。这表明由于国际金融危机的影响，韩国借道中国最终进入发达国家市场的商品出口受到冲击。2009年1月到9月，韩国对中国贸易顺差增加，贸易失衡数字扩大，主要是韩币大幅度贬值和季节性因素的影响。2008年以来，韩国对日贸易逆差及其失衡程度并没有出现明显变化（见表5）。根据日方统计，日本对中国贸易长期出现逆差，金融危机爆发以来也没有改变。实际上，日方统计的贸易逆差与中方统计之间存在着方向上的差异，主要是由于经过中国香港转口部分的计算方法不同所造成的。日本对中国香港地区的巨额出口绝大部分转口到中国内地，但是在日方统计中仅仅计算为对中国香港的出口，从而导致对中国香港巨额贸易顺差和对中国内地的贸易逆差同时存在的结果。如果剔除中国香港转口因素，中方统计更接近实际情况，即中国对日贸易存在逆差。另外，日本对韩贸易的相对失衡状况变化不大，这一点与按照韩方统计的分析结果一致；同期对美贸易失衡压力也出现了缓和迹象（见表6）。

表5 韩国对中日贸易平衡状况

时间	对中国贸易		对日本贸易	
	贸易差额（亿美元）	特化系数（%）	贸易差额（亿美元）	特化系数（%）
2001年	48.9	15.5	–101.3	–23.5
2007年	189.6	13.1	–298.8	–36.2
2008年	144.6	8.6	–327.0	–36.7
一季度	40.6	10.1	–84.3	–37.6
二季度	53.5	11.3	–87.1	–36.4
三季度	36.0	7.6	–92.2	–39.3
四季度	14.4	4.3	–3.6	–32.8
2009年1—9月	221.3	22.1	–195.2	–38.5

资料来源：根据韩国贸易统计计算。

表6 日本对外贸易平衡情况

时间	对中国贸易		对韩国贸易		对中国香港贸易		对美国贸易	
	贸易差额（亿美元）	特化系数（%）	贸易差额（亿美元）	特化系数（%）	贸易差额（亿美元）	特化系数（%）	贸易差额（亿美元）	特化系数（%）
2001年	–270.1	–30.3	81.0	19.0	218.9	88.2	581.9	31.4
2007年	–185.8	–7.9	269.5	33.1	373.7	92.8	725.5	33.9
2008年	–183.0	–6.9	297.4	33.7	384.4	92.6	591.8	27.8
2009年1—9月	–115.3	–7.0	177.9	36.3	213.0	92.7	223.2	20.7

资料来源：根据日本贸易振兴机构贸易统计计算。

总体来看，在国际金融危机背景下，由于主要国际市场经济衰退加剧，中国等主要加工组装商品输出国出口萎缩，并通过加工贸易链条传递到上游原材料和零部件输出国，造成这些国家出口下降和贸易顺差规模收缩，但从特化系数来看，贸易失衡状况并未得到改善。只要最终产品市场今后仍然集中在欧美等区域外市场，东亚区域内中间产品贸易为主的贸易结构就不会发生大的变化，区域内贸易和经济更容易受到欧美等区域外地区经济的影响和冲击。

二、中日韩三国贸易下滑的结构性原因

造成中日韩三国贸易下滑的原因很多，除了国际市场需求收缩、汇率波动等外部市场因素之外，贸易方式和贸易结构也是重要的结构性原因。

（一）加工贸易萎缩是导致三国贸易下降的结构性原因

加工贸易占全部贸易的比重较高是中国对外贸易的显著特点之一。近年来，随着国内企业生产能力的逐步提高以及加工贸易转型政策的实施，中国的加工贸易在对外贸易中的比重出现平稳下降趋势。2007年，加工贸易进出口额占对外贸易额的比重由2001年的47.5%降低到45.4%。其中出口比重下降了近5个百分点。2008年，政策性限制和国际市场需求收缩、跨国公司企业效益恶化和库存调整等因素叠加作用，使加工贸易比重的下降趋势明显加快，出口和进口的比重一年中分别下降了3.4个百分点和5.2个百分点。加工贸易比重下降趋势在中国对韩、日、美的贸易中都有明显表现（见表7）。

值得注意的是，虽然加工贸易在对韩、日、美等双边贸易额中的比重均在50%以上，明显高于平均水平，但是这三个双边贸易中加工贸易承担的作用存在明显区别。从加工贸易比重来看，对韩进口明显高于

出口，对美出口明显高于进口；日本介于其间。这说明韩国是加工贸易原材料和零部件的主要来源地；美国是加工组装产品的主要市场；日本既有提供零部件的一面，同时也是加工组装产品的主要市场之一。这种“三角贸易”增长模式，在美国等最终产品市场萎缩的背景下，导致中国和韩国、日本同样面临出口急剧下滑的强大冲击。2008年四季度受国际金融危机和美国等发达国家同步衰退的影响，中国对主要伙伴的加工贸易均出现下降，并拉动双边贸易增长明显放缓或出现负增长。2008年四季度，中日双边贸易额同比减少7.4%，其中受加工贸易下降16%这一因素的影响，拉动双边贸易下降6.5个百分点。同期对韩加工贸易下降4.4%，拉动双边贸易增长率回落2.2个百分点。由此可见，加工贸易萎缩是导致中国对日韩贸易出现下降的主要结构性因素之一。具体见表8和表9。

表7　　中国对外贸易中加工贸易比重（%）

年份	对世界贸易			对韩国贸易			对日本贸易			对美国贸易		
	总额	出口	进口	总额	出口	进口	总额	出口	进口	总额	出口	进口
2001	47.5	55.4	38.8	50.9	46.1	53.5	51.5	56.2	46.6	52.0	66.9	21.1
2007	45.4	50.7	38.6	50.6	43.8	54.3	49.6	56.6	44.2	54.2	62.5	26.7
2008	41.2	47.3	33.4	49.0	43.4	52.7	46.3	53.6	40.6	50.8	59.4	24.2

资料来源：根据中国海关统计计算。

表8　　2008年中国加工贸易进出口额增长率（%）

	对世界贸易		对日本贸易		对韩国贸易		对美国贸易	
	一季度至三季度	四季度	一季度至三季度	四季度	一季度至三季度	四季度	一季度至三季度	四季度
总额	25.1	−1.5	27.5	−7.4	17.8	0.2	25.7	−2.1
一般贸易	35.7	5.8	44.6	−0.3	27.5	7.1	37.5	−0.6
加工贸易	13.7	−10.7	10.6	−16.0	9.3	−4.4	16.4	−2.0

资料来源：根据中国海关统计计算。

表9　2008年中国加工贸易下降拉动双边贸易额下降百分点

	对世界贸易		对日本贸易		对韩国贸易		对美国贸易	
	一季度至三季度	四季度	一季度至三季度	四季度	一季度至三季度	四季度	一季度至三季度	四季度
总额	25.1	–1.5	27.5	–7.4	17.8	0.2	25.7	–2.1
一般贸易	16.0	2.5	19.8	–0.1	10.7	2.8	15.8	–0.2
加工贸易	6.2	–5.0	4.3	–6.5	4.6	–2.2	7.2	–0.9

资料来源：根据中国海关统计计算。

（二）机械设备贸易减少对贸易总额下降影响最为突出

在中日韩三国贸易中，机械设备是最大宗商品，电气机械、运输设备、精密机械等三项合计占全部贸易额的比重超过50%。因此，机械设备商品贸易下降对双边贸易具有较大的影响，往往成为导致双边贸易增长趋缓或负增长的主要原因。国际金融危机爆发后，全球市场需求收缩，企业库存调整加快，投资活动明显减少，造成机械设备等资本品贸易急剧萎缩，中日韩三国也因此受到巨大冲击。根据中方统计，中韩双边贸易2008年增长速度比2001—2007年年均增长水平降低12.15个百分点，其中，仅电气机械贸易增长速度回落因素的影响，就导致双边贸易增速下滑6.84个百分点。另外，精密机械增速严重下滑使贸易总额增速回落2.96个百分点。在主要大宗商品中矿产品、贱金属增速加快，拉动贸易总额增速提高2.34个百分点，抵消了由于机械设备贸易增速下滑带来的部分负面影响。2008年中日双边贸易同比增速与2001—2007年年均增长水平相比回落4.85个百分点，其中由于电气机械贸易减速因素影响下降4.65个百分点，与中韩双边贸易相类似。由此可见，和投资活动直接相关的机械设备类商品需求下降是导致2008年中韩、中日双边贸易增速明显下滑直至出现负增长的主要原因。具体见表10。

表10　　中国对日韩主要商品贸易增长及影响

	对韩贸易			对日贸易		
	拉动总额增长百分点		拉动百分点增减	拉动总额增长百分点		拉动百分点增减
	2001—2007年年均	2008年		2001—2007年年均	2008年	
合计	28.31	16.16	−12.15	17.90	13.05	−4.85
活动物	0.08	−0.01	−0.09	−0.01	0.03	0.04
植物产品	0.21	−0.36	−0.56	0.04	−0.08	−0.12
动植物油	0.00	0.00	0.00	0.00	0.01	0.01
食品	0.20	0.13	−0.08	0.29	−0.24	−0.54
矿产品	1.40	3.00	1.60	0.34	2.19	1.86
化工产品	2.48	1.34	−1.14	1.60	0.92	−0.68
塑料橡胶	1.49	0.45	−1.03	0.95	0.46	−0.49
皮革毛皮	0.04	−0.11	−0.14	0.05	0.06	0.01
木材制品	0.05	−0.02	−0.07	0.07	−0.02	−0.09
造纸	0.01	0.02	0.01	0.17	0.12	−0.05
纺织品	0.60	−0.17	−0.78	0.72	0.66	−0.06
鞋帽伞	0.06	0.01	−0.06	0.11	0.17	0.05
矿物材料	0.27	0.21	−0.07	0.15	0.11	−0.04
珠宝	0.03	−0.02	−0.04	0.09	0.10	0.01
贱金属	3.97	4.71	0.74	1.96	1.70	−0.26
电气机械	12.69	5.85	−6.84	8.59	3.94	−4.65
运输设备	0.70	0.22	−0.48	1.11	1.11	0.00
精密机械	3.76	0.80	−2.96	1.19	1.26	0.07
杂项制品	0.24	0.12	−0.12	0.37	0.48	0.10

资料来源：根据中国海关统计计算。

根据日方统计，分商品来看，通用机械、电气机械和运输设备等机械设备类贸易占日本对韩出口额的比重达到36.4%，在日本从韩国进口中的比重高达38.2%。因此，日韩贸易在商品结构上与中日、中韩贸易结构相同，机械设备贸易额所占比重远远高于其他商品，其增长形势变化对贸易总额增长影响较大。根据日方统计，2009年1月到4月，日本对韩国出口同比下降了33.3%。分商品看，初级原料、有色金属和运输设备、电气机械等下降幅度最大，其中机械设备下降拉动日韩贸易总额增速同比下降16个百分点，是所有商品中最高的，在进口中的下降拉动作用是18.8个百分点（见表11）。总体来看，机械设备等资本品是中日韩三国相互贸易的主要商品。受金融危机影响，信贷紧缩、市场需求下滑、企业经营恶化和投资收益预期降低。这些因素导致国际市场对于机械设备等资本品的需求萎缩，并拉动整个贸易出现负增长。如果市场预期不发生变化，金融危机的影响长期存在，机械设备商品的国际贸易低迷态势有可能持续数年，三国之间相互贸易短时期内也难以恢复到危机前的快速增长水平。

表11　　2009年1—4月主要商品贸易下降对日韩双边贸易的拉动作用

	日本对韩出口			日本自韩进口		
	增长（%）	比重（%）	拉动贸易额增速（百分点）	增长（%）	比重（%）	拉动贸易额增速（百分点）
合计	−33.3	100	−33.3	−33.9	100	−33.9
食品	−11.5	1	−0.1	10.3	6.7	0.4
初级原料	−47.3	2.9	−1.7	−48.6	2	−1.2
矿物燃料	−20	1.4	−0.2	−30.6	12.3	−3.6
化工产品	−31.4	21.8	−6.7	−32.3	10.5	−3.3
钢铁	−15.5	17.7	−2.2	−32.8	8.3	−2.7
有色金属	−39.5	2.6	−1.1	−62.4	2.1	−2.3
金属制品	−21.6	1	−0.2	−7	4.2	−0.2
纺织品	−34.4	0.6	−0.2	−14.4	1.4	−0.2
非金属材料	−30.4	3.1	−0.9	−40.2	1.1	−0.5
通用机械	−34.5	17.8	−6.3	−25.3	12.8	−2.9
电气机械	−39.6	16.8	−7.3	−49.1	23.8	−15.2
运输设备	−67	1.8	−2.4	−40.5	1.6	−0.7
其他	−34.4	10.7	−3.8	−17.8	11.3	−1.6

资料来源：日本按照美元计算的贸易统计。

三、中日韩三国贸易前景及加强三国经贸合作的政策建议

在各国政府以前所未有的力度采取了一系列刺激政策之后，全球经济终于出现了复苏的态势。但受金融体系不良资产的拖累，信贷紧缩较长时期内难以根本消除。即使发达经济体走出衰退，经济增长速度也将可能维持在较低水平。世界经济在今后3～4年将经历低速增长和曲折复苏过程。而且，主要国家经济回升在很大程度上依赖于产业救助和经济刺激计划的作用，而这些政策立足于国内需求增长的需要，对外部市场的需求拉动作用十分有限。更为严重的是，国际金融危机爆发以来，各种贸易保护主义措施明显增加，全球国际贸易和投资环境可能进一步恶化。美国、欧盟通过一系列加强检验检疫、调整原产地规则、提高环保标准等措施设置贸易壁垒，部分国家的法规、政策调整明显表现出限制本国企业海外投资的政策意图；俄罗斯、印度、越南等新兴市场国家则分别通过提高进口关税、限制部分商品进口、增加出口补贴、实施严格的海外劳务雇佣政策等措施加强贸易和投资保护。因此，中日韩对外贸易的外部环境难以出现明显改善。

综合上述因素，中日韩贸易今后2～3年的发展形势可能具有以下一些特点。①三国对外贸易和相互贸易在今后数年内将难以恢复到危机发生前的快速增长水平，可能进入持续的低速增长阶段。②由于中日韩相互投资增长放慢甚至减少，跨国公司主导下的加工贸易在区域贸易中的重要性将有所降低。③相互之间的贸易顺（逆）差规模扩大趋势可能将

得到一定程度的缓解，但是相对贸易失衡仍然存在继续上升的可能性。

从中长期来看，中日韩三国经过长期的产业转移和跨境产业分工形成的商品供给能力仍然有可能在国际市场尤其是欧美等发达经济体市场需求上升条件下获得贸易较快增长的机会。随着以中国国内为主要投资目标市场的日韩对华投资逐渐增加，最终产品的区域外比重将可能缓慢下降。但是，根据目前的情况，三国之间的自由贸易协定不可能在近期内取得实际进展，三国与外部的制度性合作仍然在持续加强。因此，三国区域内贸易比重明显上升的可能性较小，最终产品市场集中在区域外，而区域内部以中间产品贸易为主的结构性特点短期内难以改变。另一方面，三国相互贸易从商品结构来看，劳动密集型商品贸易比重逐渐下降，以资本品为主的中间产品或最终产品贸易比重进一步提高；适应节能环保和应对全球气候变暖目标需要的结构调整压力将明显上升。

为了促进东亚地区经济繁荣和稳定，中日韩三国在推动地区经济合作方面具有不可推卸的责任。尤其是汲取亚洲金融危机和本轮国际金融危机的教训，应将提高最终产品的区域内贸易比重作为区域经济合作的主要目标之一。为此，应在以下五个方面作出进一步努力。

一是继续推进和深化中日韩三国和东亚地区的货币合作进程，扩大货币互换规模和适用范围，增加本币互换和贸易结算机会，创造良好的金融稳定和贸易投资融资便利化条件；二是加强三国间的贸易便利化合作，共同应对和消除各种形式的贸易保护主义措施；三是推动中日韩自由贸易区进程，努力扩大区域内贸易比重，实现区域范围内的扩大内需目标；四是在推动东亚地区经济一体化方面发挥更加积极的作用；五是促进相互投资，加快产业分工和产业转移调整进程。

国务院发展研究中心对外经济研究部
“中日韩自贸区影响研究”课题组
研究负责人：张小济　赵晋平
执笔：赵晋平　方　晋

金融危机与金融安全网①

金融危机的爆发与金融理论的演变之间存在着一定的联系。梳理这些联系有助于更好地认识金融危机的成因。而“金融安全网”理论的提出，对于防范金融危机有着至关重要的作用。“金融安全网”存在漏洞是此次国际金融危机的原因之一，而建立健全国际“金融安全网”将是未来国际金融体系改革的主要议程。

一、金融危机与金融理论变迁

（一）金融压制

20世纪60年代，美国学者肖和麦金农研究发现，导致发展中国家经济落后的主要原因是这些国家在经济发展过程中普遍存在着“金融压制”现象。

所谓“金融压制”，就是过分强调政府作用。其主要特点，一个是严格限制市场准入，实际上是由国有大型金融机构实行垄断经营，不允

① 原文载于国务院发展研究中心《调查研究报告》总第3507号（2009年12月14日）。

许民间资本进入金融领域；另一个是将实际利率压低为负值，即名义利率低于通货膨胀率。通过这两项措施，将资金以负利率的形式贷款给政府指定的项目。

“金融压制”的弊病是，政府对于金融市场的价格和数量进行严格管制，其结果影响了金融市场的资源配置效率，金融资源被以优惠价格（即负利率）配置到了低效率的部门，导致低效率部门的投资冲动，从而阻碍了整个经济发展；并且负利率还会加剧通货膨胀，从而带来宏观经济的不稳定。

（二）金融深化论

金融深化论也称金融自由化理论。肖和麦金农提出了“金融深化”“金融自由化”等主张，实际上是“向右转”，强调市场的作用。其核心思想，一个是放开市场准入，鼓励金融机构充分竞争；再一个就是放开利率，使得金融资源能够根据利率水平的高低更多地配置到高效率的部门。

“金融深化”理论提出以后，一些发展中国家纷纷推行金融自由化，放开市场准入和利率限制。但是不久，一些实行了金融自由化的发展中国家开始接连爆发金融危机。于是，人们对金融自由化的理论提出了质疑和挑战，甚至将金融危机的爆发归罪于金融自由化。对此，麦金农的答复是，发展中国家爆发金融危机并不是金融自由化本身造成的，而是由于金融自由化的顺序有误。

（三）金融约束论

与此同时，赫尔曼、穆尔多克、斯蒂格利茨，以及后来的青木昌彦等人于20世纪90年代中期提出了一个新的理论——“金融约束论”，实际上是“向左转”，重新强调政府的作用，但并不是完全回到严格的“金融压制”上去。

“金融约束论”的提出，一方面源于对发展中国家金融自由化后爆发金融危机的反思和质疑；另一方面则是对“东亚奇迹”的经验总结。斯蒂格利茨等人认为，只要条件具备，政府进行适当的“金融压制”就会自动转换为“金融约束”。

“金融约束论”有两个前提条件：一个是稳定的宏观经济环境，另一个就是水平较低且可以预测的通货膨胀率。“金融约束论”的核心是“适当地”限制市场准入，使得金融机构拥有“特许权价值”；并且“适度地”限制利率水平，但仍使之保持在正利率的水平。总之，“金融约束”的本质就是政府通过一系列金融政策，在民间部门创造租金，并且由银行和企业来分享这些租金。

青木昌彦认为，亚洲新兴工业化国家和地区持续的经济增长来自政府对市场的有效干预，通过适度的价格控制和行业准入限制，政府就可以把有限资源配置到最有效率的地方去。

但是，对于“金融约束论”有专家提出质疑，认为“金融约束论”实际上隐含了三个假定条件。第一个假定条件是：政府是无私的、有效率的，只追求社会福利最大化，因此可以把社会资源配置到最急需、效率最高的地方；第二个假定条件是：银行是公正的，在收到租金之后，会与企业分享租金；第三个假定条件是：能够与银行分享租金的企业一定是最有效率的企业。但是，经过观察发现，事实正好相反。首先，政府是由一个个公务员、理性人所组成，政府部门也有自己的部门利益，存在着“政府失灵”；其次，银行是自私的，总是希望最大限度地享有这部分租金；最后，即使是银行能够和企业分享租金，但是由政府指定的企业未必是效率最高的企业。

（四）金融创新理论

“金融约束论”提出的主要依据是东亚国家和地区的经验。但是，“金融约束论”提出后不久就爆发了亚洲金融危机。经过一段时间的讨论，主流观点认为，亚洲金融危机的根本原因是东亚国家和地区的政府作用过强，政府对金融市场的干预过度。克鲁格曼曾经指出，东亚国家和地区是依靠高投入而非提高效率来实现高速增长的，因此是不可持续的。

于是后来，金融创新理论很快流行起来，尤其是在发达国家和地区。也就是再次“向右转”，重新强调市场的作用，反对政府对金融创新和金融衍生产品进行监管，还有一个特点就是用数学公式替代风险控制。

但是，此次爆发的国际金融危机，使得多数人对市场的作用提出了怀疑，主流观点认为是“市场失灵”导致了此次金融危机，包括金融创新过度、监管缺位以及金融机构高管的高薪等问题。多数人主张“向左转”，重新强调政府作用，强化政府监管。

（五）金融安全网理论

我们认为，导致金融危机的根本原因是“金融安全网”不健全。

首先，发展中国家在金融自由化的过程中没有能够建立起“金融安全网”，比如中央银行缺乏应有的独立性、金融监管体系不健全、缺乏存款保险制度等。

其次，亚洲金融危机的爆发是东亚国家和地区的政府职能错位造成的。东亚国家和地区的政府更多地替代市场进行资源配置，而没有把“金融安全网”建立好。比如说，东亚国家和地区的中央银行普遍缺乏独立性，过度依附于政府；金融监管体制不健全，监管不严格；存款保险制度建设相对滞后。

最后，发达国家和地区此次爆发金融危机，其原因之一也是在金融创新过程中没有能够及时调整、健全“金融安全网”，“金融安全网”存在漏洞所致。比如说，美国金融监管体系比较错综复杂，存在着明显的监管缺位。

总之，一个基本结论就是：无论是发展中国家（地区）还是发达国家（地区），无论是西方国家（地区）还是东亚国家（地区），都必须加强“金融安全网”的建设，强化“金融安全网”的功能。只有这样，金融机构的市场准入才可以放宽，才能有更多的金融机构进来，提供更多的金融服务。也就是说，政府要做政府的事，市场做市场的事。政府要把“金融安全网”建立好，市场就可以自由运行。这就像杂技表演一样，只有有了安全网以后，演员才可以放手表演。

二、什么是“金融安全网”

狭义的“金融安全网”就是指存款保险制度。广义的“金融安全网”则包括了金融机构的内控制度、外部的审慎监管，甚至包括了政府的危机救助。而“金融安全网”的核心内容是三大支柱，或曰三道防线。

第一道防线是外部的微观审慎监管功能。其目的是维护信用秩序；其主要任务是制定游戏规则，然后监管金融机构是否违规；其手段是现场检查和非现场检查等。从趋势来看，银行、证券、保险等金融监管的一体化似乎是一个潮流。

第二道防线是中央银行的最后贷款人功能。其目的是防范系统性风险，维护金融市场稳定；其直接任务是解决金融机构的流动性问题；其政策手段主要是再贷款等货币政策。其发展趋势，一是加强中央银行的独立性；二是宏观的货币政策与微观的银行监管相分离；三是国际金融危机爆发以来一些人主张赋予中央银行以宏观审慎监管职能，但是有别于对单个金融机构的微观监管。

第三道防线是存款保险制度。其目的是保护中小存款人利益；其任务是“付款箱”功能、金融机构重组功能和辅助监管功能；其手段是“限额保险”。从发展趋势来看，其覆盖面正在扩大，除了存款保险制度以外，还出现了证券投资者保护基金、保险保障基金等。

三、从“金融安全网”角度看此次金融危机

观察此次金融危机可以有多种角度，从而得出不同的结论。这里，仅从“金融安全网”的角度来分析，似乎可以看到以下情况。

（一）关于美国金融危机

此次美国从次贷危机升级到金融危机，究其原因，从“金融安全网”的角度来看，可以看到美国的“金融安全网”存在明显漏洞。

关于第一道防线。首先，与各国相比，美国的金融监管体系可能是世界上最为复杂的，实行所谓“双层多元”模式。即在联邦一级有联邦储备体系、货币监理署、联邦存款保险机构、证券交易委员会、联邦住宅贷款管理总局、全国信用社管理总局等，却没有全国性的保险监管机构；而在州一级，又有银行监管委员会、保险监管委员会等。体制错综复杂，既存在交叉监管，又存在监管漏洞。其次，美联储身兼二职，既掌管宏观货币政策又负责部分银行的微观监管职责，容易导致二者的同步震荡。最后，近年来，尽管美国混业经营的趋势日益明显，但是其监管体制并未及时作出相应调整，导致监管漏洞显现。

关于第二道防线。近年来美联储的独立性明显丧失，2000年IT泡沫破裂以后，美联储实行的过度宽松的货币政策，成为美国政府实现“居

者有其屋”社会政策的一个工具，结果制造了巨大的房地产泡沫。美国次贷危机爆发以来，美联储的独立性非但没有加强，反而更加弱化，其失衡的货币政策所潜伏的隐患将在今后逐步显现。

关于第三道防线。应当承认，如果没有美国联邦存款保险制度的存在，美国的这场金融危机还不知道会演变成什么样子。但是也应当看到，美国的存款保险制度由于没有覆盖到证券、保险等非银行金融机构，导致一些投资银行、保险公司等金融机构出现类似“挤提”“退保”等现象，并因此而出现一批集中倒闭事件，引起金融市场震荡。

（二）关于国际金融危机

此次金融危机，从美国次贷危机迅速演变成国际金融危机，从“金融安全网”的角度来看，可以说，国际“金融安全网”几乎不存在。

在第一道防线上，明显缺乏一个国际性的微观金融综合监管机构。目前，虽有国际清算银行（BIS）及巴塞尔银行监管委员会（BCBS）、国际证券委员会（IOSCO）、国际保险监管协会（IAIS）、三方联合论坛（The Joint Forum）等组织，但大多为协会性质或论坛性质的机构，而非实质性的跨国综合监管机构。

在第二道防线上，最后贷款人功能不健全，国际货币体系存在明显缺陷。战后初期实行的布雷顿森林体系，虽然由美元主导，但是有35美元兑换1盎司黄金为约束条件，美元不能随意发行。20世纪70年代，布雷顿森林体系瓦解，对美元的约束条件消失，但是美元的主导地位依然存在，于是就出现了以美元作为主要国际储备货币，美元可以任意发行却不受任何约束的奇怪局面。因此国际金融市场上缺少一个能够对国际储备货币进行有效约束并且能承担起宏观审慎监管职能的世界中央银行。

在第三道防线上，此次金融危机以来，各国纷纷调整各自的存款保险限额，美国将其调高至25万美元，而有的国家干脆实行全额保险。各国各行其是，明显缺乏国际协调。甚至在一些国家，如美国，由于银行倒闭规模迅速扩大，存款保险机构资金已经捉襟见肘。此外，存款保险不能覆盖所有证券、保险等其他投资者，这也是此次金融危机迅速蔓延的一个重要原因。

四、从“金融安全网”的角度看未来金融改革方向

目前，围绕着国际金融体系改革的话题，议论纷纷，众说纷纭。但如以“金融安全网”（三道防线或三大支柱）的理论框架作为分析工具，我们就不难找出前进的方向。

关于第一道防线。

从国际金融监管体系的角度来看，应当推动微观审慎监管的国际协调，早日成立一个能够肩负起跨国、跨金融业态的国际性综合监管机构。

最近的一个趋势是，国际社会在努力强化“金融稳定论坛”的作用，但能否最终发展成为跨国、跨金融业态的国际性金融综合监管机构还要看世界各国是否能达成共识并付出艰辛努力。

关于第二道防线。

从国际最后贷款人的角度来看，最理想的方案是成立世界性中央银行，发行统一的世界货币。但是从目前来看，这一方案尚路途遥远。

作为过渡方案，可考虑以二十国集团为中心，成立一个国际性中央银行，在一定范围内对超主权货币进行约束。但此种方案的功效有一定的局限，只能在二十国集团的范围内发挥作用。

作为现实可行的替代方案，可以改造现有的国际货币基金组织（IMF），但条件是要增加中国等发展中国家的发言权和投票权。

关于第三道防线。

从存款保险角度来看，应当将现有的国际存款保险协会“做实”，使之成为一个具有较强协调能力并具有一定资金实力的国际存款保险再保险机构。

此外，还应当逐步督促各国将存款保险的保障范围扩展至证券、保险等非银行金融机构，形成一个全面覆盖各种投资者的投资者保障机制。

总而言之，只有将国际金融安全网尽快建立健全起来，才有可能防范各种金融危机，防范金融危机由一国的金融危机演变为国际性金融危机。

国务院发展研究中心宏观经济研究部
“金融安全网”课题组
课题负责人：魏加宁　王海军
执笔：魏加宁 等

国际金融危机对全球供应链的影响①

历史罕见的国际金融危机给全球供应链带来了巨大冲击。未来全球供应链发展的大方向不变，但全球供应链可能出现一些结构性的变化。新兴市场大国在全球供应链中的地位将逐步提高，而气候变化问题将成为影响全球供应链发展的一个重要因素，跨国公司可能会以金融危机为契机调整经营战略和布局。中国应积极主动地采取措施，努力提升国际分工地位和竞争力。

2008年发端于美国的国际金融危机造成了二战后最严重的经济衰退。国际贸易和直接投资大幅萎缩，全球供应链受到了巨大冲击。危机对世界经济增长格局和发展态势都产生了深远的影响，而国际社会应对气候变化的努力将改变全球贸易和投资环境。全球生产网络和全球供应链的发展可能会因此出现结构性的变化。

① 原文载于国务院发展研究中心《调查研究报告》总第1021期（2010年6月9日）。

一、金融危机对全球供应链形成巨大冲击

金融危机对全球供应链的冲击体现在以下三个方面。

首先，此次危机的严重性和广泛性称得上是过去60年之最，全球市场最终需求大幅萎缩，造成国际贸易和跨境直接投资的下滑幅度远超以往的几次经济衰退。

其次，金融危机的实质是信用危机，企业破产倒闭和信贷紧缩引起信用链、资金链中断，致使供应链体系内部的合作关系受到影响。据美国《哈佛商业评论》的调查显示，超过1/5的企业对供应商的信心产生了动摇，而供应商对采购商同样产生了不信任感。

最后，全球供应链的形成促进了国际分工特别是中间产品贸易，致使危机造成的最终需求的下滑沿着供应链不断向上延伸，特别是危机带来的不确定性和恐慌性，迫使供应链上各个环节的供应商迅速、大幅削减库存，并形成一种放大效应。例如，2008年四季度美国消费类电子产品销售额同比下降了8%，但产品出货量下降了10%，而产品半导体部件的出货量下降了20%。从许多国家的情况也可以看到，初级产品和资本品出口下滑幅度最大，中间产品次之，而消费品出口下滑幅度相对小一些。

在前一阶段，全球化不断向前发展，世界经济稳步增长，全球供应链得以保持高速、有效地运转。而国际金融危机暴露了全球供应链体系的脆弱性，跨国公司的风险意识和危机意识可能会显著提升，并利用这

次危机重新思考并调整企业发展战略。未来全球生产网络和全球供应链的发展前景，在很大程度上将取决于危机之后那些影响全球供应链发展的重要因素将会出现何种变化。

二、影响全球供应链的因素可能会出现结构性变化

过去30年，全球供应链的逐步形成主要得益于以下三个因素：一是竞争压力加剧，迫使企业以更快速度、更好质量、更低成本制造出新产品投入市场；二是各国采取了开放的贸易和投资政策，促进了经济全球化的大发展，使得跨国公司可以在全球范围内配置资源、供应统一的全球市场；三是技术进步大大降低了通信和交通成本，促进了模块化生产的发展，改变了跨国生产、经营和管理方式。但这场“百年一遇”的金融危机可能会对全球供应链的未来发展造成一定影响。

第一，世界经济增长格局可能会出现一定变化。欧美等发达国家和地区经济发展速度将有所放慢，居民消费对经济增长的作用也会有所降低。发达国家作为全球供应链终端，最终需求的放缓必然会反馈到供应链的上游。例如，按照联合国经济大类（BEC）统计口径，2007年美、日、欧三大经济体进口的资本品和消费品比2003年增加了5947亿美元，其中3135亿美元来自中国，占比52.7%。如果未来这部分需求减少或增长放缓，必然对我国的出口增长产生不利影响。而部分新兴市场大国正处于城市化、工业化发展中期，有望保持较高的增长速度，作为最终产品

市场的重要性将逐步攀升。

第二，经济全球化短期内难以取得明显进展，但也不会出现大的倒退。金融危机后许多国家的经济理念都在向增强国家干预转变，开始质疑危机前世界经济的发展模式以及包括经济全球化在内的相关政策。部分西方学者认为金融危机爆发的一个重要原因就是美国等发达国家的产业空心化导致虚拟经济的过度发展，因此建议西方国家"再工业化"。一些国家的危机对策，即刺激本国投资增长、限制海外产业转移的经济刺激计划也在客观上造成了贸易保护和投资保护。如美国的经济刺激计划中包含有"买美国货"和"雇美国人"的条款，并计划通过税收改革加大对美国公司海外利润的征税力度，预计可增收1895亿美元，这一举措势必对美国企业的海外投资产生巨大影响。在这样的背景下，经济全球化要想取得大的进展难度较大。但是，在各国经济高度相互依存的条件下，全球化也不会出现大的倒退。这些贸易保护措施是面对危机和衰退的一种条件反射，并不足以动摇经济全球化的基础。例如，在主要贸易伙伴报复的威胁下，"买美国货"条款的范围被大大缩小，而在企业的强烈反对下，美国政府对公司海外利润增税的计划也被推迟。

第三，支撑全球供应链发展的技术因素可能会出现分化。信息技术将继续向前发展，在网络计算、移动互联、人工智能、虚拟现实等诸多领域出现新的突破，改变人类的生产和生活方式，推动全球供应链的发展。交通运输技术的进步相对缓慢，新能源和低碳技术商业化条件尚不成熟，如果强行推广反而会提升交通运输和生产成本，不利于全球供应链的发展。

第四，跨国公司调整布局，跨国投资出现新动向。受信贷紧缩和经济衰退的影响，全球跨境投资大幅萎缩，部分跨国公司为缓解流动性压力甚至从海外撤资。但危机也提供了一个重新洗牌的机会。那些受冲击较小、资金相对宽裕的企业利用资产价格低廉的机会，通过兼并与收购，巩固自身的市场地位，开辟新的业务领域，为未来的发展进行战略性布局。近期，在生物制药、电子信息和消费品行业出现了大量的并购活动。如日本松下电器公司以45亿美元收购三洋电机公司，不仅巩固了自身在电子行业的领先地位，同时也成功进军混合动力车用电池及其他绿色能源市场业务。

从资金的地区流向来看，新兴市场大国在全球跨境投资中的份额不断上升。一方面，中国、巴西、印度等国受危机冲击相对较小，经济复苏较快，长期增长潜力看好，继续成为吸引外资的热点地区。另一方面，这些国家资金较为充裕，企业国际化经营能力逐步提升，也在利用危机带来的机会加大对外投资力度，或是收购上游的供应商，或是并购下游的营销渠道。据联合国贸发会议统计，受中国和巴西的带动，东亚地区和南美地区在全球直接投资中所占份额比危机前有显著上升。未来，这些国家在跨境投资和全球供应链中的地位可能会越来越重要。

三、气候变化问题可能是影响全球供应链发展的最大变数

气候变化是人类共同关心的重大问题。西方国家巧妙地把应对金融

危机与气候变化挂钩，提出过去的发展模式不可持续，应对气候变化应成为危机后重建世界经济的首要任务之一，发展新能源和低碳经济是未来经济增长的主要动力等，并借此对新兴市场国家进行遏制，这种政策方向的转变必将对全球供应链产生重要影响。

由于交通运输业仍依赖化石燃料作动力，任何限制碳排放的政策都会提升交通运输成本。例如，欧盟已决定自2012年开始，将欧洲内部的航班和进出欧盟的航班排放纳入欧盟排放交易机制（ETS），航空公司每年将因此多支出10亿欧元。而类似的措施有向其他行业和其他发达国家扩散的趋势。

一个更加极端的情况可能是西方国家以应对气候变化为由，否定过去的发展模式，调整相关政策，强行推广新能源和低碳技术。由于这类技术短期内还难以大规模市场化，强行推广必然会抬升各国特别是发展中国家的发展成本，降低世界经济的增长速度。美国众议院2009年通过的《美国清洁能源安全法案》提出建立一个限制排放与交易许可机制（Cap and Trade），这将显著提升企业的经营成本。为了防止美国企业转移到没有强制减排的国家，该法案提出对进口产品征收“碳关税”。这种政策是以环境保护之名，行贸易保护和投资保护之实，对全球供应链的发展十分不利。

近年来，迫于社会舆论以及政府政策可能调整的压力，越来越多的跨国公司对气候变化问题表现出积极的态度。据美国咨询公司麦肯锡在2007年底对全球大公司的调查显示，有60%的企业认为气候变化是公司总体战略的重要组成部分，有近70%的企业认为气候变化问题影响企业的声誉和品牌，有50%以上的企业认为气候变化问题将影响企业产品开发、投资计划以及采购和供应管理等方面的决策。此外，有82%的企业认为未来5年母国政府将实行一定的气候变化应对政策，但有61%的企业认为气候变化问题处理得好可能会给企业带来盈利机会。假以时日，若跨国公司逐渐适应了气候变化问题带来的挑战，对企业发展战略作出了相应调整，并在相关领域占据主导优势，他们反而可能成为应对气候变化问题的积极推动者，而不是反对者。

不过，发达国家大力发展新能源和低碳技术、提高国内产业减排标准，也会给发展中国家承接国际产业转移带来一些新的机遇。据汇丰银行估计，2008年气候相关产业（Climate-related Business）收入已达到5300亿美元，到2020年预计可能达到2万亿美元。同其他产业一样，发达国家可能会专注于相关技术和产品的研发、设计和营销等高附加值环节，而新能源和低碳技术产品及设备的制造，特别是低端环节的制造，仍很有可能放在发展中国家。例如，中国太阳能光伏电池的产量已经居世界第一位，其中90%以上用于出口。而近期中美两国宣布合资在美国得克萨斯兴建风能电场，电场使用的涡轮机就由中国制造。

由于气候变化是一个全球性问题，目前又存在很大的分歧和争议，国际社会采取何种措施应对这一问题将取决于各国之间的博弈。因此，气候变化问题对全球供应链的影响程度以及影响时间还存在很大的不确定性。最后结果如何，在很大程度上将取决于气候问题谈判的结果，但也不排除部分国家采取单方面措施，设置新的环境和技术贸易壁垒的可能性。

四、未来全球供应链的发展趋势及中国的对策

在竞争压力和技术进步的推动下，跨国公司仍会努力在全球范围内配置资源，供应全球统一的市场。经济全球化短期内虽难以出现重大突破，但也不会出现大的倒退。从这个角度来说，全球供应链发展的大方向不变。

但全球供应链可能出现一些结构性的变化。第一，新兴市场大国在全球供应链中的地位将逐步提高。这主要体现在以下两个方面：一方面，这些国家作为最终产品市场的重要性将不断上升；另一方面，通过积极对外投资扩展价值链的长度，这些国家的国际竞争力和对供应链的掌控能力也有所提高。

第二，气候变化将成为影响全球供应链发展的一个重要因素。西方国家可能出台的气候变化措施将提高交通运输成本，并造成事实上的贸易和投资保护，这对全球供应链的发展十分不利。

第三，金融危机为跨国公司调整战略和布局提供了一个机遇。基于上述两个可能出现的变化，未来跨国公司很可能把生产与采购地就近在最终市场进行布局。这样的好处是可以减少运输成本，贴近产品终端市场，降低供应链体系的脆弱性。因此，供应链的区域化很可能是一个新

的发展趋势。

第四，随着世界各国大力发展新能源和低碳技术，相关产品和设备在跨国投资和贸易中的比重将会有所上升。这些产品的低端制造环节仍可能放在发展中国家生产，从而在这个领域形成一个新的全球供应链。

改革开放30年来，我国积极参与国际分工，抓住了国际产业转移的机遇，已经逐步发展成为世界加工制造中心、全球制造业的重要基地。但随着经济发展水平的提高，我们也面临着劳动力成本上升、资源环境压力加大等挑战。在金融危机之后，世界经济发展可能出现一些新的变化，并对我国现有的国际分工地位和竞争优势产生一定影响。

和其他发展中国家相比，中国具有一个独到的优势即规模优势。从供给的角度来说，中国具有完善的产业配套能力和强大的产业聚集效应，即使在当前很多行业劳动力成本已经超过东南亚国家，外资仍愿意把中国作为一个主要的生产基地。从需求面来说，中国具有一个巨大且不断增长的国内市场，对那些以东道国国内市场为目标的跨国公司而言，中国的吸引力将持续上升。

据我们的调研，外资企业普遍看好中国未来发展，准备加大对华投资力度，而且设立研发中心、区域总部等高附加值活动为主的投资比重越来越高。因此，在未来相当长的一段时期内，中国在全球生产网络和全球供应链中的重要性不但不会下降，反而有可能继续上升。

但是，我们不应简单、被动地接受世界经济可能出现的新变化，而应积极主动地采取措施，与我国国内转变发展方式相结合，努力提升我国的国际分工地位和竞争力。

具体建议有如下五点。

（1）更加积极主动地维护多边自由贸易体系，反对以环境保护和气候变化为名实行新的贸易保护主义，阻止经济全球化开倒车。

（2）积极推进东亚区域经济一体化，扩大区域内贸易和投资自由化，提升整个东亚地区在全球生产网络和供应链中的地位。

（3）加强新能源和低碳技术的研发和市场推广，做好承接相关产业国际转移的准备。

（4）积极发展服务外包，提升我国在服务业国际分工中的竞争优势。

（5）大力发展生产性服务业，打破垄断，扩大市场准入，以降低与制造业相关的管理和物流成本。

国务院发展研究中心

“金融危机对全球供应链的影响与中国的战略”课题组

课题总负责人：刘世锦　金人庆　卢中原

研究负责人：隆国强

课题组成员：张小济　赵晋平　石耀东　张　琦

张丽平　胡江云　方　晋　吕　刚

许宏强　官　皓

执笔：方　晋

国际金融危机以来对银行资本监管的反思及改革动态①

资本监管是银行审慎监管的核心，本次国际金融危机暴露出现有资本监管制度中的诸多问题，资本监管改革成为危机后国际金融监管改革的重中之重。2009年9月，二十国集团领导人匹兹堡金融峰会要求巴塞尔委员会2010年底前完成资本监管制度的改革，并于2012年开始全面执行新的资本监管制度。根据国际上已经达成的共识，资本监管制度改革的范围之广、力度之大史无前例，将对银行体系发展产生深远的影响。

一、金融危机暴露出现有资本监管制度的缺陷

从资本监管的角度来看，本次金融危机表明现行资本监管制度存在一些重要缺陷。

---

① 原文载于国务院发展研究中心《调查研究报告》总第1032期（2010年8月18日）。

（一）资本覆盖风险的范围狭窄，未能有效覆盖银行面临的一些新型风险

近年来，国际金融发展呈现新的特征，其中资产证券化的繁荣发展是最重要的特征之一，金融机构运用资产证券化进行监管资本套利的行为也日益增加。虽然新资本协议建立了独立于普通信用风险暴露的资产证券化监管框架，但该监管制度未能充分反映资产证券化业务发展中产生的新型风险。例如，对基于资产证券化头寸进一步拆分、打包形成的“再证券化”过程中暴露的风险资本覆盖不足；对资产证券化产品的风险高度相关性考虑不足，导致金融体系在发生系统性风险或突发性事件时，不同性质风险相关性骤然上升；对银行类金融机构的表外实体承担的风险没有规定计提相应风险资本；外部评级的公正缺失以及对外部评级的高度依赖，导致金融机构对风险缺乏充分认识和计提不足；对资产证券化风险暴露和结构化金融工具的信息披露缺乏特殊安排等。此外，随着各国资本市场和货币市场不断发展，利率和汇率管制不断放松，商业银行的债券、外汇、黄金及衍生产品的交易规模日趋扩大，交易性质日渐复杂化。巴塞尔资本协议对于交易账户风险一直以一般风险和特有风险两个维度进行评估，但危机暴露出由于商业银行对交易账户在极端情况下因信用迁移、信用价差增大以及流动性丧失所导致的损失估计不足，导致主要银行损失巨大，说明现有资本监管制度对交易账户的诸多新增风险没有覆盖。

（二）资本工具的创新降低了资本工具吸收损失的能力

近年来，随着资本工具的创新以及监管部门认可的合格资本工具种类增加，结构化的混合债务资本工具在欧美银行总资本中的占比不断提高。本轮金融危机显示，过于复杂的资本结构存在以下四个方面的缺陷。①损失吸收能力有限。虽然商业银行名义资本充足率很高，但相当一部分是债务资本工具，由于这些工具只能在特定条件下且一定程度上承担损失，因此，在危机期间对巨额损失的吸收能力十分有限。②债务资本工具计入监管资本的上限受制于普通股的规模，当普通股被用于冲销损失时，计入监管资本的债务资本工具数量成比例下降，导致资本充足率更大幅度下滑，抑制了银行体系信贷供给能力，放大了对实体经济的负面影响。③在部分国家，银行交叉持有银行发行的次级债，造成银行资本充足率虚高现象，不仅抵御风险的能力没有实际增强，还增加了银行体系的系统性风险。④由于法律框架、监管规定、会计和税收政策的差异，全球范围内监管资本工具的透明度和可比性下降，一定程度上不利于公平竞争。

（三）大规模的监管套利弱化了资本充足率对银行资产扩张的约束效应，导致银行体系杠杆率不断积累

商业银行在证券化的基础上可以几倍、十几倍、几十倍地放大杠杆率。看起来似乎十几倍的杠杆率不算很高，但如果考虑到商业银行管理

资产的规模以及在货币政策中的乘数效应，那么即使是很小的杠杆扩展也会带来巨额的资产规模扩张，从而弱化了资本充足率对银行资产扩张的约束效应。银行体系杠杆率的不断积累增加了金融体系的脆弱性。金融危机期间，银行体系的快速去杠杆化不仅大大削弱了其信贷中介功能，表现为信贷成本大幅度上升、贷款条件变得苛刻，而且导致其他金融机构、企业部门和家庭部门的进一步去杠杆化，显著放大了金融危机的负面影响。

（四）大型银行的资本充足率监管标准未能充分反映潜在的系统性风险

近几十年金融体系的快速发展变化使“大而不能倒”问题更加突出。首先，信息技术发展、金融自由化和全球化等因素极大地扩大了大型金融机构的规模，以寻求规模经济和范围经济，增加了金融系统的集中度[①]。其次，大型银行由于业务领域广泛、组织结构复杂因而整体风险水平提高，但现行资本监管制度对证券化活动和表外业务较为宽松的要求没有充分反映这些风险，资本要求下降进一步增加了银行的风险[②]。最后，表外业务、金融衍生品以及金融混业经营的发展致使大型银行与其他金融机构之间的界限日益模糊，金融机构系统相互关联性极

① 从1995年到2008年，世界最大的50家金融机构规模增长了3倍以上，资产达到将近70万亿美元。而本次金融危机中暴露出的1.1万亿美元损失中，有1/3集中在5家银行。

② 对截至2007年底的464家机构的调查显示，银行规模与资本充足率之间存在负相关关系，机构越大，资本充足率越低。

大增加。在这样高度集中和复杂的体系下，一旦某家大型银行经营失败或遭受严重外来冲击，都将造成严重的外溢效应，加大整个金融体系的系统性风险。鉴于这些机构对金融稳定和实体经济的重要性，即使政府承诺不会施以援手，但一旦这些机构真的陷入危机，政府也不得不出手救助。本次金融危机就是最好的例证。危机期间，各国政府和中央银行对金融系统提供了规模空前的注资、资产回购、贷款和担保。雷曼兄弟的倒闭从另一个角度说明了政府不救助的严重后果。监管当局对危机中暴露出的“大而不能倒”问题的严重性进行了深刻反思，加强对大型机构的监管、解决大型机构道德风险问题被提上了金融监管改革的核心日程。

（五）现有资本监管制度的顺周期性增加了银行体系不稳定性，扩大了经济周期波动的幅度

本轮金融危机充分暴露出以巴塞尔新资本协议为代表的资本监管的顺周期效应（procyclicality），主要表现在以下三点。①资本监管要求客观上会通过影响银行体系的信贷行为而放大宏观经济周期，加剧经济波动。具体来说，在经济周期的繁荣阶段，银行资本金较为充裕，可以支持更大规模的信贷扩张，进一步刺激经济的繁荣；在经济周期的衰退期，银行资本金相对短缺，致使银行不得不收缩信贷规模，从而加剧了经济的紧缩状况。②在巴塞尔新资本协议中被作为主要改进之一的内部评级法，在提高了风险敏感性的同时也加剧了银行的顺周期性风险，在

资产证券化广泛发展的市场中，时点评级法所带来的顺周期性也被放大了数倍。③银行传统的风险测量模型由于其自身的缺陷和使用中的不当造成了经济衰退期对风险把握的失准，而由于公允价值会计准则对于市场流动性匮乏时期的计量失效所产生的会计加速器效应，加速了经济体系中的顺周期性。

二、改革现有资本监管制度的建议及讨论

针对现有资本监管制度中存在的问题，巴塞尔委员会先后出台了一系列改革和修补现有制度的建议。

（一）增强新资本协议的风险捕捉能力，大幅度提高交易业务、资产证券化以及交易对手信用风险资本要求

2009年7月13日，巴塞尔委员会发布了《新资本协议的修改建议》《市场风险资本计提修改建议》《交易账户新增风险资本计提指引》，针对本次金融危机暴露出的漏洞进行修复，增强新资本协议的风险捕捉能力。具体措施包括以下四点。①提高资产证券化交易风险暴露的风险权重。②大幅度提高内部模型法下市场风险的资本要求和定性标准，对交易账户新增风险计提资本（Incremental Risk Capital，IRC）[①]。③细

① IRC计量代表1年持有期、99.9%置信区间下对非证券化信用产品违约风险和迁移风险的估计，并同时考虑了个别头寸和组合头寸的流动性计划期。巴塞尔委员会交易账户工作组对10个国家的43家大型银行的定量测算结果表明，考虑压力状态下VaR和IRC后，市场风险的资本要求将增加237%，商业银行总资本要求将上升11.5%。

化风险管理和监管标准，商业银行应建立全行范围的风险治理框架，充分评估表外风险暴露和资产证券化活动的风险。④强化资产证券化以及交易账户的信息披露。此外，巴塞尔委员会还正在就如何全面审查评估商业银行交易业务风险和提高对交易对手信用风险（Counterparty Credit Risk，CCR）资本要求等方面展开研究。

（二）改进资本定义，提升资本工具吸收风险的能力

过于复杂的资本结构和宽松的资本工具创新环境导致危机中资本吸收风险的能力大幅下降。金融危机后，巴塞尔委员会就资本结构和资本工具的认可标准提出了四个实质性建议。①简化资本结构。定义监管资本分为一级资本和二级资本两大类，一级资本包括普通股和其他一级资本，取消目前专门用于满足市场风险资本要求的“三级资本”。②明确界定一、二级资本的功能。一级资本包括的所有资本工具都能够无条件地在持续经营的条件下吸收损失，二级资本工具仅能够在银行清算条件下吸收损失。③确立新的监管标准。商业银行资本充足率和资本结构的监管指标将包括：普通股占风险加权资产的比例、一级资本占风险加权资产的比例、总资本占风险加权资产的比例以及普通股占一级资本的比例。具体监管标准待定量测算后确定。④提高普通股的监管地位，严格其扣除项目。规定普通股计入监管资本时应扣除以下项目：商誉和其他无形资产、净递延税收资产、所持有自己银行的股票、对未纳入并表范围的金融机构的股本投资、贷款损失准备金缺口、对资产负债表外项目

现金流套期储备的损益、银行本身信用风险变化导致的负债公允价值变化形成的损益，以及银行提取的养老金资产等。

（三）引入杠杆率监管标准，控制银行资产规模的过度扩张，弥补资本充足率的不足

杠杆率作为传统监管工具，有其优点但也有缺陷。其优点是简单透明，且有利于遏制商业银行资产规模的扩张。其缺陷是：仅覆盖表内项目，若将表外业务和衍生品纳入计算将变得十分复杂；杠杆率仅考虑规模因素，而忽视了不同资产风险度的差异；杠杆率本身也存在顺周期性等。在实践中，杠杆率监管在不同金融体系下的有效性也存在较大争议。尽管如此，本次危机中金融部门高杠杆率对危机后果的显著放大效应使得这一传统监管工具又重新回到了监管当局的视野。2009年12月17日，巴塞尔委员会发布的《增强银行体系稳健性》（征求意见稿）就实施杠杆率监管提出了实质性建议，主要包括以下三点。①资本计量以普通股或一级资本等高质量资本为基础，防止银行过度承担风险。②表内项目按账面余额计算，但扣除提取的准备金和估值调整，与财务报表保持一致，并最大限度地反映可能承担的风险。③所有表内外项目都不允许使用净额结算，包括金融衍生交易、回购类交易、证券化融资风险以及贷款和存款的净额结算。此外，巴塞尔委员会还对证券化风险暴露、表外项目、金融衍生品交易等纳入杠杆率指标提出了建议。杠杆率监管的效果取决于杠杆率计算方案的科学性和监管标准的合理性。虽然巴塞

尔委员会希望杠杆率计算尽可能简单、透明，但为充分捕捉表外业务以及复杂产品的杠杆率，简单地遵循会计方法是不够的。在随后的杠杆率监管标准确定过程中，巴塞尔委员会将面临更为复杂的技术层面的权衡，以及不同经济体利益方面的讨价还价。

（四）建立逆周期资本监管框架，缓解资本监管顺周期效应

2009年12月17日，巴塞尔委员会发布的《增强银行体系稳健性》（征求意见稿）确立了逆周期资本监管的整体框架，主要包括相互联系的四个模块。①缓解最低资本要求的周期性波动。通过对内部评级法框架下风险权重函数的输入因子或输出结果进行平滑，保证整个经济周期中最低监管资本要求的相对稳定。②建立前瞻性的贷款损失准备金。推动建立预期损失的资产减值规则和与此相配套的贷款损失准备计提监管指引，通过事前建立的损失准备来增强衰退时期银行弥补损失的能力。③建立高于最低资本要求的资本留存超额资本（Conservation Buffer）。即正常情况下，银行资本充足率应达到该目标，若银行资本充足率落入最低资本要求与该目标水平之间，监管当局应限制银行利润分配、股票回购和奖金发放。银行可以通过扩大内部资本留存恢复超额资本以减少监管限制。④建立与信贷超常增长挂钩的超额资本要求（Countercyclical Buffer）。即正常情况下银行达到资本留存超额资本的目标比例即可；若贷款增速超过正常水平，应按照贷款增速偏离正常水平程度计提该超额资本，该超额资本要求在其上限内随着贷款增速变化而变化。

（五）对大型复杂银行提出附加资本要求，促进宏观审慎监管目标的实现

考虑到本次金融危机中暴露出的大型复杂银行的道德风险以及其倒闭所产生的系统性风险，金融稳定理事会（FSB）提出了“降低大型复杂金融机构的道德风险”的工作方案，计划于2010年10月提出整体解决方案，提交给二十国集团领导人第四次峰会讨论。从理论上讲对具有系统性影响的银行建立额外资本要求是可行的，但具体到操作层面则存在大量难题。包括如何处理额外资本要求与识别系统性影响机构之间的关系、额外资本要求应当针对整体大型银行还是单个银行、额外资本要求的目的是防止危机发生还是内部化社会成本等方面。目前有关国际组织还在就如何加强对大型复杂金融机构监管积极进行研究，预计2010年10月能够提出一揽子的有效解决方案。但各方达成的一个广泛共识是：“大而不倒”是一个极为复杂的问题，解决该问题需要建立起事前和事后的一整套措施，包括事前加强预防性措施，强化公司治理，提高风险管理水平，建立正确的激励机制，防止机构过度承担风险和泡沫积累；发生危机时，能够迅速限制其外溢效应，阻止风险的扩散和蔓延。此外，还应当完善危机发生后的处置机制，使机构能够有序倒闭等。

（六）提高资本充足率监管标准，增强银行体系应对外部冲击的能力

按照二十国集团领导人匹兹堡峰会和金融稳定理事会的决定，巴塞尔委员会将在2010年底完成资本监管制度改革方案的设计，确定最终资本充足率监管标准（包括最低资本要求和反周期超额资本要求）。为此，巴塞尔委员会正在进行“自下而上”和“自上而下”两个层面的影响评估，为校准资本监管标准提供实证基础，并分析资本监管改革的长期影响。①自下而上的定量影响测算（QIS）。迄今为止，巴塞尔委员会只是采取了“搭积木”方法从不同角度提出了资本监管制度的改革建议，对不同改革建议之间的内在联系以及最终影响还不清楚。为此，巴塞尔委员会正在组织成员国的银行开展定量影响测算，测算的目的包括两个方面：一是分别测试不同改革建议对商业银行资本充足率的影响，在此基础上把握改革建议的累积效应；二是评估改革建议的经济合理性和可操作性，并比较相关改革建议不同备选方案的优劣，为完善改革建议奠定基础。②自上而下的影响评估。自上而下的分析侧重于从历史的角度、从银行业整体侧面分析改革建议的影响。③评估资本监管改革的长期经济收益和成本。实证研究银行资本水平与银行危机可能性以及严重程度的相关性，利用现有的宏观模型评估在稳定环境下资本监管制度改革的收益和成本。④评估执行资本监管改革建议的成本和过渡期安

排。二十国集团领导人匹兹堡金融峰会要求成员国应从2012年底开始执行新的资本监管标准。鉴于现阶段实体经济仍比较脆弱，面临再次下行的风险，全球银行体系仍存在很大的不确定性，若短期内系统性、大幅度地提高监管资本要求，将加快银行体系去杠杆化速度，抑制银行体系的信贷扩张能力，阻碍经济恢复的进程。为此，金融稳定理事会和巴塞尔委员会联合成立宏观经济评估项目组，评估执行资本监管改革建议的宏观经济成本，并分析不同过渡性措施和期限的成本。

国务院发展研究中心金融研究所

“中国金融监管体制改革”课题组

课题负责人：巴曙松

课题组成员：范建军　雷　薇

执笔：雷　薇

对欧债危机的进一步分析与判断[①]

欧债危机不是单纯的主权债务危机，而是欧洲一体化过程中诸多矛盾和缺陷的体现。目前，欧元区面临着“转型”和“危机”的艰难平衡。欧元区缺的不是资源，而是机制；欧元区整体风险相对可控，但仍不排除极端情形出现的可能性；欧元区的紧张和低迷，将是一个长期的反复过程。为此，我国不仅要防止风险传染（主要是贸易和资本流动），更要化危为机，主动调结构和转方式，提前有序释放风险，在保证发展和稳定的同时，加快推进改革。

一、欧债危机是欧洲三大问题的集中反映

欧债危机不是单纯的主权债务危机，而是三种不同类型问题相互交织的结果。

一是推进欧洲一体化过程中，各国内外目标矛盾的问题。欧洲沿着市场→经济→货币→财政→政治的路径，逐步走向一体化。目前正处于货币一体化向财政一体化的艰难过渡期。面临的困境主要是：一方

① 原文载于国务院发展研究中心“金融风潮跟踪研究小组”总第4138号（2012年7月26日）。

面，按照市场经济运行逻辑，经济和货币的一体化，首先会出现“强者恒强，弱者恒弱”的两极分化现象，经济趋同的效果尚未显现，欧元区内贸易顺差国的竞争优势越来越强于贸易逆差国；另一方面，货币统一后，欧元区缺乏痛苦较小的汇率调整工具来化解内部结构矛盾。但类似金本位下国内目标（增长和就业）服从于外部目标（国际收支平衡）的调整方式，政治上已不能接受。因此，财政统一（含财政纪律）和国家间转移支付，保证金融系统安全的最后贷款人等金融安全和危机处理机制，都是必需的。但由于财政和政治一体化的滞后，欧元区现有的治理机制并不能有效应对市场运行和经济转型的不良后果。欧元区或者继续往一体化方向推进，或者尽快建立维持当前一体化程度所必需的国家间治理和协调机制。

二是欧债危机是全球周期性危机调整的组成部分。2002年以来的世界货币债务扩张，给欧元区带来了空前的繁荣。欧元区国家的债务扩张（前期大部分为私人债务，美国金融危机后部分国家转为国家债务），西班牙等国的房地产市场繁荣，有货币统一的影响，但都是在这一波的货币扩张中完成的。美国在此次金融危机以后，主动引导去杠杆，欧元区目前仍在去杠杆的过程中，支付并消化着这一波周期性调整的成本。经济和金融的紧缩具有一定的必然性。金融（包括银行）的顺周期性，使得紧缩过程充满风险，而世界经济的不景气，欧元区透明度不足，私人风险和公共风险相互传递，进一步增添了欧元区去杠杆的复杂性和难度。

三是长期发展模式与资本市场运行逻辑的矛盾。欧元区巨大的财富存量、老龄化以及高福利，使得欧元区选择了一条不同于美国的发展道路。缺乏短时间内形成增长的机制，与以效率为中心、偏重短期收益的资本市场产生了一定冲突。财政紧缩产生的短期恶性循环，并不能够给资本市场带来信心。缺乏耐性的资本市场希望尽快看到完整的解决方案和可见的效果，但欧元区尚未提出可信的有效解决方案，还需要借助冗长的政治议程，最终产生多方可接受的方案。

二、欧元区在坚持一体化方向的前提下应对措施更加务实

2012年以来欧元区大起大落，尚未跳出“紧缩—衰退”的恶性循环。原不被看好的欧盟峰会取得了重大突破，汇市、股市和债市反应积极。目前，欧元区国家更加务实，应对流动性风险能力显著提高，仍沿着深入一体化的方向艰难前行。

一是提高了欧元区应对流动性风险的能力。除已建立的更加广泛的美元互换体系、欧央行推出两期1万亿欧元的长期再融资操作外，提前启动欧洲金融稳定机制（ESM，5000亿欧元的放款能力），加上欧洲金融稳定基金（EFSF）杠杆化后的6000亿欧元，欧元区拥有共计1.1万亿欧元的救助能力。IMF推动大约4560亿美元的增资。欧盟峰会又同意更加灵活使用欧洲稳定基金，包括直接向银行注资、购买努力削减赤字和债务国家的国债、向没有被纳入救助计划的国家开放等。ESM向西班牙提供的贷款不具备优先债权人地位，大幅缓解了投资者的担忧，提高了ESM

资金使用的影响力。

二是不再过度强调紧缩，更加重视增长，务实处理财政整顿、结构性改革和经济增长关系。一方面，推出了1200亿欧元的一揽子经济刺激计划，以补充已通过的“财政契约”。在坚持单个国家财政纪律的同时，开始考虑欧元区整体的经济增长，提供财政风险的分担机制。通过第三方资金，如欧洲投资银行（600亿欧元）、结构基金（550亿欧元）和发行项目债券（50亿欧元），支持中小企业发展以及年轻人就业，加强能源、交通与宽带等基础设施建设。另一方面，原来坚持紧缩的国家和机构有所放松，不再过分强调以财政紧缩来恢复信心。德国仍坚持整顿计划，但最终批准了ESM和预算财政协定。法国也从标准的紧缩政策转向更加重视增长，通过货币政策和财政政策等刺激经济增长。IMF不再坚持苛刻援助条件，将开始对希腊援助计划相关条款可能作出的变动进行谈判。

三是认真研究希腊退出及其他极端情形，但仍坚持一体化方向。货币一体化是欧洲人50多年努力的结果，是在危机中不断前进的结果，不会轻易放弃。当前的僵局是国家间的利益之争，存在协调空间。

三、基本判断

危机暴露了欧元区机制和增长模式的缺陷，加剧了矛盾。长期机制缺失制约了短期政策空间，短期压力过大不利于长期机制的建立。欧元区面临的是“转型”和“危机”的艰难平衡。

一是欧元区不缺资源，缺的是机制。2011年，欧元区的赤字率和债务率分别为4.1%和87.2%，同期美国和日本的赤字率分别为9.6%和10.1%，债务率分别为102.9%和229.8%。欧元区这两年的经常收支顺差分别为409.5亿美元和374.7亿美元。欧元区的银行资本缺口较大，但欧洲存量财富巨大。因此，欧洲缺乏的是有效的资源（银行资本、社会资金）配置机制和国家间的协调机制，需要在现实中调整认识，是结构性问题而不是资源总量问题，简单的输血解决不了欧元区问题。在欧元区机制转变以前，我国能发挥的作用有限。

二是欧元区的风险相对可控，但仍不排除极端情形出现的可能性。首先，欧元区短期流动性风险已大幅缓解。其次，一定程度的市场紧张，既是必然也是必要。欧元区仍借助去杠杆的周期性因素和资本市场压力，进一步推进一体化进程，改善欧元区治理机制及提高长期竞争力（社会福利，特别是劳动力市场等）。最后，欧元区已开始为极端情形做准备，这反而降低了极端情形出现的可能性，政策会更加务实。希腊虽然反对财政紧缩，但不会轻易退出欧元区。德国和法国已开始接受在增长中解决问题，促进良性循环的解决思路。

但仍应看到，经济特别是金融去杠杆化过程并不是线性的，而是存在临界点和加速过程。欧元区第二季度PMI 开始跳水，6月欧元区综合PMI初始值仅为44.8，德国、西班牙和意大利分别为44.7、42和44.8。随着欧元区经济衰退和市场压力加大，民族情绪日益激烈，各国应对短期风险的政策空间有限并且逐步减少，协调机制短期内无法建立并发挥作用，国家间的政治博弈，并不能完全排除极端情形的出现。目前欧洲的防火墙并不足以应付极端情形，如虽然市场对希腊退出已有相当的预期，但当希腊退出风险加大时，金融市场仍出现急剧下跌。

三是欧元区的紧张和低迷，仍将是一个长期的反复过程。欧洲领导人尚未找到欧元区问题的有效解决方案。多个民主国家选择可行方案的过程，是在市场和社会压力下不断博弈的过程。欧元区提高长期竞争力的转型和危机中的去杠杆，都将是一个充满风险的长期过程。

四、我国应对策略思考

国际环境的严峻和复杂，是我国未来几年都不得不面对的现实，要有打持久战的准备。为此，我国的应对策略不仅要防止风险传染（主要是贸易和资本流动）及危机应对，更要化危为机，主动调结构和转方式，提前有序释放风险，处理好改革、发展和稳定的关系。

一是进一步加快我国对外直接投资的开放力度，鼓励民间资本到欧元区寻找机会。欧元区将政策重点从紧缩逐步转向增长，加上欧元区的实体经济仍具有强大的竞争力，我国应加大对外直接投资的开放力度，进一步在欧元区寻找机会。考虑到我国企业对欧元区熟悉程度不高，可借助我国驻欧机构、我国香港和欧盟商会等各种力量，加大对欧元区法律、社会以及经济的研究和推介力度。

二是战略性使用外汇储备，寻找双赢机会。可将部分外汇储备加上配套人民币资金，设立专门的基金，加强与欧元区的国家、公司及个人合作。以资本投入、补贴等方式，购买欧洲的技术，引入欧洲的专业人才，提高对国内环保产业的支持力度，加大对空气及水等环境治理力度。将外汇储备投资到有利于子孙后代的碧水蓝天相关项目中去，既有利于缓解外汇储备的潜在风险，又可不扩大现有产能地刺激本国经济，给欧元区带来一定的外需，加强与欧洲在环保上的合作，提高未来谈判的筹码。

三是引导汇率更大幅度的双向波动，加快建立外汇衍生品市场。2005年以来我国人民币汇率渐进升值，银行、企业和个人单向积累人民币头寸。2011年10月以来人民币汇率双向波动，各类市场参与主体的人民币净头寸有所减少，降低了汇率波动可能引发的市场头寸被迫调整的风险。从实体经济来看，欧债危机的恶化导致新兴市场国家汇率大幅贬值，人民币有效汇率快速攀升，影响了出口企业的竞争力。为此，在欧债危机尚未失控的时期，可适当引导汇率在更大幅度的双向波动，在美元升值背景下，反而有利于我国保持实际汇率的相对稳定。同时，进一步完善外汇衍生品市场，提高市场参与主体的外汇风险管理能力。提前释放欧元区极端情形下的汇率和资本流动风险，提高金融市场承受风险波动的能力，扩大汇率工具空间。

四是继续稳步推进本币互换，加大对出口贸易融资、出口信用保险等的支持力度。当前的欧债危机是系统性的，极端情形更会产生全球影响。因此，简单的出口区域分散，应对极端情形的效果有限，关键要尽快提高自己的核心竞争力。一般来说，仅仅只是实体经济衰退引发的国际贸易萎缩，有较充足的时间应对，但当国际贸易的金融支持恶化时，其冲击是迅速和巨大的。欧洲金融机构在贸易融资领域发挥着重要作用，但近期受欧债危机严重的影响，其提供的贸易融资比例大幅下降。欧洲银行为日本以外亚洲国家和地区提供贸易融资的比重，从2011年的28.2%下降到2012年前5个月的5.8%，日本的银行弥补了部分欧洲银行退出带来的空白。但即使如此，也给亚洲的国际贸易带来不利影响。为此，可继续稳步推进本币互换，以为贸易融资提供必要的流动性支持。同时，加大对出口贸易融资及出口信用保险的财政支持力度。IMF的研究表明，提供金融服务比由谁提供更重要。可适当加大对外资银行，如有一定竞争力的日本的银行，从事这些业务的开放力度，甚至出台鼓励政策。

五是关注国际资本流动，保持跨境资本流动的管道管理。欧元区的动荡，不仅影响我国与欧元区间的资金流动，还将影响新兴市场甚至中美之间的资金流动。既存在回流欧元区满足流动性需求的资金流动（中国香港的欧洲金融机构已出现明显的抽资自救行为），也存在为规避风险而重新进行资产组合配置的资金流动。我国应加强对国际资本流动的监测。我国不能因国际环境不稳定而延缓资本账户的必要开放，但当前对跨境资本流动应坚持管道管理，对资质和规模保留必要的管制。加强对短期资本流动的管理，加大对地下钱庄的打击力度，形成必要的威慑力。

六是提高货币政策的灵活性，加强政策的国际协调。我国2009年的刺激政策为世界作出了巨大贡献。2012年美国和欧元区的选举和宽松政策，为我国提供了相对有利的外部环境。在金融市场不发生极端调整的情况下，我国应充分利用世界主要发达国家维持经济增长的努力，坚持中性的货币政策，在可承受的经济增长环境中，将重点转向国内的改革和结构调整。一旦欧元区出现极端情形，应迅速实施宽松货币政策，及时对冲国际动荡可能带来的被动紧缩。

七是坚持调整经济结构和转变方式，加快推进各项改革。全球均处于缺乏新增长动力的长周期底部，但我国原有的增长动力——城镇化、工业化乃至全球化仍有空间，收入提高带来的消费市场也处于启动前期。结构调整越充分，转变方式越彻底，应对欧元区可能的极端风险就越主动，政策空间也越大。

八是建立危机应对预案，提高社会的风险承受能力。目前不能排除极端情形出现，但这种情况仍是小概率事件。我国可充分借鉴IMF等危机处理经验，建立我国多部委合作的危机处理预案。但关键是提高社会的风险承受能力，可考虑以一定财政资金甚至以一定外汇储备聘请外国专家、培训失业人员、提高劳动力素质，使社会救助机制更健全、公平。

国务院发展研究中心金融研究所：陈道富

2008 年金融危机的形而上思考

2018年是2008年美国金融危机爆发10周年。作为全球经济金融的中心——美国，是许多国家特别是新兴市场国家学习的楷模，发生了危机，打碎了“老师”的光环，可以突破很多理所当然的认知，打开心扉，发现各种隐藏的预设条件，允许重新观察和认知事实上已存在的多种模式，从原有概念的束缚中转向真实世界，从美国模式转向自我脚下发生的事实，回到本源重新感知自己所在的世界。危机研究和回顾方面的文献汗牛充栋，有的重新拿起马克思的资本主义危机论，有的注重结构不均衡和断层的分析，也有的反思人性和市场的非理性，当然也有大量的自传和事件亲历者的回忆录、各种危机的对比，不过更多的则是从技术的角度进行“亡羊补牢”式研究。今天，由美国引发的这场危机还很难说就过去了，甚至还有很多人预测美国一年内还会大概率再爆发危机，进而引发全球金融市场动荡。10年之后回顾金融危机，可以在多维度掌握金融危机事实的基础上，从危机带来的冲击和具体细节中超脱出来，不再拘泥于从现象到现象的推理，而去挖掘危机所揭示的更加本质的东西。

---

① 本文写于2018年9月。

2008年金融危机打碎了“大稳健”时期的过度自信，大家开始重新认识原有货币政策与金融监管的不足，重新认识经济金融体系的内在不稳定性。金融危机使市场参与者特别是管理当局进一步看到现有金融体系的不稳定特性，并从自己重新认识到的金融不稳定采取相应举措。不仅在危机应对时直接引入了量化宽松的货币政策，还在微观审慎金融监管的基础上增加了宏观审慎管理。

（1）金融体系存在严重的“大而不能倒”问题。需要从金融体系中区分出系统重要性金融机构，对高风险、具有系统重要性金融机构和基础设施采取分类监管原则，合理分配监管资源并承担监管成本；同时要合理分摊可能的救助成本。

（2）机构的个体稳定不足以保证宏观金融体系的稳定。风险在不同机构、不同市场之间广泛关联，存在明显的溢出效应，有大量具有自我强化效果的顺周期机制。特别是在日常环境中相对稳定的系数，在危机时期存在剧烈的非线性变化。不仅金融机构存在挤兑风险，金融市场也存在流动性枯竭风险。不论是机构还是市场，流动性风险的本质都是信息不充分环境下的信任问题。

（3）高杠杆进一步加剧了金融体系的脆弱性。企业和金融机构的杠杆率快速攀升，往往是金融危机的前兆。但在纸币社会下，危机时期往往只是出现杠杆率的转移，从私营部门转向公共部门，从而导致社会总的杠杆率持续攀升，尤其是相对于GDP而言的债务杠杆更是如此。

但即使有了这些反思和应对，金融危机的阴影似乎并没有消弭。在美国逐步退出量化宽松实现货币政策正常的今天，再次爆发金融危机的担忧重新弥漫开来，新兴市场国家已经历了几轮的大幅波动。

危机的发生，显示了社会中早已存在的各种断裂，破坏了上一轮争论达成的各种共识，共识在降低交易费用提高效率的同时也失去了警觉的眼睛，使得社会有机会重新思考其他的可能路径。但所谓的其他路径，往往只是捡起之前被遗弃的论点，形成新的不同于以往的共识，陷入了“分久必合，合久必分”的历史轮回。曾几何时，中国部分人员也认为自己“父爱式”全面管理走到了世界的前沿，可以理直气壮地输出中国经验。美国也发生了“占领华尔街”事件，不再信任金融体系，走向严格监管，呈现另一种形式的“一抓就死，一放就乱”现象。也许历史就在这种波折中螺旋式前进，但如果没有跳出这种循环，那么就仍处于“轮回”中，无法实现质的飞跃。如果能不从导致危机的现象层面上的直接原因入手，而是回到更加本源的理所当然的基础概念，也许可以有所跳跃。

一、关于监管

美国危机生病，但全球吃药纠偏。我们已有很多文献在研究监管，我们以为我们很了解并擅长监管，但其实并非如此。

一是监管的出发点应是促进被监管对象（机构和市场）的成长，宜与地方形成合力，充分利用市场内在均衡力量。因此，监管和被监管对象就不应看作简单的“猫”和“老鼠”关系。在这种关系下，“老鼠”发展的是对抗“猫”的本事，而不是自立于天地的能力。监管和被监管对象也不应仅是设计者和执行者的关系，监管者“替代”被监管者进行决策并不得不为此负责。监管者和被监管者之间应该追求“互助”和“成就”的关系。监管者重点关注规则和结构，以“法学家”为主，成为平台成就“被监管对象”的辉煌；被监管者重点关注在特定规则和结构下的资源优化配置，以“经济学家”为主，为自己行为负责并实现辉煌。监管除牌照、资格、准入及行为等管理外，应注重市场力量之间的均衡，包括弱势群体（分散的投资者和消费者）的教育和保护，引入必要的力量和机制以平衡可能的力量不平衡（含地方政府的不当干预等）。中央和地方之间，既可以是各管一块的分工，也可以是上下级的授权关系，也可能落入关注不同目标之间的互补与冲突之中。在互联网模糊地域概念的今天，从属地的机构管理转向以审计律师为基础基于互联网的行为管理模式。

二是监管的多目标可能带来的“劣币驱逐良币”。监管主要应对“好心办坏事”困境，是基于“无因”假定的。一旦要监管区分本应由司法体系解决的“好心”与“歹意”，就会陷入“二手车”困境，容易导致“一刀切”和“劣币驱逐良币”。当然，如果监管不仅需要对经济、制度的镜像——各类指数负责，还要对行业规模（而不是成长）负责，那么一个市场多套标准，自然会从资源优化配置转向规则的市场选择，在缺乏规则市场的情况下更容易出现“劣币驱逐良币”。目标的设定与平衡、实现目标的工具选择和保证工具的有效性，是三类不同的决策，需要采用不同的机制加以实现。

三是监管的规则宜在承认个别制度偏性从而具有功能的基础上实现整体的平衡。个体因有偏从而有用，从而多彩，故而有活力，具有成长空间。整体的均衡稳定是通过不同的有偏制度间合理平衡实现的，监管在这方面实现“补台”和“平衡”，而不是直接限制个体和制度的偏性。有限责任即是有偏制度设计，股东以且仅以出资额为限承担行为后果。有限责任极大地支持了冒险精神，但也致使投机成为可能。金融机构的高杠杆特性致使其始终处于这项制度设计的边缘，因此需要通过资本金管理方面的制度加以宏观平衡。部分存款准备金制、存款保险以及政府对“大而不能倒”机构的救助等，都存在制度上的有偏（权利和义务的不严格对等），但都实现了特定功能，从而在整体均衡稳定上需要设计相应的制度加以平衡。当然，可以从规则性质和可调整性，将其区分为微观审慎、宏观审慎、投资者消费者保护以及宏观调控，但并不改变监管实现其功能的主要逻辑。

二、关于风险与危机

美国金融危机之所以成为危机，那是因为超过了其现有机制的承受能力。但我们可以发现危机的成本并不是按照大家预想的方式承担，且危机的机理还没有得到充分的认识，这意味着我们还无法从危机循环中超脱出来。

一是危险是未知、不可控和不可承受，危机则是某种信仰的破灭。如果将风险等同于未知（完全不知、不完全知道和认知在群体中分布的不均匀等）的收益损失，那么风险是人类合作探索未知世界的特征，应尽可能鼓励并承担。如果风险只是确定收益或损失承担主体的不确定性，那么风险就是一个纯粹的分配（类似于财政）问题，宜设计合理机制。大部分时候风险是“危险”的概念，是波动超过个体或系统的承受能力，是问题没有被觉察或及时处置从而不断累积，进而影响到某个层面的系统稳定。问题之所以成为问题，是因为运行结果偏离预设的可以接受的状态，即出现不合意结果。因此，风险可能与未知、不可控、不可承受相关。未知可能是不可知、没有觉察，也可能是由于先入为主而视而不见。对于可控的波动只是一种主动的选择，不可控才是不得不面对的问题。如果后果可以承受，那么波动可以被用来作为资源优化配置的手段，只有超出可承受范围才成为真正的问题。

危机往往最终表现为普遍的流动性问题，与市场普遍相信的某种信仰破灭有关。这种信仰曾经过认真检验并最终被市场普遍认可，或者是一种想当然的预设。这种信仰极大地降低了交易费用从而将市场延伸到空前的规模。信仰的破灭重新提高了交易费用并引起市场的混乱、紧缩，从而产生危机。

二是仅从负债方着手，只能改变风险爆发的时间、方式和承担主体，人类应对风险的过程就是成长的过程。风险和危机是问题的一种，问题反映了人类认知与现实之间的割裂，或者转变认知，或者改造现实。仅从负债方着手的风险管理，不论是从直接或间接的风险分散、转换还是通过机构或者国家吸收，都没有消除风险，最有可能的是从中心（危机发生的发达国家）向外围（新兴市场国家）传递，从先知先觉传递到后知后觉，最后到无知无觉，由国家（财政和货币）吸收、全体承担。人类提高应对风险的能力就是不断提高觉知、控制和承受能力，这是从负债方、资产方（行为）和认知同时入手的过程。人类就是通过不断应对风险、危机，从而探索未知世界并最终实现自身的成长。

三是危机即是清算过程，也是重生过程，以“立”带“破”方能走出危机。经济体在成长的过程中埋下危机的种子，也在危机的过程中埋下成长的种子。危机表现为一套价格体系和与此相关的组织体系坍塌，反映了基于原有认知和信任的社会经济结构失衡和断裂，因此危机是一种清算过程，本质上都是认知和信任危机。但经济社会如逆水行舟，不进则退。如果仅仅局限于清算，危机时清算会自我发生，则危机会自我强化，缺乏新的认知和信任来重新组织社会资源，经济社会无法“重生”。因此，关键是凝聚共识、重建市场信任，需要区分正常时期的常规管理、危机时期的救助应对和转型时期的过渡政策。以量化宽松货币政策和各种债务重组方式，延缓价格和组织体系的全面快速调整，有助于减轻危机给市场参与者带来的巨大损失和痛苦；通过市场分割分类处置和分离好资产和坏资产，避免泥沙俱下式的错杀和坍塌，保存机构和市场已建立起来的社会信任。但这些做法也减缓了结构性改革的过程。

既要允许风险暴露，市场通过危机实现集中的、全面的优胜劣汰，同时也要将市场的调整控制在可承受的范围，保护并充分运用好现存的社会信任载体——具有真实认知和企业家精神的人才是核心价值。

三、关于高杠杆问题

高杠杆是大家对2008年金融危机的普遍诟病。美国通过“两房”和次贷将杠杆延伸到不具有还款能力的群体，但真正导致美国金融危机大规模爆发的，却是隐藏在社会普遍高杠杆之后的“资产荒”。缺乏足够的高收益资产来源，在金融市场考核压力下不得不通过放大杠杆平衡资产收益和客户期待之间的矛盾。对美国而言，经济结构和长期宽松货币政策对导致最终的金融危机“功不可没”，绝不仅仅只是监管问题。杠杆成为罪魁祸首，有必要重新审查杠杆本身。

一是杠杆是一种基于信任和共享的借力，是经济运行发展出来的合作方式之一。在一个理想经济体中，社会信任程度越高（经济、项目、人以及契约和财产安全），风险的分担越合理，越能采用高杠杆模式运作。财务杠杆只是其中的一种形态（以资产负债率表示），多层级的控股公司也是一种杠杆（控制权和中小股东），是使用股权的杠杆，甚至公司结构也是使用人才的一种杠杆设计。结构性产品在某种意义上是将几种杠杆结合起来。杠杆率与经济绩效、金融危机之间的关系并不稳定，在我国当前的实践中，还存在杠杆率失真的情况，如以资产泡沫为典型特征的各种自我实现机制和广泛存在的“明股实债”等。可见，并不存在一个最优的杠杆率，一定幅度内的杠杆率波动并不能表明金融安全的波动。

二是杠杆率“不合意”地过快上升，是很好的问题显示器，其反映了深刻的内在体制机制根源。杠杆与资本、信用创造、债务相关。人类创造出债务，并不是为了“还”的，而是作为信任的载体用于流通，实现人类合作的。这种循环流通强化了人类间的信任则为良性，否则会陷入恶性循环。信用创造的过程，就是基于信任（由于普遍认可的物、商业成功和政府权力）而“无中生有”的过程。资本则刻画了收入流的累积（基于过去或者未来可能的），只是为这种“无中生有”的创造提供一种“锚”和限度。除经济下行或清算时被动加杠杆（资产快速调整，负债调整刚性）外，快速上升的杠杆可能反映债务在缺乏真实资产约束下的快速自我累积（“泡沫”或庞氏），或者资产收益率较低不得不借助债务扩张以高杠杆的方式放大收益率，导致经济以脆弱的方式相对所认知的资产收益率水平超高速运行。核心都是缺乏有价值的资产。但更需重视的是其揭示的可能隐含的激励约束机制扭曲，如有限责任（股权和债权之间权益的非对称安排）机制下的破产与“逃废债”，正常经营期间存在的利益输送和转移（利益相关者之间的矛盾与冲突）。预算软约束主体在激励约束不对称情况下的过度扩张，可能产生风险外溢和资源错配，特别是被国家安全网所吸收。在泡沫化环境中，预期自我实现机制能支撑较高的负债，并在泡沫继续吹大的过程中，还能自我创造信用（而不是吸收流动性）来支撑其需要的负债融资。从宏观上看，金融功能是实现资源从储蓄向投资转移。储蓄投资缺口由经济发展阶段等决定，但这种匹配和转移最终用什么方式，是股权、债权还是其他方式，则由金融体系和社会信任程度决定。

总之，杠杆率是一个好的“研究指标”和信号，但内在机理复杂多样，不一定是一个好的“政策干预指标”。杠杆快速上升这种“合理但不合意”的现象，需要移除使其合理存在的部分体制机制条件，从而引导其往“合意”方向转变。

三是去杠杆就是信用紧缩过程，去杠杆的“初心”，应该是让经济稳健运行，回到可持续发展的轨道上来。在没有发现高收益资产前（这需要认知转变和经济转型），去杠杆过程就是一个回归较低资产收益率对应的较低经济增长速度，资源重新配置和再定价的风险暴露过程，通常会发生信用紧缩。管理好去杠杆过程中可能引发的过快和无序调整风险，发现有价值的投资机会，是实现良性去杠杆的关键。

四、人性、理性与内在不稳定性

美国金融危机后研究人和市场非理性行为的观点得到更大范围的认可和接纳，但以理性为主构建起来的复杂经济社会似乎又具有内在的不稳定性。“现在和未来所有危机的根源在于我们的简单人性和我们所创造的复杂社会和经济之间的冲突”[①]。人存在各种各样的认知偏差和情绪，人聚集在一起成为群体（所谓的“乌合之众”）后，形成共同的价值判断但也带来情绪和认知偏差的共振，引发各种各样的变异。我们偏离“人性”，利用个体交出的力量编织出各种“合作机制”，如语言、法律、政府、货币和金融体系等，构建出复杂社会和经济，追求确定性等各种“满足”。“人类通过发展和学会遵守一些往往禁止他按本能行事的规则（先是在狭小的部落里，然后又扩展到更大的范围），从而不再依靠对事物的共同感受，由此建立了文明。”[②]我们利用理性构筑起局部的内在一致性，但不同理性维系内在一致性的局部拼凑而成的整体存在内在冲突，但理解并整合这个“整体”已超出了人类的知识和理性范围。理性是基于某种认知的逻辑组织，属于头脑中的世界，与丰富的、以“存在即合理”和谐存在的真实世界并不完全一致，这种断裂和不完全性需要用各种危机“棒喝”，以使得我们能从与我们紧密结合在一起的“头脑中的世界”有所分离，重新发现“真实世界”。真知灼见很快就又被理性内在一致化，我们又生活在“稳定”的理性世界。认知偏差、时滞和人类的情绪带来经济社会的繁荣和萧条的反复。企业家和投资者需要乐观才能存在并改造世界，但成功又容易带来“过度乐观和自信”，群体中的从众心理和人类设计出来的各种合作机制，往往都带

---

① [英] 鲍勃·斯瓦卢普：《金融危机简史——2000年来的投机、狂热与崩溃》，万娟、童伟华、叶青等译，机械工业出版社2015年版。

② [英] 哈耶克：《致命的自负》，冯支利、胡晋华译，中国社会科学出版社2000年版。

来自我强化的顺周期效果。信任转为信仰和崇拜，最终总会从神坛上掉落下来，危机和清算便发生了。繁荣和危机的反复既是发现理性设定局部之外世界的过程，也给追求稳定和发展的人类带来巨大的痛苦。“起起伏伏对于经济形势，正如呼吸对于人类一样，自然而必要。要是试图消除这些起伏，那么呼吸或经济都会抵制那种不自然的状态。刻意控制你的世界，则难逃此结果，历史已充分证明这一点。”①

国务院发展研究中心金融研究所：陈道富

① [英] 鲍勃·斯瓦卢普：《金融危机简史——2000年来的投机、狂热与崩溃》，万娟、童伟华、叶青等译，机械工业出版社2015年版。

后　记

2008年全球金融危机以来，中国国内发展环境发生了深刻变化。2013年，中央对经济形势作出了处于经济增长速度换挡期、结构调整阵痛期、前期刺激政策消化期“三期叠加”的重要判断。2014年，中央作出了中国经济发展进入“新常态”的重大判断。2019年，中央经济工作会议再次强调，中国正处在转变发展方式、优化经济结构、转换增长动力的攻关期，结构性、体制性、周期性问题相互交织，“三期叠加”影响持续深化，经济下行压力加大。与此同时，中国经济发展的外部环境也发生了深刻变化。即便国际金融危机已经过去十余年了，但当前世界经济依然处于国际金融危机后的深度调整期。

国务院发展研究中心相关研究人员早在2007年夏天就开始对美国“次贷危机”进行追踪研判，并持续对“次贷危机”以及后来的全球金融危机进行评估，为中国政府的宏观决策提供咨询参考。本书收录的文章主要是2007—2011年围绕这场金融危机及其影响所作的研究报告。其中，本书前四篇文章是国务院发展研究中心经济形势分析小组撰写的部分形势分析综合研究报告，其他文章是经济形势分析小组成员和其他研究人员在此期间撰写的专题研究报告。

当前中国经济下行压力仍然很大，如何正确分析国内外发展环境的变化，如何正确认识中国经济增速下降的原因，仍然是一个重大的现实课题。从这个意义上讲，对国际金融危机的追踪研究，还需要紧密结合中国经济发展，作进一步的深入拓展。

是为后记。

魏加宁、王莹莹

2020年1月19日